本书为国家社会科学基金青年项目（项目编号：15CGL078）结项成果

城市蔓延成本的构成与测算
——理论方法与实证分析

张景奇　纪秀娟　著

·北京·

图书在版编目（CIP）数据

城市蔓延成本的构成与测算：理论方法与实证分析 / 张景奇，纪秀娟著. —北京：科学技术文献出版社，2022.3
ISBN 978-7-5189-9008-5

Ⅰ.①城… Ⅱ.①张… ②纪… Ⅲ.①城市群—发展—研究—中国 Ⅳ.① F299.21

中国版本图书馆 CIP 数据核字（2022）第 043985 号

城市蔓延成本的构成与测算——理论方法与实证分析

| 策划编辑：周国臻 责任编辑：崔灵菲 胡远航 责任校对：张 微 责任出版：张志平 |

出 版 者　科学技术文献出版社
地　　址　北京市复兴路15号　邮编 100038
编 务 部　（010）58882938，58882087（传真）
发 行 部　（010）58882868，58882870（传真）
邮 购 部　（010）58882873
官方网址　www.stdp.com.cn
发 行 者　科学技术文献出版社发行　全国各地新华书店经销
印 刷 者　北京虎彩文化传播有限公司
版　　次　2022年3月第1版　2022年3月第1次印刷
开　　本　710×1000　1/16
字　　数　205千
印　　张　11.75　彩插8面
书　　号　ISBN 978-7-5189-9008-5
审 图 号　辽S（2022）027号　辽S（2021）263号
定　　价　48.00元

版权所有　违法必究

购买本社图书，凡字迹不清、缺页、倒页、脱页者，本社发行部负责调换

序

　　城市蔓延是一个老生常谈的问题，亦是一个常谈常新的话题。自1937年美国规划师厄尔·德雷珀在一次演讲中谈到"'扩散'一词似乎太友善了，边界屡遭破坏的事实使得城市更像是在蔓延"伊始，围绕着城市蔓延内涵、测度、治理策略等方面的"争论"便从未间断过。而随着时间增长，关于城市蔓延又有了许多新话题，如城市蔓延与气候变化、城市蔓延与空气污染、城市蔓延与碳排放、城市蔓延与交通拥堵、城市蔓延与全要素生产率……原先只有规划师关心的城市蔓延问题如今被更多交叉学科的学者所关注，同时，城市蔓延作为科学问题，研究热度也不断增强。

　　中国城市化是21世纪中国乃至全球最重要的事件之一，中国城市未来的发展必将面临前所未有的机遇和巨大的挑战。同时，城市化出现的问题也令人担忧，如文脉缺失、肌理被破坏、环境被污染……城市病无疑正在透支城市的未来。在此前提下，测算城市蔓延的成本就变得有意义且很有必要。通过研究城市蔓延成本，能够从成本—收益角度解释中国式城市蔓延的生成机制，探寻新型城镇化时期城市发展的应然途径。一方面，城市蔓延是满足正常城市增长需要与追求超额低效城市收益的交织，因此在账面上不会减少城市收益；另一方面，城市蔓延的代价也是十分巨大的，不仅是城市周边资源的高消耗低回报，而且倘若城市想要维持高速增长，也只能愈加疯狂地掠夺资源，这种恶性循环何以能"可持续"？本书尝试从成本比较的角度在学理上解读其生成机制，探索新型城镇化时期我国城市发展的应然途径。本书有助于决策部门了解城市蔓延的真实成本，针对性地制订精明增长计划。中国城市蔓延的真实代价几何？不解决这一问题则无法将精明增长从口号落到实处。我国正处于经济转轨、社会转型的特殊历史时期，同时承载着建设生态文明、建设"美丽中国"的重任，然而人们只看到城市蔓延带来的收益，却忽视了城市蔓延的真实成本（特别是环境和社会成本），这为城市的可持续发展埋下隐患。本书从成本比较的角度剖析城市蔓延，量化说明其利弊，对地方政府科学制订城市精明增长计划有所帮助。

本书的第 1 章为绪论。向读者交代了研究背景、研究意义、理论基础、研究框架、研究内容和研究方法，便于读者快速了解本书的写作要旨。

第 2 章为城市蔓延研究的知识图谱。从城市蔓延的起源和概念出发，逐步放大，通过量化方法全景描绘城市蔓延在学术界的研究进展，便于读者了解到不同国家、不同背景的学者是如何对城市蔓延问题展开理论及实践研究的。

第 3 章为城市蔓延的测度。在介绍了国际上常用的城市蔓延测度方法后，提出了两种对于原有城市蔓延测度的改进方法，一种是适用于较大空间尺度基于"规模有关"的测度方法；另一种则是适用于较小空间尺度基于 POI 的测度方法。这两种方法便于读者从不同视角来重新审视城市蔓延问题，选择适用于自身研究的城市蔓延测度方法。

第4章为城市蔓延成本的概念。大家都清楚城市蔓延的"可怕",可是这种"可怕"都表现在哪些方面,能否量化的说明?相比于国外,城市蔓延成本在国内算得上是一个新鲜词,该章内容以美国房地产研究公司出版的研究报告为基础,同时辅以国外城市蔓延成本的相关研究文献,用来全面说明城市蔓延成本的概念及构成,便于读者从全局上对城市蔓延成本有初步的认识。

第5章为城市蔓延成本的测算。在读者从全局上对城市蔓延成本有了初步的认识之后,本章通过模型构建来进一步加深读者对于城市蔓延成本的理解。城市蔓延过程为"剥夺"的过程,在这一行为过程中,人们有哪些方面被"剥夺"是构建城市蔓延成本测算模型的关键要素。该章说明了城市蔓延成本测算的理论基础、测算框架和测算方法,为下一步的实证研究打下基础。

第6章、第7章分别从公共服务成本和生态服务成本这两大城市蔓延成本的重要组成部分来进行实证分析。限于数据的可获取性,城市蔓延成本的测算尚不能全面展开。第6章、第7章选取了最为常见的城市蔓延成本组成部分,以沈阳市为例进行了实证研究,通过量化的方法来说明成本蔓延的"代价"。

第8章为结论与讨论。通过对前7章内容的总结,让读者能够对城市蔓延及城市蔓延成本的核心研究内容进行快速回溯,加深对于研究目的的理解。同时,从多源地理大数据的获取、机器学习算法(深度学习)的应用等方面来进一步探讨城市蔓延成本的测算及城市蔓延的治理策略,期望给读者以启发,能够在研究城市蔓延的科学道路上加强学科交叉与合作,为中国乃至全球的城市蔓延治理提供可行方案。

本书的出版完成，受到国家社会科学基金青年项目"基于成本比较的中国城市蔓延治理研究"（项目编号：15CGL078）、辽宁省社会科学基金重点项目"推进辽宁城市治理现代化水平的对策研究"（项目编号：L20AGL005）、2021年度辽宁省社科联课题"关于支持沈阳国家中心城市建设的政策研究"及2020年度中央基本科研业务费青年教师科研创新项目"辽宁省新型城镇化土地利用绩效与提升路径问题研究"（项目编号：N2014008）的资助，同时还有科学技术文献出版社的周国臻老师及各位编辑老师，是他们的严谨认真、不辞辛劳让本书得以顺利出版，在此一并表示感谢。

此书写作期间，鄙人有幸借调于科技部国际合作司，回想起那段难忘的时光，感慨万分。孤独的时间总是很漫长，而快乐的时光却很短暂。故宫西城墙下的漫步、基辅餐厅里的民歌、中国大饭店的红酒、玉渊潭公园夜晚的灯光秀，任凭我努力回忆却也逐渐模糊。而刻在心头的，是凌晨高悬在中央电视塔尖上的明月，在永定河畔，清风带我细细体会"昨天我数到第25颗星星，在北京第25个秋天的夜晚"是种怎样的心境。作为一名再普通不过的科研工作者，由衷感谢科技部的高平台，让我在重要的会议上能够为中国的国际科技交流合作尽自己的微薄之力，在全球抗疫合作的道路上留下痕迹。感谢这段奇遇里的故事和编织故事的人。

张景奇

2021年7月于普惠北里

目 录

第1章 绪论 ··· 1
1 研究背景 ··· 1
2 研究意义 ··· 2
3 理论基础 ··· 3
  3.1 公共服务配置理论 ··· 3
  3.2 城市精明增长理论 ··· 4
4 研究框架 ··· 6
5 研究内容 ··· 7
  5.1 城市蔓延与精明增长的成本对比 ································· 7
  5.2 不同城市发展模式的边界界定 ··································· 8
  5.3 城市蔓延成本的测算体系 ······································· 8
  5.4 城市蔓延生成机制及治理对策 ··································· 9
6 研究方法 ··· 9

第2章 城市蔓延研究的知识图谱 ···································· 11
1 城市蔓延的起源 ··· 11
2 城市蔓延的概念 ··· 13
3 相关研究知识图谱 ··· 18
  3.1 国内外文献计量分析 ·· 18
  3.2 国内外研究述评 ·· 23
  3.3 中美城市蔓延特征差异 ·· 24
4 本章小结 ··· 34

第3章 城市蔓延的测度 ·· 35
1 城市蔓延测度的常用方法 ··· 35

  1.1 常用测度方法···36
  1.2 常用方法的优缺点···39
 2 城市蔓延测度方法的改进···41
  2.1 基于规模有关的测度方法改进··41
  2.2 基于POI的测算方法改进···44
 3 实证分析··47
  3.1 基于规模有关的城市蔓延测算实证···47
  3.2 基于POI的城市蔓延测算实证··51
 4 城市蔓延与城市发展政策的关系···67
  4.1 城市空间演变的政策导向作用··68
  4.2 政策导向的作用结果···69
 5 本章小结··72

第4章 城市蔓延成本的概念、构成及控制·································73

 1 概念···73
 2 城市蔓延成本的构成··75
  2.1 城市蔓延成本的产生···75
  2.2 城市蔓延成本的构成···75
 3 城市蔓延成本测算的结果···78
 4 成本测算结果的评论··79
  4.1 多数派评论···80
  4.2 少数派报告···80
  4.3 谁为蔓延成本买单··81
 5 城市蔓延成本的控制··82
  5.1 成本控制的政策工具···82
  5.2 成本控制的一些启示···84
 6 本章小结··85

第5章 城市蔓延成本的测算···87

 1 城市蔓延成本测算的理论基础···87
 2 基本框架及测算过程··90
  2.1 成本测算的范围··90

2.2 成本测算的基本框架 ·· 91
　　2.3 成本测算的指标体系 ·· 92
　3 成本测算的方法 ·· 95
　　3.1 不计外部成本 ·· 95
　　3.2 计算外部成本 ·· 97
　4 本章小结 ··· 99

第6章 城市蔓延的公共服务成本 ·· 101
　1 引言 ··· 101
　2 研究区概况与数据来源 ·· 103
　　2.1 研究区概况 ·· 103
　　2.2 数据来源 ··· 104
　3 研究方法 ·· 106
　　3.1 核密度分析法 ··· 107
　　3.2 局域 Getis-Ord G_i^* 指数法 ······································· 108
　　3.3 Ripley's K 函数 ·· 108
　　3.4 医疗供给点的权重分配 ··· 109
　　3.5 医疗需求点的得分计算 ··· 109
　4 医疗资源空间可视化 ··· 110
　　4.1 医疗设施网点分布形态特征 ··· 111
　　4.2 医疗设施分布的热点区域 ·· 111
　　4.3 医疗设施多尺度空间集聚分析 ······································ 114
　　4.4 医疗设施服务水平评估 ··· 114
　5 城市蔓延医疗服务成本估算 ·· 116
　　5.1 单体设施建设成本 ··· 116
　　5.2 蔓延区成本估算 ·· 118
　　5.3 城市蔓延医疗成本的治理方案 ······································ 122
　6 本章小结 ·· 124

第7章 城市蔓延的生态服务成本 ·· 125
　1 国内外相关研究情况 ··· 125
　　1.1 土地生态系统服务功能分类 ··· 125

  1.2 土地生态系统服务价值的评估方法 ················ 126
  1.3 研究方法的评述 ································ 128
 2 研究区及数据来源 ································ 129
  2.1 研究区概况 ···································· 129
  2.2 数据来源 ······································ 130
  2.3 数据处理 ······································ 130
 3 沈阳市土地利用时空变化情况 ······················ 130
  3.1 土地利用时序变化情况 ·························· 130
  3.2 土地利用空间变化分析 ·························· 133
  3.3 土地利用类型与土地生态系统对应关系 ············ 135
 4 沈阳市城市蔓延的生态服务成本评估 ················ 136
  4.1 评估方法 ······································ 136
  4.2 沈阳市土地生态系统服务价值的时空变化 ·········· 141
 5 城市蔓延成本与收入的比较 ························ 146
  5.1 建设用地扩张的生态服务成本 ···················· 146
  5.2 建设用地扩张的直接收入 ························ 148
  5.3 成本与收入的比较 ······························ 149
 6 城市蔓延生态服务成本治理方案 ···················· 150
 7 本章小结 ·· 152

第8章 结论与讨论 ···································· 153

 1 研究的主要结论 ·································· 153
  1.1 完成的主要工作 ································ 153
  1.2 得出的研究结论 ································ 153
 2 城市蔓延成本治理的建议 ·························· 154
  2.1 国内外城市蔓延成本治理经验 ···················· 154
  2.2 城市蔓延成本治理的建议 ························ 158
  2.3 进一步的研究方向 ······························ 159

参考文献 ·· 161

第1章 绪 论

工业革命加速了欧美国家的城市化进程，交通技术的发展和道路系统的迅速扩张促进了欧美国家的郊区化，奠定了欧美国家低密度开发和城市蔓延的基础[1]。自20世纪60年代以来，城市蔓延成为困扰世界各发达国家大城市发展的难题，因此国外开始关注城市蔓延的内涵界定、定量测算与机制调控研究等。国内城市蔓延研究始于20世纪八九十年代。改革开放后经济飞速增长，国内在城市化进程中开始出现盲目扩张的现象，土地城镇化速度明显高于人口城镇化速度，导致城市蔓延现象的出现，并且在中国的许多大中城市都很普遍，比如北京、深圳、广州、南京、杭州、武汉等。为了有效应对城市蔓延所带来的各种负面效应，国内对于城市蔓延的研究开始日益增多。与以往研究有所区别的是，本书更加关注城市蔓延的成本，希望在国外研究经验的基础上，结合中国城市蔓延特征，建立一套更为直接、易被国内城市重复检验的城市蔓延成本测算指标体系；同时，探究中国式城市蔓延的生成机制，从成本对比角度，分析中国式城市蔓延在明知其危害的情况下依然能够发展壮大的原因，探明其生成及演变规律；特别是针对未开发和已开发土地进行不同开发模式的成本对比，用定量的数据分析说明城市蔓延与精明增长的差异，以期从成本控制角度提出中国城市蔓延治理的对策。

1 研究背景

当城市增长的脚步无法控制，城市蔓延（urban sprawl）便不期而至，这一并不喜闻乐见的增长方式，成为城市的"阿喀琉斯之踵"。城市蔓延是一种无序、低密度、蛙跃式、沿干道带状向外围区域扩张的城市增长[2]，"诞生伊始就不是个益于说明实际情况而是益于表明态度，消极的态度，甚至是难看而粗俗的词"[3]，其使开放空间消失、耕地锐减、栖息地破坏，给城市发展带来的不仅是空间上的杂乱无章感，并发的环境和社会问题更值得关注。城市蔓延无论从人类赖以生存的物质环境上（增加空气污染、破坏水循环、侵占动植物栖息地、降低自然景观观赏性等），还是从日常生活中行为心理上（增加交通成本、增加疾病可能、减少社会交互、增加犯罪率等），都给人类带来巨大危害。不幸的是，现实中的中国城市飞速增长已是不争的事实，无论是从城市蔓延指数、弹性系数（城市用地增长率与城市人口增长率之比）还是从联系程度（居住区与商业区、工业区的距离）来看，都能够反映出当下中国城市跃进式的增长。中国城市化是21世纪中国乃至全球最重要的事件之一，中国城市未来的发展必然面临前所未有的机遇和巨大的挑战。同时，出现的问题也令人担忧，如城市文脉缺失、城市肌理被破坏、城市环境被污染……城市病无疑正在透支城市的未来[4]。

在此前提下，测算城市蔓延的成本就变得有意义且有必要。通过研究城市蔓延成本，能够从成本——收益角度解释中国式城市蔓延的生成机制，探寻新型城镇化时期城市发展的必然途径。一方面，城市蔓延是满足正常城市增长需要与追求超额低效城市收益的交织，因此在账面上不会减少城市收益；另一方面，城市蔓延的代价也是十分巨大的，不只是城市周边资源的高消耗低回报，倘若城市想要维持高速增长，也只能愈加疯狂地夺掠资源，这种恶性循环何以能"可持续"？本研究尝试从成本比较角度在学理上解读其生成机制，探索新型城镇化时期我国城市发展的必然途径。本研究的应用价值在于其有助于决策部门了解城市蔓延的真实成本，针对性地制订精明增长计划。中国城市蔓延的真实代价几何？不解决这一问题则无法将精明增长从口号落到实处。我国正处于经济转轨、社会转型的特殊历史时期，同时承载着建设生态文明、建设"美丽中国"的重任，然而人们只看到城市蔓延带来收益的一面，却忽视了城市蔓延的真实成本（特别是环境和社会成本），这为城市的可持续发展埋下了隐患。本课题从成本比较角度剖析城市蔓延，量化说明其利弊，对地方政府科学制订城市精明增长计划有所帮助。

2 研究意义

城市蔓延带来了城市内部公共服务配置方面的差异，因此本书从公共服务配置角度出发，利用公共服务设施密度代替传统的人口/就业密度进行城市蔓延测度研究，丰富了城市蔓延内涵，为更好地理解国内城市蔓延的形成机制提供了新的角度。从我国城市蔓延的成因来看，在土地市场不完善的情况下，地方政府已成为引导市场和实现经济增长的促进者。在土地开发和出让带来的巨额收益及开发商极度期望获取土地的背景下，国有建设用地供应量的增加带来城市蔓延问题。随着我国房地产经济的持续升温及部分地方政府追求 GDP 的政绩观，近年来一些城市建设尤其是新城新区的开发日益火热。新城区开发带来高额的土地出让金，城市的建设没有基于其自身的发展规律，导致建成区的大幅度扩张。然而，新城区的建设往往在出让土地之后，公共资源配置远远低于城市中心区，相应地导致新区人口流入过慢，而城市蔓延的主要特征就是土地城市化速度远远高于人口城市化速度。当前针对城市蔓延现象的研究主要从城市蔓延的内涵、测度、形成机制及调控等方面进行，对于蔓延的定量测定主要涉及人口密度、就业密度及居住密度与城市化建设用地增量的关系上进行测算。本书从公共服务设施配置的角度通过计算沈阳市四环内公共服务设施密度构建城市蔓延指数，综合考虑公共服务设施辐射密度来衡量城市蔓延程度，继而试图从人口、政策、交通基础设施建设与机动化、房地产开发及开发区建设等方面分析沈阳市城市蔓延产生的形成机制，并据此提出相应的政策建议。

3 理论基础

3.1 公共服务配置理论

研究采用公共服务配置理论对城市蔓延及其成本进行解读，主要是因为城市蔓延从某种意义上来说本身就是"剥夺"的表现。琼斯曾基于"剥夺"的概念来界定对城市公共服务的需要[5]，而"剥夺"则意味着"低的收入能力和对社会公共基础设施和服务的低进入"。在一些城市快速增长的地区，房地产开发得快，人口流入得也快，但是对应的公共设施和服务却严重滞后，从而造成了公共资源享有的不公平，因此说城市蔓延过程实质为"剥夺"的过程[6]。

国外最早关注公共服务设施配置相关研究的学者之一戴蒙德在 1912 首次提出了公共服务设施配置的思想。1968 年，泰兹[7]指出效率与公平是公共服务设施布局的关键因素，并率先引入定量研究方法，以研究公共服务设施的选址，开创地理选址的新领域[8]。随着 GIS 信息技术的发展，众多学者开始基于 GIS 技术研究公共服务设施在空间上的可达性与优化配置，如两步移动搜索法、空间句法等。因此，本书尝试从公共服务配置角度，利用公共服务设施密度来代替传统的人口密度进而构建城市蔓延指数。已有的研究中，"密度"在城市蔓延测算中占据极其重要的地位，公共服务设施密度与人口密度具有高度的相关性。当前，中国以"土地财政"为核心动力的快速城市化发展模式已经使人口的城市化速度远远落后于土地的快速城市化进程。地方政府通常一方面以远低于市场的价格征用农地；另一方面又低价出让土地吸引投资。企业追求利润最大化，从而造成绝大部分新城公共设施配套功能缺失，整个新城区规划范围内基础公共服务、市政配套设施建设大幅落后。部分新城区即使在总量上能满足规划人口流入量的使用需求，但是也未能合理地确定配套设施，导致局部配套设施分布过于集聚，城郊配套严重紧缺。对于城市新建区，一般来说，基础设施和公共服务越优质、越便捷的地区越容易吸引人口，人口流入速度也越快。相反，基础设施和公共服务配置薄弱的地区，因其在生活、教育、医疗等方面上的不便，人口流入速度较缓慢，数据上也能够反映该特征。因此本书假定，对于一个城郊地块单元来说，所处位置的公共服务设施密度越低、用地增长速度越快，城市蔓延指数越高，反之则越低。

3.2 城市精明增长理论

在美国和其他西方国家，精明增长（Smart Growth）是城市空间协调管理和城市可持续发展的研究热点之一。20世纪90年代新城市主义和精明增长相继出现，前者发起者是城市设计人员和建筑师，而后者则是环境学者和城市规划师[9]。哈里根[10]认为增长管理的产生部分源于环保运动，因此二者在环境保护上有着与生俱来的优势，相对于新城市主义，精明增长是对增长管理更好的继承和发扬。尽管概念上略有区别（表1.1），但二者的技术方法和要点有很多重叠在一起并互为补充，在应对城市蔓延、提高地区土地集约利用程度等方面有着共同的目标和追求，以人为本、公共参与、协商合作等公共治理理念和行动的加入，使美国应对城市蔓延策略进入治理阶段。1996年，美国环境保护协会与其他几个非营利性组织及政府机构共同组成"精明增长网络"（the Smart Growth Network，SGN），致力于增加社区应对飞速发展经济的能力，保护环境并增加社区活力[11]。2000年，美国规划协会联合60家公共团体组成了"美国精明增长联盟"（Smart Growth America，SGA），倡导人们联合起来共同寻找社区增长的更好方式，组织全国范围的精明增长运动来支持政策改革或消除弊端，展开开创性研究，并精心安排公

第1章 绪 论

众沟通交流的机会以调和错综纷杂的争论。伯切尔[12]认为精明增长的概念界定并非清晰一致,而是随研究角度的不同而各有侧重。尽管定义未能统一,但各个概念中,在对社区精明增长所需尊重的对象上具有一致看法:一是对资源和环境的尊重;二是对人的尊重;三是对"更大的社区"的尊重。精明增长的目标是通过鼓励建设紧凑型社区,利用现有基础设施,提供更多多样的交通方式和住房选择来控制城市蔓延,从而降低城市发展成本。

表1.1 精明增长概念

提出者	特征描述
环境保护局（EPA）	一种服务于经济、社区和环境的发展模式,注重平衡发展和保护的关系,将传统争论中的增长还是不增长引致在哪里如何增长是最正确的
城市与住房发展部（HUD）	对于住房建设,精明增长集中体现在不断增加住房选择,使多种土地用途与住房融为一体,并纳入到住房设计中
农业部（USDA）	一个全方位形容影响新发展形式和密度的土地利用政策集合的词汇,通过激励或抑制来指导既定区域（城市和旧有郊区）发展,而不是禁止发展或威胁个人财产权
精明增长网络（SGN）	相对于传统增长,新的精明增长更多以城镇为核心,以公共交通和步行为导向,并拥有更好的住房、大型商业和小型零售的混合利用
美国精明增长联盟（SGA）	精明增长是一条建设并维持城市、城镇的良好途径。其意味着为城市、城郊和乡村社区的建设提供临近工作地点、商店和学校的交通和住房。在发展地方经济的同时保护环境
美国规划协会（APA）	精明增长是一系列的综合方法,包含许多传统的公共政策,其意味着应用综合性规划来指导、设计、开发、复兴和建设紧凑的、交通便达、步行导向、混合利用的社区,土地的再利用成为精明增长原则应用的缩影

续表

提出者	特征描述
塞拉俱乐部（Sierra Club）	精明增长创建适宜居住的社区，为人而不是为汽车而设计，保护土地亲近自然，具有切实可行的、支持紧凑发展的都市区公共交通，复兴旧有城郊和市区并重组商业区，设置城市增长边界并规划地方和社区的远景
公用土地信托（TPL）	真正精明增长的社区必须确定被保护的土地哪些是用来进行娱乐的、交流的、保持地方特色的及作为自然资源和开放空间而保留。这些决定有助实现增长并界定在何处进行紧凑发展
国家住宅建筑商协会（NAHB）	精明增长使人们了解到郊区工作岗位的增加，再加上居住在郊区独门独院住宅里的愿望，这都将继续鼓励郊区发展。而建筑商也有作为企业家参与到公开竞争环境中的自由
城市土地研究所（ULI）	精明增长不是组织发展或限制发展，而是把发展与增加经济实力、保护环境和保护或改善社区生活质量协调起来

4 研究框架

总体框架如图1.1所示，具体为文献综述——概念和机制——城市蔓延区的划定——城市蔓延成本的测算——结论和建议。研究重点对两个方面进行深入分析，一方面是城市蔓延的测度方法，其是测算城市蔓延成本的基础，也就是说在明确了城市蔓延区的面积和区位后，才能够有针对性地测算其成本，同时，研究探讨了传统城市蔓延测算方法的不足，提出了以POI（point of interest，兴趣点数据）为基础的城市蔓延区划方法；另一方面，研究重点总结了国外城市蔓延成本的进展，国内在城市蔓延方面的研究较多，相对而言在城市蔓延成本上的研究较少。因此，研究系统地介绍了国外城市蔓延成本的界定、产生原因、结构组成及测算方法。在此基础上，选取国内实证研究城市并结合中国式城市蔓延特征，以公共服务成本和生态环境成本两个方面进行城市蔓延成本的实际测算。

第1章 绪　论

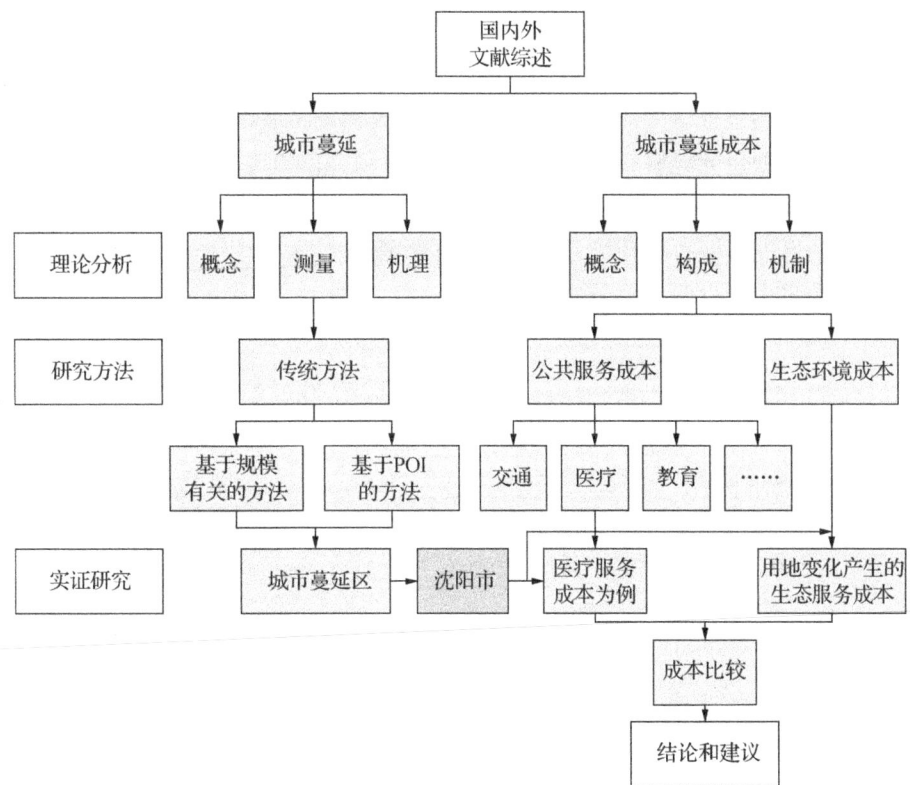

图 1.1　研究框架

5　研究内容

5.1　城市蔓延与精明增长的成本对比

成本对比并非简单地进行一次结果的比较，而是一个过程，包括以下两方面。

（1）未开发土地的成本比较

运用假设开发法将 1000 个居住单元分别放置在城市蔓延和精明增长两种开发模式的地块中，二者的区别可通过密度、开发强度等指标设置，按照成本测算指标体系分别计算区块面积大小（土地购置费用）、满足居民生活的基础设施数量（公共服务成本）等指标，对比得到的结果是城市蔓延比精明增长在相同开发周期内多花（或少花）的钱数。

（2）已开发土地的成本比较

依照公共服务均等化理论，按图1.2的流程进行城市蔓延区与精明增长区的对比。据研究经验，实际中很少出现同一城市既有城市蔓延区又有精明增长区的案例，因此本书设计了匹配分析环节，即将已有的城市蔓延区按精明增长的标准建设，目前尚亏欠了多少公共服务单元，匹配建设这些单元的成本又是多少，由此形成了成本对比。

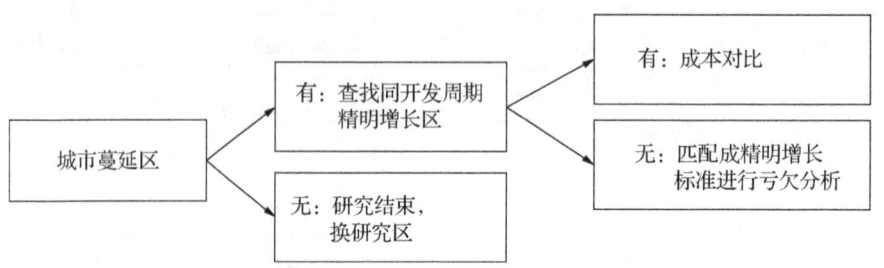

图1.2 已开发土地成本比较流程

5.2 不同城市发展模式的边界界定

城市蔓延与精明增长的区别是成本对比的前提条件，即需要先行对不同城市发展类型的边界进行界定，从年均征地面积、开发强度、住宅密度等方面进行对比，较早的研究分成乡村蔓延、乡村集聚、中等密度、高密度4类，也有分成低密度蔓延、混合式利用、高密度规划3类，但近期多数研究都直接将其分成蔓延和紧凑2类（Cape Cod Commission，2010），本书采用最后一种分类方法。边界界定使成本比较的对象清晰，并在成本核算中提供基本服务单元的数量。

5.3 城市蔓延成本的测算体系

城市蔓延成本测算体系与城市蔓延成本的结构类似，但本课题计算的是净成本，需要考虑成本补偿的部分，因此目标层分为公共成本（包括基础设施和服务）、外部成本及成本补回三大部分。指标层的建立需结合数据可获得性和指标代表性进行，如公共成本，可以选取有一些公共服务基础设施，如学校、警察局、水路电网等；外部成本，可选取能源消耗、污染物排

第 1 章 绪 论

放、交通事故率等。值得一提的是，即便是较为全面的大型综合报告中测算的城市蔓延总成本，也不能代表假定发展全部的财政影响，只是模型所指。

5.4 城市蔓延生成机制及治理对策

成本对比是为了进一步分析中国式城市蔓延的生成机制，从成本对比结果能够看出蔓延对于城市的真实影响，而为了研究其生成机制和治理对策，需结合时代背景和现实需求两方面来综合分析：首先，我国正处于经济与社会发展的转型期，尽管城市蔓延代价高昂，但中国绝大部分城市在明知代价高昂的情形下仍然在蔓延，这就产生了疑问——中国城市蔓延的真实代价几何；其次，结合我国新型城镇化、生态文明建设的需求来看，我们需要的是更加集约高效、低碳环保及可持续的城市发展模式，如果蔓延式发展真的能使城市获利，其将进化成为城市发展的常态，相反，如果蔓延成本很高不能使城市获利，就有必要探讨一下其生成机制，其产生是否出于决策部门担心政绩外溢而做出的行为等；最后，在城市蔓延治理对策部分，要注意到城市蔓延本身是一个动态性的过程，因此特别适用于动态治理，从前瞻、反复和换位 3 个角度进行思考，以此提出有针对性的建议。

6 研究方法

本书的核心部分，即城市蔓延成本的计算应用成本比较法，具体是指比较城市蔓延与精明增长的成本差异，包括以下计算方法。

（1）假设开发法

假设开发法本课题里有两方面的应用，一是针对未开发土地，假设城市蔓延区和精明增长区两个开发区块，分别进行成本核算；二是针对已开发土地，假设城市蔓延区按精明增长标准建设的话需要匹配多少公共设施和服务，计算匹配额（成本）的大小。

（2）标准单元成本法

参考斯蒂芬森[13]的计算方法，如图 1.3 所示，其表明了标准单元成本法在城市蔓延成本核算中的应用方式。地方政府总成本等于服务受众数量乘以服务成本，而影响服务成本的因素又包括发展方式、人口特征和服务水平，服务人群越多，成本则越高，而人群的特征能影响成本的结构。例如，一个学龄儿童多地区要比一个退休人群多的地区需要更多的教育投入。服务水平是指地方政府提供的教育服务质量、警务服务能力等,在其他条件(空间属性、人口特征和数量)相同的情况下,服务水平也能影响单位成本的大小。例如,地方政府为吸引更好的师资、创造更低的师生比及提供更好的教育设施上花费更多的资源。本书运用该法核算各类公共服务设施的资本成本。

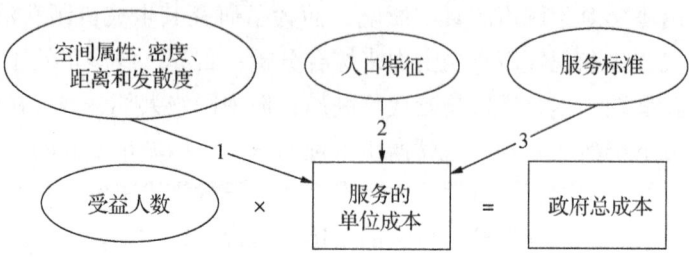

图 1.3　标准单元成本法的应用

第 2 章 城市蔓延研究的知识图谱

城市蔓延是一个世界性难题，在发展中国家尤为突出。国外对城市蔓延的研究起步较早，成果涉及其特征、影响、产生机制、应对策略等方方面面，而国内的研究尚属起步，并因土地制度、城市发展阶段等不同，中西方城市蔓延差异显著。总体上看，中国式城市蔓延相比于西方，是在城市发展"硬性需求"条件下的蔓延，而非西方城市蔓延中人们追求"田园生活""软性需求"条件下的蔓延。因此，在不同的表现形式下，中西方对于城市蔓延的概念界定也有所差别，而界定城市蔓延的概念对于如何识别城市蔓延，特别是对其进行量化计算至关重要。本章内容首先从城市蔓延的概念界定入手，多角度展示不同人群对于城市蔓延的理解；其次，通过对城市蔓延相关论文的文献计量分析来说明城市蔓延相关研究的热点及方向；最后，通过中美城市蔓延特征的对比来分析中国城市蔓延的特征。

1 城市蔓延的起源

城市蔓延是一种特殊的城市化现象，也是一种不负责任的城市发展模式[14]，在过去的半个多世纪内，城市蔓延在世界各国普遍发生。其概念也一直在争议中来回过渡，从古英文词源上看，蔓延（sprawl）意为躺在地上伸展四肢，后常用来形容植被蔓生[15]，这与中国《辞海》中"如蔓草滋生，连绵不断"的释意相通[16]。值得注意的是，与城市蔓延一词概念十分相近的是城市扩张，其二者都可以用来形容城市发展，只不过表现形式有所不同。城市扩张更偏向于城市空间扩展（urban space expanding）方面，指的是城市发展中占用土地等空间资源使城市所占地域规模不断扩大的过程。快速的城市扩张有可能造成城市蔓延，但城市扩张的概念偏重于城市形态而非城市社会经济问题。城市扩张从空间上分为两种形式，即外延式和内涵式。外延式的城市扩张在速度和质量上失衡的情况下会出现城市蔓延，而内涵式的城市扩张则多表现为城市内部的土地集约利用。同为城市的外扩，相对于城市扩张的中性含义，城市蔓延更具贬义的感情色彩，甚至这种贬义的感情色彩从该词汇诞生伊始便有了。

　　提及城市蔓延一词的产生，不得不回溯到19世纪。发展到19世纪末，西方城市经历了一系列的变革，14世纪"黑死病"的惨痛教训使得欧洲各国开始密切关注城市环境整治和基础卫生设施建设。15世纪的欧洲刚好处于文艺复兴时期，这一时期开展的城市重建运动大大改善了城市卫生条件，更宽的街道取代了狭窄的街道。16世纪是地理大发现、殖民主义发展的一个世纪，欧洲殖民者纷纷登陆美洲大陆并开始建立城市，西班牙殖民者在印第安人的小渔村建起最初的巴拿马古城，其也成为欧洲殖民者在太平洋沿岸建立的第一个城市。17世纪的欧洲正处在封建社会解体和资本主义兴起的阶段，一些城市如伦敦、巴黎、米兰、佛罗伦萨都获得了快速发展，人口也超过了10万。此时，西方近代哲学进入到了第二阶段，其中法国哲学家笛卡尔那句经典的"我思故我在"强调了人在认识中的主观能动性，他认为空间就是广延，即自由广阔的空间是一种物质状态，是物质广延平铺的效果，离开这些物质根本就不存在所谓的空间。18世纪发生了人类技术发展史上的一次巨大革命——工业革命，其开创了以机器代替手工劳动的时代，标志是蒸汽机作为动力机的广泛使用。工业革命不仅是一次技术变革，更是一场深刻的社会变革。这一社会变革导致18世纪后半期世界上70%以上的城市发展现象都出现在英国，也是致使伦敦成为蔓延城市的一个诱因。19世纪，德国人卡尔·本茨发明了世界上第一台汽车，通行能力的增长为人们开展郊区化运动提供了可能，此时的城市中心正饱受"城市病"的侵害，社会动荡、犯罪频发、拥挤吵闹、居住环境变差等城市病态特征被学者们冠以城市萎缩（blight）[①]的形容词。萎缩原指园艺学中由十分微小的害虫造成的植物凋萎病，后用来形容19世纪末时欧洲城市出现的种种问题。这些自然和社会的反常、弊病及社会动荡、犯罪等城市弊端根深蒂固，甚至"必须通过手术刀来切除这一毒瘤"，降低城市中心密度成为人们最迫切的

---

　　① 值得一提的是，在形容城市发展众多词汇中存在着两个"萎缩"，即blight与shrinking，二者的中文译文都可译作萎缩，但二者所表达的含义却截然不同，前者（blight）引起自然和社会的反常、弊病、社会动荡和犯罪等根深蒂固的城市特征，伴随该词的是"20世纪早期几乎所有的英国规划师都提倡城市反萎缩（分散）"，而后者（shrinking）表达的却是另一种含义，伴随着该词的是"克利夫兰郊区每年增加500个住房……"，实为城市中心人口、经济的萎缩和向郊区的蔓延。因此，反萎缩（anti-blight）是指建设低密度城市来反对高密度城市的弊病，分化为城市蔓延的一种；反萎缩（anti-shrinking）是指反对郊区化，即反对城市蔓延。后者出现的时间较晚。

需求[17]。人们希望逃离市中心并用"田园城市"部分代替甚至是全部代替被感染的老城,在规划师们"反萎缩"运动的推波助澜下,城市蔓延便开始大行其道[3]。

2 城市蔓延的概念

人们为了躲避"城市病"、逃离感染的市中心,促使城市蔓延的兴起,但轰轰烈烈的郊区化运动并没有让人们美梦成真。人们初识城市蔓延的可怕之处是从其对城市空间的危害开始。伴随着大量农田的消失,人们开始认识到城市蔓延不仅仅使他们享受郊区化的生活,同时也会产生许多意想不到却在情理之中的副产品。从这一点上来说,城市蔓延是城市扩张的一部分,令人生厌的一部分。但如果对城市蔓延危害的认识仅停留在对空间上的损害则过于狭隘,因为城市蔓延对生态环境、社会经济也产生了不可低估的影响。

19世纪末,城市蔓延的发生率和强度大幅上升。20世纪初,在美国和欧洲的主要城市(伦敦、巴黎等),城市蔓延态势汹涌,这与私人汽车大量使用及交通系统的扩张关系密切。1937年,美国规划师厄尔·德雷珀在一次演讲中谈到,"扩散(diffusion)一词似乎太友善了,边界屡遭破坏的事实使得城市更像是在蔓延(sprawl)"[18],这也印证了前文所述的城市蔓延诞生伊始就是个具有贬义的感情色彩的词汇[3]。布鲁格曼想要强调蔓延并不是不能代表实际情况,而是相对于实际情况,该词更能表明人们对城市蔓延的厌恶之情。这种厌恶源自低密度城市发展所带来的高昂成本,包括物质的、货币的、时间上的及社会或精神上的成本,个人、社区和社会均需承担[19]。这种无序的、低密度的、蛙跃式的、沿干道带状式向外围区域扩张的城市蔓延[2]并非人们喜闻乐见,"我行我素(conformist)、冷漠无情(alienating)、同质同类(homogenous)和令人生厌(boring)"这4个词是布鲁格曼对其的形容[20],这些带有感情色彩的贬义词是对城市蔓延种种弊端的真实写照。而新近的研究表明,无论是在水汽循环[21]等自然环境方面,还是在人体健康、社区交流[22-23]等社会人文方面,城市蔓延都会给其带来负面影响。因此,绝大多数时刻城市蔓延不是一个中性词,而是一个带有感情色彩的贬义词。从蔓延一词的习惯用法上来看,其除了用来形容植被的蔓生,还常用来形容疾病(瘟疫等)、灾害(洪水等)等令人生畏事物的快速扩散。所以当人们用蔓延来形容城市发展时,本身就带有些许的讽刺和畏惧意味。哈维[24]认为城市蔓延是一个感情词（engage in little more than emotional rhetoric）；佩泽尔[25]认为城市蔓延是一种无规划的增长，其可能会采取什么形式是十分随意的；尤因[26]描述城市蔓延缺乏清晰的定义，"只有见了才能知道"；达顿[27]认为城市蔓延是发生在城市边缘地带的低密度的、无序的、功能单一的、依赖小汽车的土地扩展，类似的描述还有很多。尽管城市蔓延的定义不一，甚至其定义过程只是为了更好地表达不同的人所要强调的不同方面，这使得有关城市蔓延特征的描述只能因人而异。伯切尔[28]认为城市蔓延具有低密度和跳跃性的特征；尤因[29]则认为城市蔓延除了具有低密度和跳跃性的特征之外，更有商业的带状发展。更多关于城市蔓延概念的界定详见表2.1。学者、决策者、积极分子和公众各持己见，缺乏一致性的看法使得在描述城市蔓延特征时容易让人误解他们是否在说同一对象，但是，对城市蔓延特征的描述有一点是可以达成一致的，即其是不受人尊敬的，至少在有关城市蔓延与空气质量、水循环、交通成本、社会交流等方面影响的论述中，其所具有的效应全都是负面的。更多关于城市蔓延特征的描述详见表2.2。

表2.1 城市蔓延概念

	学者	概念界定
国外学者	布鲁克纳	过量的城市增长，过量（excessive）是其概念的核心[30]
	加尔斯特等	一种低水平的土地利用方式，可以从8个维度进行识别：密度、连接性、集中度、集聚度、中心性、核心性、混合利用和邻近性[2]
	达顿	发生在城市边缘地带的低密度的、无序的、功能单一的、依赖小汽车的土地扩展[27]
	雷利	低密度单身家庭住宅增加，购物中心蔓延，商业、工业和服务业的随意选址[31]
国内学者	丁成日、孟晓晨	在服务和城市就业核心区以外的一种低密度、青蛙跳跃式的空间发展模式[32]
	岳文泽、张琳琳等	城市周边地区不协调的发展模式，其特点是密度低、土地利用单一、连通性差[33]
	冯科、吴次芳等	本质上是一种郊区化现象，超出了城市的界线，同时具有低密度、私家车导向并且可能缺乏规划的指引[34]
	洪世键、张京祥	城市发展过程中一种低密度、低效率、非连续性、土地消耗量大、土地利用类型单一的空间发展模式[35]

第2章 城市蔓延研究的知识图谱

表2.2 蔓延的不同特征

	增长	社会	美学	分散	可达性	密度	开放空间	动态	成本	收益
奥迪莱克等（1990）		●								
裴等（1994）										●
本菲尔德等（1999）	●					●				
伯切尔等（1998）			●		●	●			●	
卡尔索普等（2001）			●						●	
克拉帕姆等（2003）							●			
杜安等（2001）			●							
纳赛尔等（2001）		●		●						
尤因（1997）		●		●	●	●	●	●	●	
尤因等（2002）		●		●	●	●	●	●	●	
法力等（1994）		●		●						
加尔斯特（1991）				●						
加尔斯特等（2001）	●									
戈登等（1997a）						●		●		●
戈登等（1997b）						●		●		●

续表

	增长	社会	美学	分散	可达性	密度	开放空间	动态	成本	收益
哈斯等(2003a)							●			
哈斯等(2003)			●	●	●					
哈斯(2004)					●					
住房和城市发展部(1999)					●					
朗(2003)						●				
莱德曼(1967)				●		●				
莱辛(1962)				●						
马尔佩奇(1999)					●					
占领区管理局(1995)						●				
佩蓉(1989)						●				
潘戴尔(1999)						●				
房地产研究公司(1974)										●
塞拉俱乐部(1998)					●					
苏迪拉等(2004)							●			

资料来源：B. Bhatta et al. Urban Sprawl Measurement From Remote Sensing Data, 2010.

第2章 城市蔓延研究的知识图谱

由于国内外学者对城市蔓延的定义缺乏明确统一的标准，因此很难精确而统一地界定城市蔓延，因而国内外学者对于城市蔓延的定义更倾向于从蔓延的某些特征来描述城市蔓延，且多从理性（如空间形态、蔓延速率、人口密度等[36-37]）和感性（如形容蔓延为盲人摸象[38-39]等）的多重角度对其进行解读。1958年，怀特最早将城市蔓延界定为"城郊地区采取飞地式开发模式产生的城市空间扩展现象[18]"。之后很多学者从多种角度对城市蔓延给出了定义，米尔斯[40]等指出城市蔓延是指人口和就业从中心城市过度分散到郊区，也被称为疏散化和郊区化，是人口相对较少的住宅区和就业区及城市边缘地区低密度郊区化[41]，其表现在城市边界的外围扩展，城郊地区发达的交通网络、住宅用地与其他类型用地的分离且大部分住宅位于城郊地区[42]。加尔斯特[2]认为城市蔓延是城市化地区土地利用的典型模式，其是密度、连续性、集中度、集聚度、中心性、多中心程度、土地利用多样性及与住房和就业的近邻性等不同尺寸的低水平组合。伯切尔[19]更是将蔓延总结为土地低密度开发、土地功能单一、蛙跳式开发、商业条带式开发、依赖私人交通、城郊地区开发、就业岗位分散布局及开放空间和农田消失等。

而国内学者对城市蔓延的定义主要基于西方城市蔓延的定义，并从不同角度探讨了中国城市蔓延的内涵[43]。张庭伟[44]认为，城市蔓延是一种有着以高速公路为基础、牺牲农田森林影响生态环境等特征的郊区化现象，同时他又认为很难对城市蔓延给出一个准确的学术定义。从城市形态角度来看，城市蔓延是城市活动从城市中心区及临近范围扩散到城郊附近，显现出低密度、功能单一和依赖汽车交通的城市格局[45]。在某种程度上，城市蔓延和城市化表达了相反的意思。城市蔓延是指在城市发展过程中，城市人口不断向城郊区域转移，高度依赖城市交通网络而发展的一种城市空间分布格局，其本质上是一种超过某种限度的城市空间增长形式，在空间上表现为低密度、蛙跳式的盲目开发；而城市化是指人口和相关的经济文化活动不断地向城市中心聚集的过程。

综上可以看出，当前国内外虽然对于城市蔓延的定义存在多种角度，但对于城市蔓延人们普遍认可一些共同的特征：低密度发展、汽车依赖性、蛙跳式开发、条带式开发和城乡边界模糊[46]。从扩张的区位看，城市蔓延主要发生在城郊区域；从扩张的方式看，城市蔓延是一种低密度、外延式的空间扩张；从土地利用的角度看，城市蔓延表现在城市建设用地由中心区向外蚕食城郊的耕地、绿地及开放空间；从扩张带来的负面效应看，城市蔓延会造成环境污染、破坏城市空间结构等。城市蔓延通常被认为是不受控制的，分散的郊区发展会导致交通污染，耗尽当地资源并破坏开放空间[47]。

3 相关研究知识图谱

3.1 国内外文献计量分析

3.1.1 国外城市蔓延文献数量变化

城市蔓延（urban sprawl）最早起源于欧美国家，因此诸多具有影响力的研究成果也多以英文形式刊发。比较著名的有吉尔汉姆发表的著作 *The limitless city: a primer on the urban sprawl debate*[48] 及美国精明增长联盟（Smart Growth America, SGA）于 2002 年发布的研究报告 *Measuring Sprawl and Its Impact*[49]。为分析城市蔓延相关研究的动态及进展，研究者在 Web of Science（WOS）核心数据库中对 1965 年以来城市蔓延的相关文章进行检索，检索方式为主题检索（主题为"urban sprawl"），共检索到相关论文 4815 篇。

将文献按照刊出时间进行统计，结果如图 2.1 所示。图 2.1 显示了 2000—2018 年发表的有关城市蔓延的文献被 SCI/SSCI 收录的数量变化。尽管第二次世界大战时期城市蔓延相关文献就已经出现，但是早期研究文献较少，研究的高峰时期集中于 20 世纪 90 年代后期，平均年文献量呈现稳定且

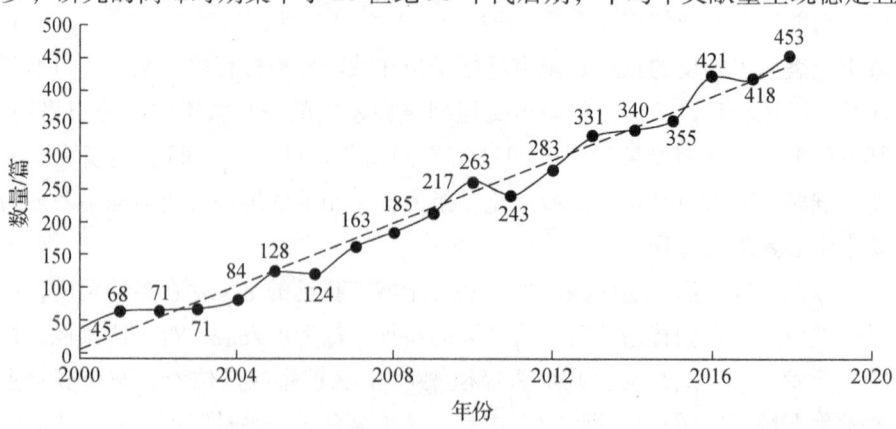

图 2.1 城市蔓延历年 SCI/SSCI 文献数量变化

资料来源：根据 2000—2018 年 web of science 数据库整理得到。

第 2 章 城市蔓延研究的知识图谱

快速的增长趋势。从 2000 年的 45 篇增长到 2018 年的 453 篇，可见国外对城市蔓延的关注度越来越高。

将文献按照作者地域进行统计，结果如图 2.2 所示。图 2.2 表明了城市蔓延发文量排名前十的国家，从外文文献的地域分布特点来看，北美最多，主要以美国和加拿大为代表，城市蔓延发文量最大；其次是欧洲，包括意大利、西班牙、德国、法国、英国、澳大利亚等国家，城市蔓延发文量相对较多；亚洲发文量主要是以中国为主，其发文量居第二，仅次于美国，此外还有印度，这些发展中国家也逐步成为城市蔓延研究的主要阵营。可见各国随着城市发展过程的不断推进，对于城市发展过程中产生的各种不合理现象的关注度也越来越高。

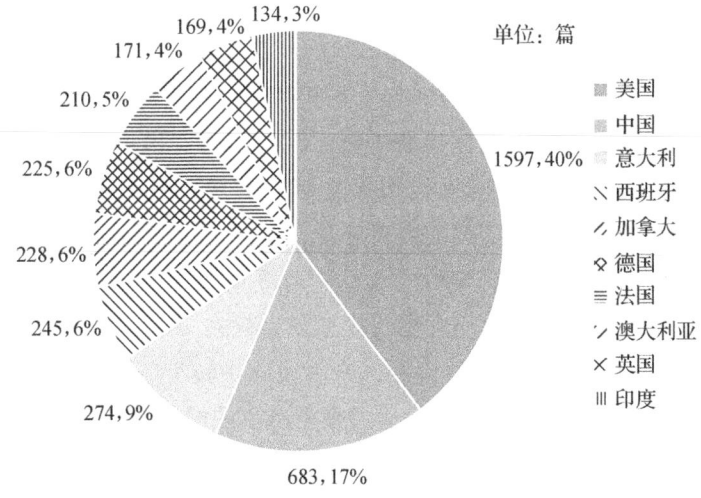

图 2.2　城市蔓延英文文献的国家分布

资料来源：根据 2000—2018 年 web of science 数据库整理得到。

将文献按照研究领域进行统计，结果如图 2.3 所示。图 2.3 表明了 WOS 中关于城市蔓延研究的十大领域，可见城市蔓延涉及的领域和学科较为广泛，具有多学科性及多面性等特征，其中环境科学领域的文章排名第一，发文量为 1959 篇，其次是城市研究、地理、公共管理、工程、商业经济等领域。城市蔓延是一个复杂的社会问题，各研究领域对于城市蔓延都从不同角度来进行城市蔓延的测度、影响因素分析、机制调控等研究，这正是目前很难对城市蔓延进行精准定义的原因之一，因为各领域基于不同的学科视角进行城市蔓延研究时的侧重点不同。

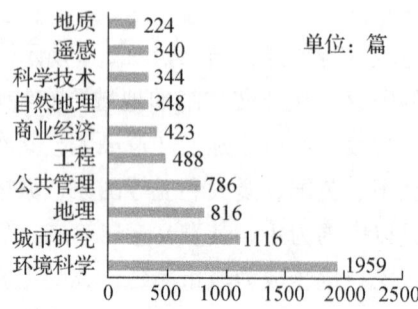

图 2.3 英文文献城市蔓延涉及领域

资料来源：根据 2000—2018 年 web of science 数据库整理得到。

3.1.2 国内城市蔓延文献数量变化

除了国外发表的被 SCI 和 SSCI 收录的有关城市蔓延的文献之外，近年来国内对于城市蔓延的研究也逐渐丰富。在中国知网检索平台以"城市蔓延"为主题进行搜索，共搜索到相关文献 608 篇。图 2.4 显示了 2000—2018 年国内城市蔓延中文文献的数量变化，从图中可以看出，自 2000 年以来，国内相关研究文献呈现波动式增长，2003 年以前城市蔓延相关的文献数量仅为个位数，2003 年以后开始出现增长，并在 2013 年达到高峰，年文献量达 60 篇。说明随着我国社会经济发展及城市转型的不断深入，越来越多的学者开始关注我国城市转型发展过程中产生的城市蔓延现象。

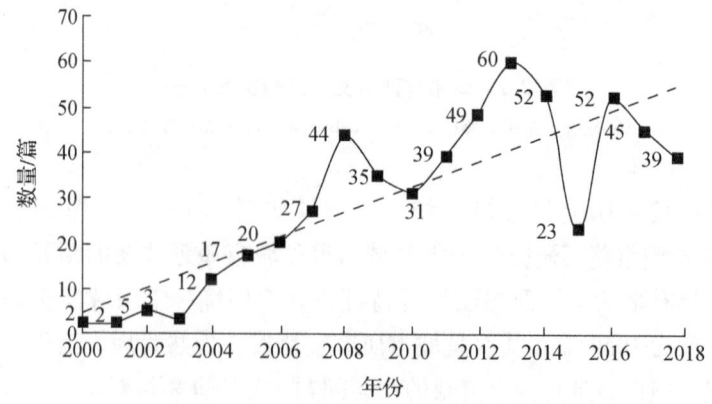

图 2.4 城市蔓延历年中文文献数量变化

资料来源：根据 2000—2018 年中国知网数据库整理得到。

3.1.3 国内城市蔓延研究的知识图谱

图 2.5 和图 2.6 分别显示了中国知网检索平台中关于城市蔓延的研究主题和关键词网络，词频出现较高的主要是"美国""北美洲"及"精明增长"等，可以看出当前国内关于城市蔓延研究主题主要集中在学习北美国家有关城市蔓延的经验和教训上，即如何有效将国外城市蔓延治理经验和政策工具，如"精明增长""新城市主义""UGB"等，与国内城市蔓延的特征相结合，从而探寻国内城市蔓延的机制及治理途径。此外，国内有关城市蔓延的研究也着重关注"城市化""城镇化"及"可持续发展"等主题，尤其城市蔓延测算方面更多尝试通过面板数据对城市蔓延现象进行实证研究，但目前对于城市蔓延的动力机制及机制分析等缺少量化研究。通过关键词网络分析（词频筛选条件为"≥10"），国内有关城市蔓延的文献着重关注"城市边缘区""城市规模""城市空间""城市增长"等城市空间形态的分析，表明当前国内对城市蔓延的研究更侧重于对城市蔓延的测算分析。

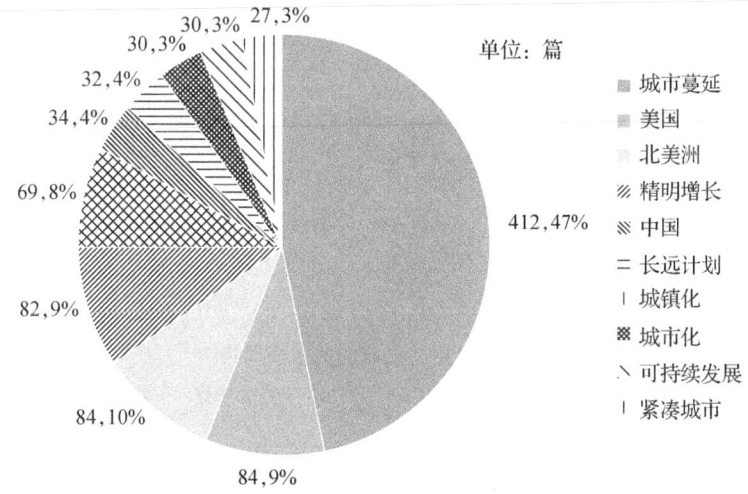

图 2.5　中文城市蔓延研究主题

资料来源：根据 2000—2018 年中国知网数据库整理得到。

国内城市蔓延的期刊来源目前主要来源包括规划学、城市学及地理学和经济学等期刊，规划学领域主要包括《城市规划》《城市规划学刊》《国际城市规划》等；城市学期刊主要包括《城市问题》《城市发展研究》等；地理学期刊包括《地理学报》《经济地理》《地理科学》等；经济学类的包括

《经济研究》《中国工业经济》等。表 2.3 显示了被引频次最高的 10 篇文献。其中张庭伟[58]在《城市规划》上发表的《控制城市用地蔓延：一个全球的问题》影响力最大，被引频次高达 291 次。总体来看，关于城市蔓延测度类的文章影响力较高，主要是由于当前对于城市蔓延的内涵界定存在一定的争议，尚未形成统一标准，因此对于城市蔓延指数构建各学者也是从不同角度进行测度和研究。此外，关于城市蔓延的综述类文章也占据很大的分量，如张庭伟、于文波、冯科和谷凯的文章等，这些文献注重将西方成功的城市蔓延测度方法及治理调控方法引入中国，极大地推动了我国城市蔓延的研究发展。

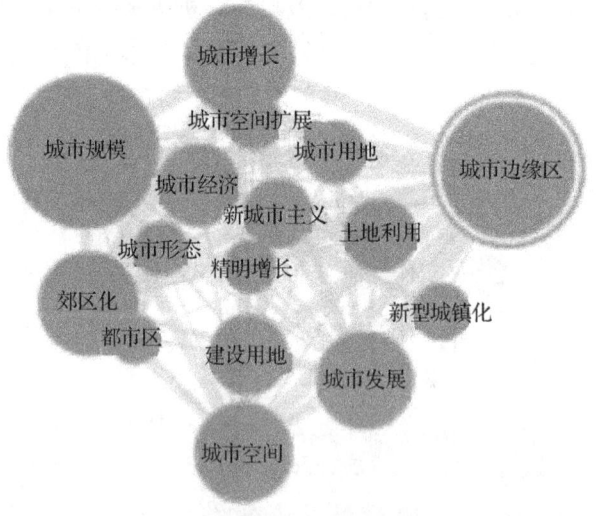

图 2.6　中文文献的关键词网络

资料来源：根据 2000—2018 年中国知网数据库整理得到。

表 2.3　国内城市蔓延被引频次最高的 10 篇中文期刊

作者	文献标题	被引次数
张庭伟（1999）	控制城市用地蔓延：一个全球的问题	291
蒋芳（2007）	北京城市蔓延的测度与分析	165
王家庭（2010）	我国城市蔓延测度：基于 35 个大中城市面板数据的实证研究	88
于文波（2004）	美国城市蔓延之后的规划运动及其启示	82

续表

作者	文献标题	被引次数
黄晓军（2009）	长春城市蔓延机理与调控路径研究	74
李博（2009）	绿色基础设施与城市蔓延控制	73
刘卫东（2009）	杭州城市蔓延评估体系及其治理对策	69
陈鹏（2007）	基于土地制度视角的我国城市蔓延的形成与控制研究	57
冯科（2009）	国内外城市蔓延的研究进展及思考——定量测度、内在机理及调控策略	56
谷凯（2002）	北美的城市蔓延与规划对策及其启示	54

资料来源：根据2000—2018年中国知网数据库整理得到。

3.2 国内外研究述评

城市蔓延是城市间要素流动和城市体系演变的综合反映[50]。目前国内外关于城市蔓延的研究涵盖了广泛的课题，并从多个角度对城市蔓延的概念进行了分析，包括蔓延的形成[51]、蔓延路径和蔓延程度测算[52]、蔓延的影响评估等[53]。

（1）从城市蔓延内涵上看，目前国内外的界定各有特色但整体一致，其特征包括低密度发展、汽车依赖性、蛙跳式开发、条带式开发和城乡边界模糊等。且在对待城市蔓延的态度上，国内外一致认为城市蔓延是带有消极意义的词汇。

（2）从研究方法上看，国内外关于城市蔓延的研究方法主要是指标法（单指标和多指标）、图像分析法、模型法及综合方法等。单指标法测算操作相对简单，在国外应用较为广泛，多指标法存在数据获取方面的限制及指标的选取有较大的主观性等问题，因此在测度城市蔓延方面没有单指标应用广泛。相较于国外侧重对于蔓延程度的测定，国内对于城市蔓延的研究更多地集中在城市蔓延所带来影响的实证研究。随着GIS和RS技术的发展，图像分析法开始广泛应用于国内外城市蔓延的测度中，图像分析法能够直观反映城市蔓延的态势，但由于高清遥感影像获取途径的限制及遥感影像解译工作耗时耗力，因而存在一定的局限性。

（3）从城市蔓延的调控措施看，国外对于城市蔓延的调控主要是利用增长管理政策来实施不同的增长管理系列政策工具，而国内对于城市蔓延调控则以耕地保护为中心展开，主要政策围绕耕地保护和土地利用规划等。相较于国外城市蔓延的调控，国内的研究目前很难体现出土地利用结果的空间布局。

(4) 从城市蔓延结果看，无论是西方国家城市蔓延还是国内的城市蔓延，都对人类赖以生存的物质环境，以及日常生活中行为心理等方面带来巨大影响，如增加空气污染、侵占动植物栖息地、降低自然景观观赏性和破坏城市空间结构、增加交通成本、减少社会交互和增加犯罪率等。

3.3 中美城市蔓延特征差异

中国正处于城市化发展的加速阶段①，城市扩张是必然趋势。城市蔓延表面上为中国的城市扩张产生了积极的推动作用，但实质上，中国式的城市蔓延是在城市建设用地快速、无序扩展的同时，伴随着交通拥塞、绿地被侵蚀、农田被占用等诸多问题的一种郊区化和城市化共振现象[60]。同时，由于土地所有权、经济发展阶段、征地制度的不同，源于西方的城市蔓延在我国又具有地方政府主导的特点，伴随着农地不断非农化，城市蔓延不仅是空间上的侵占、资源的侵蚀和环境上的侵害，暴露的更多地是一些社会和其他问题。综上所述，目前这一阶段中国式城市蔓延可以归纳为，控制之外兼具合理性与非理性无序的城市扩张是经济发展压力从城市"圈内"到"圈外"快速外卸时的一种空间表现形式，在城市发展中产生城市化"速""质"失衡，从而在城市边缘产生空间、经济和社会综合问题。

中国的城市蔓延出现时间相对较晚。改革开放后，中国的城市化才进入高速增长阶段，但与此对应的人口城市化速度却远落后于土地城市化速度，城市蔓延之势汹涌。众多学者的研究表明，中国式蔓延不仅仅是城市空间上的跃进[4]，更是城市人文环境、管理组织上的一种紊乱[61]。然而，危害重重的城市蔓延在中国并没有得到应有的重视，部分原因是城市蔓延本身有其合理性的成分，这点易使人们迷惑。城市蔓延是过度的、低效的城市增长，是偏离正常增长程度的增长[62]，这本身就意味着蔓延能够带动城市增长。

---

① 杨保军等学者认为，城市化的初级阶段是城市化水平在30%以下，属缓慢发展阶段；中期阶段是城市化水平在30%~70%，属加速发展，中国目前就处在此阶段；后期阶段是城市化水平在70%~90%，属缓慢发展阶段。

第2章 城市蔓延研究的知识图谱

同时也有学者认为，城市适度蔓延是工业化、城镇化的基础条件[63]。更为现实的是，地方政府对快速的城市增长有着多方面的迫切需求。如与城市增长密切相关的土地出让，的确带来了经济增长和工业化水平的提高，但是土地出让收入并没有显著提升公共服务水平[64]。因此可以认为，城市蔓延在促进城市发展的同时使其"形大于实"。现实中中国城市，如图2.7所示，正是满足了正常城市增长需要与追求超额低效城市收益的交织，蔓延式增长虽不会减少城市增长收益，但却消耗了过多的资源，着实压缩了城市未来发展的空间。

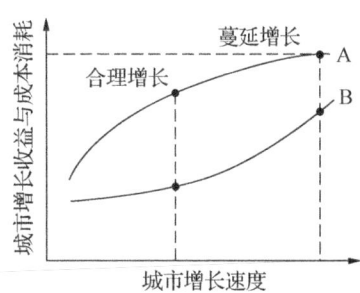

图2.7 不同增长速度下的城市增长收益与成本消耗

中美城市蔓延具有以下共同特点：空间上作用于乡村与城市之间，时间上发生在乡村土地使用方式向城市土地使用方式转换的过渡期。但是，因土地制度、城市管理模式等方面的不同，使得中美城市蔓延的特征差异较大。例如，从人年均土地消耗量和人口密度上来比较，中国的城市蔓延的程度远低于美国。尽管如此，由于中国的土地资源、政府制度、规划法令和社会经济发展水平和美国截然不同，城市内部有大量流动人口，外围地区也有城乡土地二元化产生的三农问题，蔓延管理与美国城市相比要复杂得多。因此，对比中美城市蔓延特征差异，有益于选择性吸纳国外城市蔓延治理经验。中美城市蔓延特征对比如表2.4所示。

表2.4 中美城市蔓延差异对比

对比项	美国城市蔓延	中国城市蔓延	简要说明
城市蔓延的驱动力	由城市萎缩到城市蔓延的空间释放	由城市圈内到城市圈外的压力外溢	美方市场导向、中方政府导向

续表

对比项	美国城市蔓延	中国城市蔓延	简要说明
城市蔓延的关注热点	关注环境健康和邻里生活	关注粮食安全和经济效率	中方国情决定着不容许城市蔓延
城市蔓延伊始时的城市化率	在较高城市化水平时开始的城市蔓延	在较低城市化水平时开始的城市蔓延	中方城市蔓延夹杂在正常城市发展需求中
蔓延发展过程	如细胞分裂般的"复制""粘贴"的过程	如大鱼吃小鱼般的中心"吞噬"周边的过程	中方城市多呈同心圆式增长
蔓延区人口来源	城市内部人口外移	原城市外部人口归入	中方城市蔓延中需完成农民到市民的转换
中心区生产生活	中心区衰退	中心区活力依旧	中方城市尚未发展到城中衰退的临界点
蔓延区生产生活	住宅郊区化同步于产业郊区化,相对完备的公共服务设施	住宅郊区化迟于产业郊区化,相对滞后的公共服务设施	中方高速城市化进程和相对落后的基础设施水平共同决定其生活品质

3.3.1 城市蔓延关注点的差异

城市蔓延关注热点的差异,是指对城市蔓延的不同影响方面重视程度的差别,美国除了关注城市蔓延对市场经济造成的影响之外,更注重城市蔓延给人们自然环境、生活健康和社会交往带来的不便:如范米[21]认为城市蔓延带来的小汽车交通会留下明显的多环芳烃(PAHs)足迹,麦金尼[65]认为城市蔓延对水流的连续性及供需平衡有巨大且长远的影响[71];而在社会生活上,邻里关系①是研究热点,如杜安尼[66]对"邻避族"(not in my backyard, Nimby)和"香蕉人"(build absolutely nothing anywhere near anything, Banana)的研究,均表明蔓延区邻里关系淡漠,除此之外,尤因[67]则认为生活在蔓延区的居民比紧凑区的居民体重更大、高血压患者更多,斯夸尔

---

① 美国城市人口的高密度在中国仍算是中低密度,以此类推,美国的低密度区(城市蔓延区)人口更为稀少,因此对城市蔓延区社会交往、邻里关系的研究较多。

斯[68]则认为城市蔓延能够放大种族问题从而增加地区的犯罪概率[74]。因此,城市蔓延不仅是一种城市外部形态的病态化发展,更是城市内部人们生活质量的衰退。

相比之下,中国在人均耕地少的国情下(人均耕地约为美国的1/6),更加关注城市蔓延对耕地的破坏,以及由此产生的对社会稳定的影响。常见的是,城市蔓延一词与"坚守18亿亩耕地红线"的字样同时出现,保护耕地的背后是出于对粮食安全的考虑[69],更是出于对由于城市蔓延产生失地农民问题的考虑[70]。除此之外,人们还关注城市蔓延能否提高城市化的经济效率,可结果显示,城市蔓延已经对地方公共财政支出造成不良影响,人均建设用地越广、人均公共财政支出越高、公共服务供给越不足[71]。通过对比说明,中国在城市发展中需甄别低质量的伪城市化,采取相应措施以提高土地集约利用度、控制城市规模,进而统筹城乡发展是治理蔓延的要点。

3.3.2 城市蔓延外部环境的差异

(1) 城市蔓延区人口特征的差异

中美城市蔓延区人口特征的差异体现在蔓延区的人口来源和结构上,即人口移动的方向和城市郊区人口比的不同,而城市蔓延区内人口的受教育程度、平均收入等方面的差异皆是缘于此。结合中美城市蔓延发展过程的差异性来看,美国城市蔓延的发展过程中,人们是为了脱离原有的城市生活,表现为中产阶级和富人向蔓延区移动,郊区单位面积人口数量的增长随时间的发展而愈发显著,而城市中心单位面积人口数量比例呈下降态势,因此密度梯度线①变得愈发平滑。人口结构的变化如图2.8所示,1950—2000年,美国大都市人口在总量增长的同时,内部结构发生了明显转变,其中中心城市人口比例由59%下降到38%,在1970年时,郊区人口即已超过中心区人口数量。

而中国式城市蔓延与美国人们追求郊区生活相反,人们是为了获得城市生活,不论是主动行为还是被动行为,结果均是获得了"城市生活",表现为:一是人口来源方向上的差异,美国是从内向外移入,中国是从外向内归入;二是中国城市蔓延区内农民向市民身份的转换,这也是城市发展"硬

---

① 密度梯度线可用于说明当有人远离市中心时人口密度下降的路线,其横坐标通常表示与城市中心的距离,而纵坐标则表示每平方英里内的人口密度。

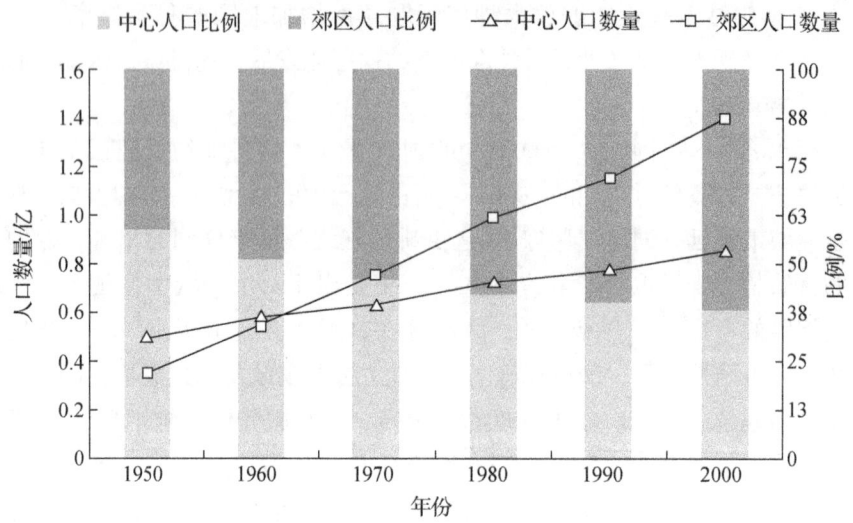

图 2.8 1950—2000 年美国大都市人口分布变化

资料来源：皮萨尔斯基，美国第二次上下班出行调查：第二次全国上下班出行模式和倾向报告，1996，转引自奥利弗·吉勒姆，无边的城市：论战城市蔓延，2007，据其改绘。

性需求"带来的结果。因此，通过对比说明，美国的城市蔓延更多地表现为较高城市化水平背景下的"人口郊区化"，而中国式城市蔓延则是在较低城市化水平背景下的低质高速扩张过程中带来的人口"被城市化"，主动进入和被动纳入这两种不同的人口来源也决定了蔓延区生活品质的不同。

（2）中心区与蔓延区生活特征的差异

人口的主动移入蔓延区和人口的被动纳入蔓延区所带来的"城市生活"是不同的。以美国 1950—1990 年城区、郊区人口和就业岗位的变化为例（表 2.5），城郊人口结构发生转变的同时，就业岗位也表现为明显的外迁，人口与就业岗位向郊区的迁移，致使城市中心区衰落，白天热闹纷杂的城市到了夜晚却有些空荡。中国城市却尚未出现中心区衰落的现象，城市中心仍然是人们工作、生活和消费的中心场所，而在"新城市"地区，人们在被动获得"城市生活"的过程中，由于基础设施、社会保障方面的滞后，使得"城市生活"大打折扣，位于郊区附近的工厂往往是城中外迁出来的工厂，厂址搬迁的同时也将污染带到了城郊地区。

更为明显的差异是，美国城市蔓延区的主动移入人群往往是受教育水平较高、拥有较高收入的中产阶级，而中国被纳入蔓延区的农民受教育程度则

第2章 城市蔓延研究的知识图谱

表2.5 1950—1990年美国大城市人口、就业岗位的迁移 单位:%

年份	城区		郊区	
	人口	就业岗位	人口	就业岗位
1950	57	70	43	30
1960	49	63	51	37
1970	43	55	57	45
1980	40	50	60	50
1990	37	45	63	55

资料来源：顾朝林，经济全球化与中国城市发展，商务印书馆，1999。

较低，由于技能的单一生产方式并未转变，或多或少地获得征地补偿之后反而失去了原本的营生，在不能充分得到城市居民享有的社会保障时身份也变得模糊。同时，国外认为城市中心的高密度在国内仍属低密度（表2.6），特别是中国的一些中心城市，有的市区内人口密度甚至是国外同级城市的10余倍。城市中心的高度拥挤变相抬升了地价，从而使市中心房地产的价格远远高于城郊地区。而保障城市发展公平性的相关政策，如面对低收入人群的廉租房建设，澳大利亚等国将其建在市中心以减少低收入人群的交通成本。反观国内，2010年年底《人民日报》上的一篇报道显示[72]，地方政府的廉租房建设很多都在地价较低、配置设施不足、交通不便的城郊地区，此种做法加剧了城市中心与城郊地区的生活水平差异。通过对比说明，中国城市蔓延区的特征更多地表现为社会生活品质相对较差，交通、学校、医院、超市等公共基础服务设施的覆盖不足则是蔓延区生活品质难以提高的要因。

表2.6 中外大城市人口密度对比 单位：万人/km²

城市或地区	人口密度
上海浦西	3.7
北京城区	1.4
广州城区	1.3
东京城区	1.3
纽约、伦敦、巴黎、香港	<0.85

资料来源：《(2002—2003)中国城市发展报告》，转引自丁成日，中国人口密度大吗?，城市规划，2004。

3.3.3 城市蔓延内部环境的差异

（1）城市蔓延伊始时城市化率的差异

对比中美城市蔓延发生时的城市化率，目的是为了说明中国城市蔓延的特殊性：中国式城市蔓延有其合理性的一面，即城市蔓延中夹杂着正常的城市增长，而也正是这一点易使人们迷惑，不能区分合理的城市增长与打着发展大旗的蔓延，这对地方政府治理城市蔓延十分不利。从图2.9可以看出，中美城市蔓延开始时双方的城市化率相差约30%，自1840年美国开始城市化（约10%）到基本完成城市化进程（约70%）超过了120年，而同样的过程，中国仅需要约80年。美国大规模的城市蔓延开始于20世纪20年代[3]①，此时美国的城市化率比重已经超过了50%。20世纪20年代小汽车的广泛使用使得郊区化开始沿着不同于城市铁路的方向进行，而后二战期间由于经济萧条和战争原因城市化曾一度停滞。1950年以后，城市化随着经济复苏政策和婴儿潮而加紧步伐，城市蔓延也进入高速发展阶段，此时美国的城市化率近60%。1970年，美国的城市化率已超过了70%，郊区人口比例继续上升，都市区变成巨型城市带，城市蔓延持续加重。

相比之下，中国城市蔓延伊始时城市化率仅有约20%，1950年城市化率仅7.3%，经过60年发展，2010年城市化率基本达到50%，若按今后每年1%的速度增长，2030年时中国城市化率才能到约70%②，从10%到70%，历时80年。中国的城市蔓延始于20世纪80年代，70年代末的城市化率不足20%，80年代城市化开始加速，90年代进入高速发展阶段，21世纪之后，城市蔓延进入了高潮期，但此时的城市化率仅为36%（2000年），在2010年时，中国的城市化率陡然提升至约50%，城市蔓延持续加重。通过对比说明，中国的城市蔓延起步晚，起步时的城市化率低，但城市蔓延速度快，正是由于起步时的城市化率低，城市蔓延中势必会包含城市合理增长的部分，而中国城市过度加速的现象却已表明，城市合理增长正逐渐被城市蔓延所代替，两者交织重叠有些难以区分。

---

① 布鲁格曼认为，20世纪20年代，向城市外围迁移的潮流成为一种大众运动。笔者认为，尽管之前也有向城市外围迁移的现象，但未形成规模，城市蔓延应属大规模的外迁运动，不能说有人口、住宅外迁就叫城市蔓延，故认为20世纪20年代为其伊始。另一个原因是，其能与中国20世纪80年代后大规模的城市化对应上，都为城市加速发展阶段。

② 70%目标设定的依据：一是与我国2030年欲达到中等发达国家的目标相符，中等发达国家的城市化率多在70%以上；二是国务院发展研究中心在《中国：推进高效、包容、可持续的新型城镇化》的报告中称，"在改革的背景下，城镇化率到2030年将接近70%"。

第2章 城市蔓延研究的知识图谱

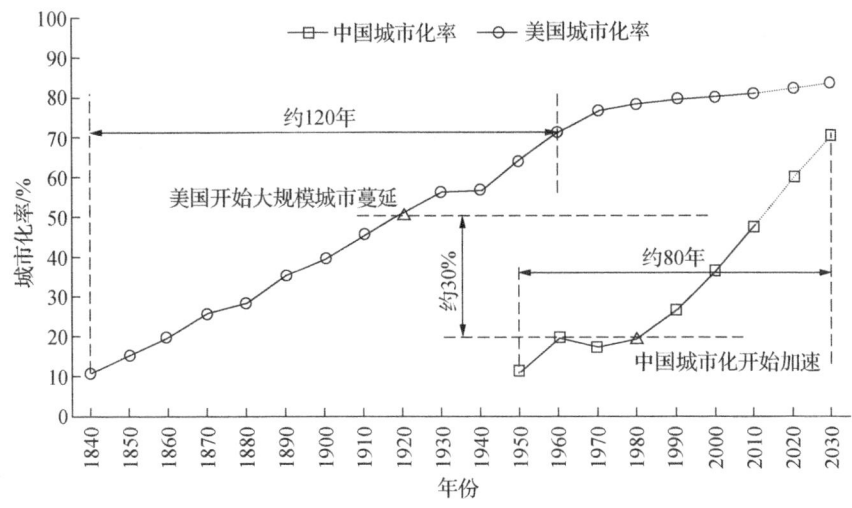

图 2.9 中美城市化进程

资料来源：中国国家统计局网站、美国统计局网站。

（2）城市蔓延发展过程的差异

如 3.3.2 节所述，美国的城市蔓延是在较高城市化水平基础上展开的城市蔓延，城市的再度扩张并非"硬性需求"，而是人们对"田园生活"追求簇生的"软性扩张"。城市在软性扩张中形成的城市蔓延，其过程表现为"繁殖"，犹如细胞分裂再复制的过程，如图 2.10a 所示。1962 年马尔维纳·雷诺兹写了一首歌来描述城市蔓延，这首歌叫《小盒子》："山边的小盒子，三分钱造起的小盒子，小盒子，小盒子，小盒子，都是一样的小盒子……"[17] 歌词里所描述的景观如图 2.10 下半部分所示，美国城市蔓延的过程，正犹如在计算机内将这些"盒子"沿交通线一次又一次地复制粘贴一般。

而中国的城市蔓延是在较低的城市化水平基础上展开的，城市发展有着很大的上升空间，在城市的硬性扩张中形成，其过程表现为"吞噬"，犹如大鱼吃小鱼一般。以南京市为例，顾朝林[73]形容其城市空间扩展表现为：先在"资源点"形成城市"飞地"，然后建成"飞地"与母城的联系通道，再沿通道两侧发展形成"指状"增长，当"指状"增长达到一定程度时，"指状"之间的横向联系加强，其间的三角形或梯形空间逐渐被填充。再以广州市为例，苏建忠[74]在描述其城市蔓延的发展过程用图 2.11 清晰地表明

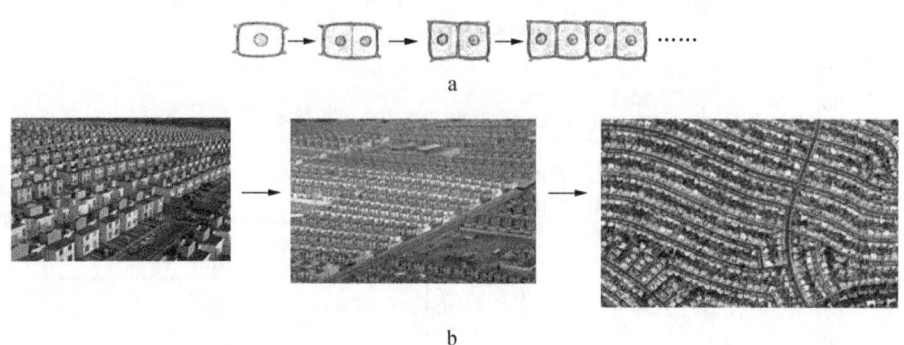

图 2.10　美国城市蔓延的细胞分裂过程示意

了中国典型城市在蔓延时表现出的"吞噬"过程。通过对比说明，美国的城市蔓延过程是繁殖而中国是侵蚀，美国的城市蔓延在复制粘贴的过程中也很好地复制了公共基础设施（尽管成本高昂），使得蔓延区环境优越，而中国则是将公共基础设施本就贫乏的乡村大口吃掉，却难以消化高昂的配套成本，这对蔓延区形成后居民社会生活的影响是不同的。

（3）城市蔓延驱动力的差异

美国的城市蔓延是在从城市萎缩到城市蔓延的空间迫释。如上所述，萎缩是指城市内部的拥挤、杂乱、污染等弊病。美国式城市蔓延正是空间的被迫释放过程，实质是人们对拥乱不堪的城市生活的叛离和对"田园式"生活的追求，但最终以"美国梦"的衰落[66]为结果的一系列过程。而美国式城市蔓延的形成，除了人们对近郊区乡村生活的精神向往之外，维系其日常出行基础条件也很重要，其依赖于小汽车交通的发展（auto-oriented development, AOD）和完备的基础设施，而一些公共基础设施需自费建设。生活舒适、安全的郊区集中了有足够消费能力的中、高产阶级，说明美国的城市蔓延有着很强的市场导向性。

中国式城市蔓延是经济发展压力从城市"圈内"到"圈外"的压力外卸，并非人们对近郊"田园式"生活的追求而形成的城市蔓延，而是源自维持城市 GDP 高速增长时对用地的渴求，这也可以解释为何中国城郊地区尚未出现美国式大规模成片联排别墅、城市中心区也尚未衰落的原因。此种经济发展压力与中国所处的城市发展阶段和经济整体水平有关，是经济转型速度滞后于经济发展速度造成低效用地的延续。中国式城市蔓延的形成，除

第 2 章 城市蔓延研究的知识图谱

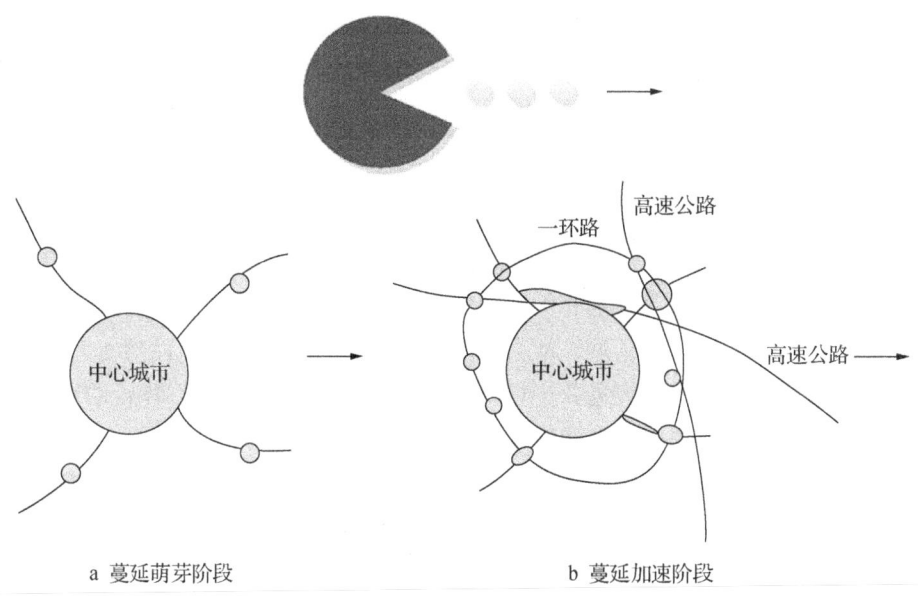

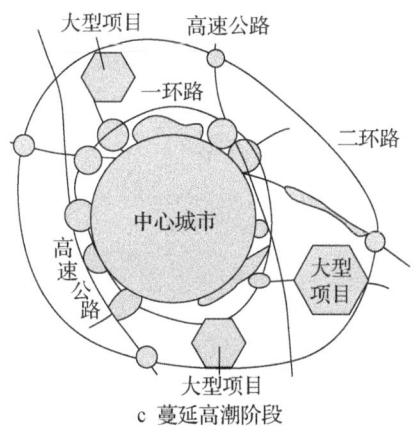

图 2.11 中国式城市蔓延"大吃小"过程示意图

资料来源：图片 a-c 源自苏建忠，广州城市蔓延机理与调控措施研究，2006。

了对用地的渴求之外，维系低效循环的另一个重要基础条件是相对廉价的征地成本，造成地方政府屡屡出现拿地冲动，促使土地财政规模逐步扩大，进而用于城市基础设施建设等方面的投入。

4 本章小结

本章通过国内外文献的综述，首先了解到城市蔓延的起源，其源于对城市高密度发展弊端的抵制，但当城市蔓延真正发展起来时人们却发现其出于意料、控制不住；其次，城市蔓延的概念五花八门，不同学者根据研究视角对其定义众多，但其概念的核心仍然是无控制、规划之外、作用于城市边缘；再次，通过对城市蔓延相关研究知识图谱的分析发现，城市蔓延已经成为城市规划、土地资源管理、社会地理学等学科研究的热点，而随着大数据方法的加入，其相关研究进一步精确化；最后，通过中美城市蔓延的比较，了解了城市蔓延在西方和中国的区别，无论是城市蔓延产生的机制，还是其驱动力及发展过程，都因土地制度和管理模式的不同而有所区别，这样便于我们更加清晰地认识中国式城市蔓延的本质。

第3章 城市蔓延的测度

城市蔓延最早出现在欧美国家，工业革命加速了欧美国家的城市化进程，同时交通技术的进步和道路系统的扩张也加速了郊区化进程，二者共同奠定了欧美国家城市蔓延和低密度发展模式的基础[84]。自20世纪60年代以来，城市蔓延逐渐成为困扰世界各大城市发展的难题。相对于欧美发达国家来说，中国的城市蔓延出现时间较晚。20世纪80年代，改革开放后城市化迈入高速增长阶段，截至2017年年初，中国的城市化率已经达到57.35%。尽管起步较晚，但中国的土地城镇化速度却远高于人口城镇化速度，城市蔓延之势汹涌。从结果上看，城市蔓延对人类赖以生存的物质环境及日常生活中行为心理等方面带来巨大影响，因此如何测度城市蔓延对于塑造良好的城市空间形态至关重要，是解决城市蔓延系列问题的基础。

在第2章了解了城市蔓延的概念及其相关研究的知识图谱后，第3章将进一步聚焦城市蔓延研究最为火热的话题，即城市蔓延的测度[①]。测度城市蔓延对于地方政府掌握城市扩张的真实质量有着重要帮助，是土地城镇化与人口城镇化最直观的反映。但由于城市蔓延内涵的复杂性使得其测算方法也呈现多样性，目前大多从人口密度、就业密度及居住密度与城市化建设用地增量的关系上进行测算。从城市蔓延的测度数据源上看，常利用统计年鉴、遥感影像及夜间灯光影像等多源数据，而从城市蔓延的测度指标上看，大体可分成单指标法和多指标法。本章内容首先从总结国内外城市蔓延测度方法的入手，其次分析当前城市蔓延测度方法的优势与不足，最后提出基于公共服务配置角度进行城市蔓延测度，并以沈阳市为例进行实证研究和相关分析。

1 城市蔓延测度的常用方法

目前已有的城市蔓延测度方法大多是基于西方国家城市化背景提出的，

---

① 关于本书中测度、测算的界定：由于城市蔓延形容的是城市向外扩张的程度，因此相关表述时用"测度"一词，而城市蔓延成本最终是可以用货币来计算，因此在相关表述是用"测算"一词。

常见的有单指标法，如洛佩兹等[75]提出的基于居住密度的城市蔓延指数；多指标法，如蒋芳等[76]从城市扩展形态、扩展效率及外部影响3个方面提出的城市蔓延测度指标体系；图像分析法，如马赫什等[77]利用GIS和RS技术构建香农熵和景观格局指数监测阿杰梅尔市的城市蔓延情况，孙平军等[78]利用遥感图像对长春、吉林城市蔓延的程度、方式、效应与驱动力因子进行比较分析等。城市蔓延内涵的复杂性决定了其测算方法不一，目前大多从人口密度、就业密度或居住密度与城市化建设用地增量的关系上进行测算，可见"密度"在城市蔓延测算中占据着极其重要的地位。从城市蔓延的内涵上看，蔓延本身就是指"低密度"的扩张，雷利[31]形容其是"低密度单身家庭住宅的增加"，达顿[27]则形容其是发生在城市边缘地带的"低密度的土地扩展"；从城市蔓延的起因上看，其是对城市衰退（urban blight）的一种抗争，随着市中心"城市病"现象的不断严重，人们对于城市中心高密度所带来的不便抱怨连连，想要逃离混杂拥堵的市中心并在郊区寻求温馨宁静的港湾，可见城市蔓延的成因之一是反对城中高密度生活的弊端；从计算方法上看，洛佩兹等[8]根据某一区域的居住密度来构建城市蔓延指数，并认为居住密度比就业密度更能反映城市蔓延的特征。而国内构建的城市蔓延指数，常见的是在假定城市人口均匀分布的基础上，利用城市用地增长速度与城市人口增长速度之比来计算[79-81]，但该方法无法查明城市蔓延的具体区域，而从空间形态上来做的研究[82-83]，又面临着高精度人口密度数据较少或时滞性高的问题（街道级别的人口数据需从全国人口普查数据获取，每10年一次），应用中存在一定困难。

1.1 常用测度方法

如何定量测度城市蔓延是一个热点问题，西方国家大多采用传统的指标法对城市蔓延进行测度，通常利用设定指标并对指标反映出的结果进行对比来确定城市蔓延的程度，指标法通常包括单指标测度法和多指标综合测度法。国内对于城市蔓延的测度主要是基于西方的城市蔓延测度经验，方法上也主要侧重于指标法（单指标和多指标），除此之外结合GIS和RS的图形分析法、模型法等也运用的也很广泛。

1.1.1 单指标法

单指标法操作简便，能够反映城市蔓延的典型特征，在国外应用较为广泛。国外单指标测度法多从人口密度[84]、就业密度[85]、居住区密度[75]及

第3章 城市蔓延的测度

建设用地增量[86]等方面构建城市蔓延指数来考察城市蔓延程度。根据密度指数测定的城市蔓延，通常密度越低表示城市蔓延程度越高，其中最具代表性的是洛佩兹和海恩斯利用居住密度指标构建的城市蔓延指数，利用大都市区中高密度地块与低密度地块比例指数计算得出城市蔓延指数分布在 0~100，指数计算结果越接近 0 则表示该城市蔓延程度越低，越接近 100 则表示城市蔓延程度越高。国内采用单指标方法的城市蔓延测度主要从人口密度，城市化土地增量和土地人口弹性系数的角度来衡量城市蔓延指数。利用城市建成区增长率与城市人口增长率之比，构建城市蔓延指数来衡量 1999—2008 年中国 35 个大中城市的城市蔓延程度，得出中国 35 个大中城市的城市蔓延指数高达 3.9，显示各城市整体蔓延趋势[87]。

1.1.2 多指标法

考虑到城市蔓延的复杂性，为了全方位地了解城市蔓延的程度，国外许多从事 RS 和 GIS 研究的专家，尝试建立多指标的城市蔓延测度体系，常见的指标如表 3.1 所示。多指标测度比较全面，能够综合地反映城市蔓延的各种特征。托伦斯通过确定蔓延的 11 个特征，并使用了与其中 7 个特征（城市增长、密度、社会性、活动空间、分形维数、相关性和可及性）相关的 42 种不同指标来测度德克萨斯州奥斯汀的城市蔓延状况[88]。此外，加权城市蔓延模型（WUP）也用于量化城市蔓延程度，该模型结合了城市景观渗透度（Up）、城市分散度（DIS）和土地利用密度（UD）3 个维度[89]。有学者以欧洲 24 个城市为例，通过建立面积指标［总面积（CA）和最大斑块指数（LPI）］、形态指标［形状指数（SI）和邻接指数（CONTIG）］和聚集指标（景观形状指数）3 种空间计量方法用于城市形态分区变化从而分析 1990—2000 年及 2000—2006 年欧洲 24 个城市的蔓延[46]。美国精明增长俱乐部按照交通时间成本、土地利用、人口增长比较、人口由内向外迁移 4 个蔓延指标对美国主要大都市分类[90]。此外，结合城市蔓延程度、总蔓延程度、城市景观渗透程度、人均蔓延等指标也常用于城市蔓延，还有学者利用城市功能和开放空间的可及性构建城市蔓延指数。国内多指标法度量城市蔓延中，比较有代表性的有蒋芳[76]和刘卫东[91]等，以杭州市为例，通过选取人口密度、松散度、条带状扩展程度、蛙跃指数及土地利用混合度等 5 个指标构建指标体系进行城市蔓延的测度研究，发现杭州市整体城市蔓延处于较为严重的等级。有学者采用单指标和多指标相结合的综合方法来量化城市扩张的规模，根据 DMSP/OLS 的夜间灯光数据、人口普查和统计数据，通过空间模拟,确定了长江经济带 7 个城市在 1992—2010 年的城市空间扩展范围[33]。

表 3.1　中国式城市蔓延测度指标

	指标名称	计算方法	说明	相关性
A 空间形态	A_1 弹性系数	S_a/P_a	S_a 为蔓延区建设用地新增面积,P_a 为蔓延区新增人口	正相关
	A_2 蛙跃指数	S_{out}/S_c	S_{out} 为的蛙跳用地新增面积,S_c 为中心区建设用地新增面积	正相关
	A_3 带状扩展指数	S_b/S_c	S_b 为带状扩展新增面积,S_c 为中心区建设用地新增面积	正相关
B 经济效率	B_1 投入产出系数	FI/ATI	ATI 为增长区二、三产业新增加值,FI 为蔓延区新增固定资产投资额	负相关
	B_2 GDP 增长效率	$BSR/GDPR$	BSR 为建设用地增长率,$GDPR$ 为蔓延区 GDP 总额增长率	负相关
	B_3 第三产业发展度	IO_c/S_c	IO_c 为蔓延区第三产业新增总产值,S_c 为中心区建设用地新增面积	负相关
C 社会生活	C_1 人均财政收入增幅	UFR/CPP	UFR 为蔓延区新增财政收入,CPP 为新增城市常住人口	负相关
	C_2 地均社会消费品零售增额	R_c/S_c	R_c 为蔓延区新增社会消费品零售总额,S_c 为中心区建设用地新增面积	负相关
	C_3 人均道路面积增长系数	R_c/S_c	R_c 为蔓延区人均居住面积新增额,S_c 为中心区建设用地新增面积比	正相关
	C_4 人均居住面积增长系数	D_c/S_c	D_c 为蔓延区人均居住面积新增额,S_c 为中心区建设用地新增面积比	正相关

1.1.3　图像分析法

由于遥感技术的进步和利用地理信息系统进行快速分析的可能性,迅速和经济地获取空间数据的机会增加了城市格局与变迁研究[92]。基于 RS 和 GIS 相结合的香农熵和分形分析近年来被应用于城市分析研究中,熵可以用来考察一个城市的建成区开发是分散的、稀疏的还是紧凑的,从而测算城市

第3章 城市蔓延的测度

蔓延的程度。采用基于 RS 和 GIS 的香农熵和分形分析方法,利用香农熵确定城市蔓延程度并基于盒计数的分形分析方法对城市蔓延进行表征,有学者研究土耳其萨姆松市3个市区在1989—2013年的城市蔓延情况[93]。西班牙学者利用 RS 和 GIS 技术研究城市蔓延,研究结果证实了一个主要的假设,即相邻城市之间的扩张水平存在空间交互作用[94]。特兹基于 GIS,选取总密度、可达中心的距离及建成区中心强度3项指标,考察了伊斯坦布尔在1975—2005年无计划蔓延发生情况,并详细说明蔓延的性质及随着时间推移蔓延的形成机制[95]。此外,夜间遥感影像数据也逐渐应用到城市蔓延的测度研究,通过夜间卫星图像能够进行"城市蔓延"的尺度调整测度[39]。国内基于 GIS 和 RS 的图像分析法在城市蔓延测度研究中应用也非常广泛,图像分析法的应用一般结合单指标法和多指标法,能够从图像上直观地反映城市蔓延的时空变化特征。结合 GIS 和 RS 技术分析长春市的土地紧凑发展度、破碎化程度等,并结合相关统计数据发现,长春市蔓延的主要成因是各项大型项目的开发建设、城郊区域房产的开发及交通系统的大幅度开发等[96]。以苏锡常地区为例,利用遥感影像,构建其蔓延指数,分析苏锡常地区的全局和局部热点分布,揭示多中心城市地区城市扩张空间的演化规律[97]。

1.1.4 模型法

模型法在城市蔓延的测度中主要偏重于城市蔓延带来的负面效应的实证分析。基于 A-M-M 模型构建开放城市的城市蔓延指数(SI)模型,对造成城市蔓延的政府因素和市场因素进行实证研究,发现城市行政级别和城市区位对城市蔓延影响力很大,户籍制度对城市蔓延具有正向的贡献,第二产业的发展也对城市蔓延起到了助推作用[43]。借助全球夜间灯光数据,利用2000—2012年中国地级城市层面的面板数据构造城市蔓延指数,结果证实城市蔓延对于生产率没有促进作用[98]。基于服务需求密度模型,城市蔓延对服务业的增长具有一定的抑制作用[99]。使用多元回归模型分析了全国261个地级市城市用地蔓延与经济增长之间的关系,得出的结论是,城市建成区的蔓延不能直接促进城市经济发展[100]。

1.2 常用方法的优缺点

综上,目前关于城市蔓延的测度是一个相对的概念,选取不同的指标可能会得到不同的结果,这主要是由于城市蔓延的复杂性及衡量城市蔓延的标准不同导致的。应用单指标测度方法在测度城市蔓延时，主要抓住城市蔓延的单个特征进行测度，操作相对便捷，易于测算和解释，可以对蔓延的某个方面特征有深刻的了解，在国外应用较为广泛。多维度测度方法主要通过多方面把握城市蔓延的特征，构建城市蔓延综合测度体系进行城市蔓延的测度，但多维指标的选择容易受到主观意识的影响，存在一定程度的主观性，缺乏一定的权威性，往往指标越全面，数据的获取性也越困难，具有一定的局限性；此外多指标法构建的指标体系大多适用于单个城市研究，因此移植较差，很难做到多个城市之间的对比。图像分析法能够直观地反映出城市蔓延的方向和蔓延中建设用地与其他类型用地之间的转换过程，但是解译处理遥感影像操作工作量太大，且用地分类也具有主观性。

通过对已有城市蔓延测度方法的分析发现两个问题，第一个问题是应用单指标法测算过程中，往往忽视了城市蔓延的"规模性"特征。例如，洛佩兹等[75]根据某一区域的人口密度来判断该区域发展是否属于"蔓延"；尤因[29]提出，当土地转变成非农用地或者非自然用地的速度超过了人口增长的速度，"蔓延"便会发生；王家庭等[88]认为，当城市土地消费的增长速度超过人口增长速度即为"蔓延"。这些方法（单指标法）计算便捷，资料收集的难度低（主要为人口和建设用地数据），因此在国内外学界广为流行。但是，这些指标过于注重了城市蔓延"低密度"的特征，却忽视了城市蔓延有"大量土地被消耗"的根本。实践应用中发现，一些小城市往往因为人口流入缓慢，尽管建设用地增量颇微，城市蔓延指数却远高于土地消耗量巨大的大城市，这使得原有的城市蔓延指数掩盖了一些问题。

第二个问题是鲜有学者从公共服务设施配置的角度进行城市蔓延测度研究。近十年来，大数据已成为全球关注的焦点，日益受到学术界、产业界、政府等组织的关注。大数据，包括地理空间大数据，在社会的很多方面都有很大的应用潜力，如气候变化、疾病监测、灾害应对、监测基础设施和交通状况等。早期的研究曾使用不同类型的地理大数据来识别城市土地的使用功能[101]，后来则考虑了城市内社交媒体数据提取语义特征的差异[102]，并结合遥感数据[103]从多个维度感知城市的空间结构。随着地理空间大数据研究的深入及电子地图与基于位置服务业务的快速发展，以POI数据为代表的空间地理数据广泛地应用于地理学研究中，如利用POI进行城市功能分区[104]、城市边界划定[105]、城市结构研究[106]等。POI数据具有信息数据量大、定位准确度高、实时性强、业态分类明确等特点[107]，日渐成为城市规

第3章 城市蔓延的测度

划与管理方面的重要辅助数据。然而，目前尚未有利用地理空间大数据来进行城市蔓延测度研究的文章。综合考虑我国城市蔓延的内在特点，本书尝试利用POI数据从公共服务设施密度的角度来构建一种新的城市蔓延测度方法。通过高德地图爬取沈阳市公共服务设施POI数据，构建基于公共服务设施密度的城市蔓延指数，从而测算出沈阳市四环内城市蔓延的程度，综合分析结果及国内外城市蔓延治理的经验尝试为缓解沈阳市的城市蔓延提出政策建议。

2 城市蔓延测度方法的改进

对于城市蔓延传统测度方法的改进，可以从两个方向进行突破：一是考虑城市蔓延的"规模性"特征，在单指标法测度过程中增加了与规模有关的指标来进行改进；二是考虑到国内高精度人口密度、就业密度等相关数据的获取难度，采用POI数据进行代替，构建基于公共服务设施密度的城市蔓延测度体系。下文将分别从这两个方向进行探讨。

2.1 基于规模有关的测度方法改进

围绕着城市蔓延的基本特征，学者们设计了不同的城市蔓延指数的（sprawl index，SI）测度方法，主要分为单指标法和多指标法。单指标法测算便捷，适用于多个城市蔓延程度的横向对比研究，而多指标法则更为全面，但计算时需要收集的数据更多，常用于单一城市的研究或少量城市的对比，本节主要是对单指标法的改进，在能够保持快速计算城市蔓延指数的基础上，更加合理地反映城市蔓延的真实特征。

单指标法中，学者们抓住了城市蔓延"低密度"的特征构建了多种城市蔓延指数，而这个"低密度"可以是多个种类，如上所述，卡恩[41]利用就业密度来测度城市蔓延，而洛佩兹等[75]则基于居住密度构建城市蔓延指数，并且认为居住密度能比就业密度更能代表城市蔓延的特点，富尔顿等[84]以人口密度作为具体评价指标，研究了美国281个城市在1982—1997年的城市蔓延情况。此外，今日美国[108]、塞拉俱乐部[90]和精明增长美国[109]等组织都在密度概念的基础上，用土地增量与人口增量的比值等来构建城市蔓延指数。在国内，比较典型的有洪世键[62]、王家庭[87]及张帆[110]等使用的算法，其是以城市建设用地面积增长率与人口增长率的比值为基础计算城市蔓延指数（也有利用两者差值来计算城市蔓延指数[111]），公式分别为：

$$SI = 1 - \frac{\Delta P/P_0}{\Delta S/S_0}, \qquad (3.1)$$

$$SI = \frac{(S_i - S_0)/S_0}{(P_i - P_0)/P_0}, \qquad (3.2)$$

$$SI = \frac{S_i/S_0}{P_i/P_0}. \qquad (3.3)$$

其中，SI 为城市蔓延指数，Si 为第 i 期城市建成区面积，S_0 为基期城市建成区面积，Pi 为第 i 期城市建成区人口数量，P_0 为基期城市建成区人口数量，ΔP 为人口增量，ΔS 为面积增量。在式（3.3）中，当 $SI > 1$ 时，认为该城市发生城市蔓延。

单指标法计算便捷、资料收集难度低，在国内的应用较为广泛[80-81,112]，但目前城市蔓延指数（单指标）的缺点是只能反映出城市蔓延低密度的特征，却不能很好地反映出城市蔓延快速增长及大量土地消耗的特征。因此，本书在参考国内外已有方法（单指标）的基础上，设计了基于"规模有关"的城市蔓延指数新的测度方法。

2.1.1 改进原因

2003 年，洛佩兹等[75] 曾指出，一个好的蔓延指数应具有"规模无关性"，即一个好的蔓延指数不应受大都市区域面积的影响，而笔者则认为，城市蔓延测度需要"规模有关性"，这也是乘以修正系数的根本原因，解释如下。

第一，根据上述学者对城市蔓延的定义，城市蔓延的基本特征至少应包括两点：①低密度；②大量的土（耕）地被消耗。而已有的计算方法，如式（3.3），计算得出的城市蔓延指数更像是表达单位面积建设用地的增长能够为城市带来的人口流入比，而不能够完全表达城市蔓延的特征②——有大量耕（土）地处于被消耗的状态。假如有两座小城市，城市 A 的面积是 100 km^2，城市 B 的面积是 10 km^2，5 年后 A 的面积变成 150 km^2，而 B 的面积变成 20 km^2，A 城市人口小幅增加，B 城市人口不变。按照原有的测算方法，B 城市的蔓延指数要大于 A，但实际上 B 城市 5 年内消耗的土地仅为 A 城市的五分之一，按照城市蔓延的内涵，哪个城市更符合蔓延的特征呢？第二，从建设用地消耗速度上看，正如格莱赛和卡恩[113]强调的那样，只有过快的城市边界扩张才能被认为是蔓延。因此，在单位时间内消耗的土地量也应成为测算城市蔓延指标的一部分，这也更加符合城市蔓延的基本特征——"大量"的土（耕）地被消耗。

"规模无关性"原则适用于规模相近城市的比较中，如全国大城市蔓延程度的横向比较，而"规模有关性"原则更适用于不同等级城市的比较，从而避免出现明明建设用地增长量不多，但由于基数小，城市蔓延指数却虚高的现象。实际上也是如此，按照传统的城市蔓延指数计算式（3.3），滨州市的城市蔓延指数高达 4.93，位于 230 个城市的第 6 位，是北京市（$SI_{old}=1.52$）的 3.25 倍，但 2000—2015 年，滨州市城市建成区只增长了 92 km²，平均每年增长 6.13 km²，而北京市则增长了 913 km²，平均每年增长 60.9 km²，几乎是滨州市的 10 倍之多。显然，后者更符合城市蔓延边界快速扩张的特征，但其蔓延指数却远低于前者，这使得原有的城市蔓延指数容易掩盖一些问题。

2.1.2 改进方法

综上，在计算城市蔓延指数时，对处在不同发育阶段的城市不能一概而论，而是需要进行适当修正。修正的方法有很多种，可以根据城市建设用地规模（末期年）、建设用地增量大小等，本书根据建设用地增量对其进行修正，尝试提出新的城市蔓延指数计算公式，如式（3.4）和式（3.5）所示：

$$SI_{newi} = \ln\left(SI_{oldi} \times \frac{100\Delta S_i}{\Delta S_{max}}\right), \tag{3.4}$$

$$SI_{oldi} = \frac{S_i}{S_0} + \frac{P_i}{P_0}。\tag{3.5}$$

其中，SI_{oldi} 为第 i 个城市修正前的蔓延指数，SI_{newi} 为第 i 个城市修正后的蔓延指数，S_i 为第 i 期城市建成区面积，S_0 为基期城市建成区面积，P_i 为第 i 期城市人口数量，P_0 为基期城市人口数量，ΔS_i 为第 i 期城市建成区面积的增量，ΔS_{max} 为第 i 期各个城市中建成区面积的最大增量。

城市蔓延的临界点判断：当 $\Delta S_i \leq 0$ 时，说明建设用地没有增长，城市 i 没有发生蔓延，此时 $SI_{newi}=0$。当 $\Delta S_i > 0$ 时，修正后的城市蔓延指数中 $\frac{\Delta S_i}{\Delta S_{max}} \in (0, 1]$，为保证 $SI_{newi} > 0$ 并适当拉开各个城市蔓延指数差距，取其百分比的数值部分，即 $\frac{100\Delta S_i}{\Delta S_{max}} \in (0, 100]$，乘以 SI_{oldi} 后取对数，此时只有

当城市 i 的 $\Delta S_i/\Delta S_{max}$ 小于 1/100，且 $SI_{oldi}=1$ 时［式（3.4）和式（3.5）中城市蔓延的临界点］，SI_{newi} 才能够小于 0，而 $SI_{newi}<0$ 则意味着该城市并没有蔓延，有可能出现城市收缩（urban shrinking）。

2.2 基于 POI 的测算方法改进

2.2.1 改进依据

从全球范围看，城市蔓延的产生是经济社会发展到一定阶段的产物，其存在有一定的必然性，但是无论是发达国家还是发展中国家，城市蔓延产生的背景不尽相同，因此不同地区的城市蔓延驱动机制、表现和反馈既存在共性也有差异。与欧美国家以市场为导向的城市蔓延不同，国内的城市蔓延更多的是政府主导[114-115]，自 1994 年分税制改革以来，以土地出让金为核心的土地财政逐渐成为地方政府财政收入的主要来源。究其原因，中国的土地——这一片"公共池塘资源"的所有者是政府，管理者也是政府，土地作为地方政府的"信用"使其能够获取大量贷款，从而支持城市中各类基础设施和公共服务的配套建设，地方政府通过土地出让获取大量的收益，在城市化 1.0 阶段累积资本上起了重要作用[116]。但也有研究表明，土地财政显著加速了城市蔓延，在不同形式财政分权和以 GDP 为核心的绩效考核激励模式下，这种"以地生财"和"圈地运动"的土地财政模式推进了城市空间增长[117]，其最终的结果就是建设用地的大量增加、开放空间的成片消失，在土地大肆开发和公共财政紧缺的背景下造成了城中和城郊地区公共服务和设施配置上的差距，相对于城中地区，城郊新开发地区公共资源配置速度远远跟不上城郊边界建设用地的扩张速度。

因此，本书假定对一个城郊建筑单元来说，所处位置的公共服务密度越低则城市蔓延指数越高，反之则低。本书界定的公共服务，既包括传统意义上由政府提供的公共服务，也包含由市场提供的面向公众的服务，而且就城市蔓延来说，市场的反应往往更为灵敏，如餐馆、超市等总是开设在人口密度较高的区域。一般来说，基础设施和公共服务越优质、越便捷的地区越容易吸引人口流入，相反，基础设施和公共服务较差的地区，因在生活、教育、医疗和交通等方面上的不便，人口流入速度较为缓慢，这使得公共服务密度与人口密度具有高度的相关性。通过对研究区沈阳市的测算结果表明，公共服务密度与人口密度的相关系数高达 0.939（限于数据可获性原因，采用 2015 年人口密度和 2018 年公共服务密度进行空间相关性分析），这也使

第3章 城市蔓延的测度

采用公共服务密度测算城市蔓延程度成为可能。

2.2.2 改进方法

在此理论分析基础上,参考洛佩兹等的研究成果,利用公共服务设施密度代替居住区密度构建城市蔓延指数。洛佩兹等通过绘制一个面积大小和形状近似于人口普查区域的多边形,并通过测量该多边形的面积来估计每个区域的土地面积,人口密度则是通过其普查得到的人口数量与土地面积的比值进行计算。他将每个大都市区的土地分为高密度区(每平方英里3500人以上)、低密度区(每平方英里200人至3500人)和农村地区(研究中不包括该区域,每平方英里不到200人),通过高密度区与低密度区的占比构建城市蔓延指数,并对美国331个大都市区的城市蔓延情况进行测算。借鉴洛佩兹的研究方法和思路,本书利用核密度分析法计算研究区内的各类公共服务设施密度,通过CRITIC方法对每一类公共服务设施进行赋权,之后通过栅格叠加得到四环公共服务设施密度图,并利用自然间断点方法将研究区公共服务设施密度分为5类,找出密度分类中密度最高的一类视为本书的高密度区域,其他区域以高密度区域为标准计算城市蔓延指数。

(1)城市蔓延指数法

城市蔓延指数(SI)是衡量一个地区或城市蔓延程度最为直观的指标之一,其构造虽简单但内涵丰富,在国内外城市蔓延的相关研究中存有广泛的应用实例,而改进后的城市蔓延指数正是在其基础上利用POI公共服务设施密度来代替传统的人口密度,其计算公式如下:

$$SI_i = (L_i\% - H_i\% + 1) \times 50 \qquad (3.6)$$

其中,SI_i为i区域的城市蔓延指数,$L_i\%$为i区域公共服务设施低密度地块所占的比重,$H_i\%$为i区域公共服务设施高密度地块所占的比重。计算的蔓延指数值分布在0~100之间,值越大代表城市蔓延的程度越大。

(2)核密度分析法

核密度分析法在城市热点探索方面应用广泛[118-119],该方法用于计算空间点、线要素在其周围邻域中的密度,并对密度布局进行连续化模拟,以图像中每个栅格的核密度值反映空间要素的布局特征[120]。本书利用核密度分析法探索不同类型POI数据的聚集特征,根据每个栅格内POI核密度值估计其周围密度。核密度函数的计算如式(3.7)所示:

$$f(x) = \sum_{i=1}^{n} \frac{1}{\pi r^2} \Phi\left(\frac{d_{ix}}{r}\right) \qquad (3.7)$$

其中，$f(x)$ 为 x 处的核密度估计值；r 为搜索半径；n 为样本总数；d_{ix} 为 POI 点 i 与 x 间的距离；Φ 为距离的权重。

(3) CRITIC 赋权法

CRITIC 法是由 Diakoulaki[121]提出的一种客观权重赋权法，各个评价指标的客观权重确定是以指标内的变异性和冲突性来综合衡量的，评价指标内的变异性以标准差的形式表现，表示同一指标各个评价对象之间取值差距的大小，标准差越大各对象之间的取值差距越大。指标之间的冲突性以指标之间的相关性为基础，如两个指标之间具有较强的正相关，说明两个指标冲突性较低。本书所选取的各项指标都属于并列关系，并且在空间分布上具有较强的相关性，因此选取 CRITIC 法进行权重赋值，详见式（3.8）：

$$W_i = \frac{\delta_j \sum_{i=1}^{i}(1-Corr_{ij})}{\sum_{j=1}^{i}\left[\delta_j \sum_{i=1}^{i}(1-Corr_{ij})\right]}。 \qquad (3.8)$$

其中，$Corr_{ij}$ 表示第 i 个特征和第 j 个特征的相关系数；δ_j 表示第 j 个特征的标准差；i 表示特征总数。

借鉴孙宗耀等[122]在研究济南市生活设施空间布局时使用的 CRITIC 法，利用平均数和相关系数计算不同公共服务设施的权重值。归一化后的平均数体现出各设施在研究区内布局密度的高低，相关系数用来衡量各类设施之间的关联性，改进后的 CRITIC 法的计算如式（3.9）所示：

$$W_j = \frac{M_j \sum_{i=1}^{i} Corr_{ij}}{\sum_{j=1}^{i}\left[M_j \sum_{i=1}^{i} Corr_{ij}\right]}。 \qquad (3.9)$$

其中，M_j 表示第 j 个设施的平均像元值。

(4) 自然间断点分类法

自然断点法分类是基于数据中固有的自然分组，通过对分类间隔加以识别，在数值差异相对较大处设置边界，对相似值进行恰当分组，使各类之间差异最大化。要素将被划分为多个类，对于这些类，会在数据值的差异相对较大的位置处设置其边界。本书基于 ArcGIS 10.5 软件的重分类工具利用自然断点法对公共服务设施密度分析结果进行分类，并结合 POI 统计结果计算沈阳市四环内不同地区的城市蔓延程度。

与以往的计算不同的是，特别是与洛佩兹基于居住密度的蔓延指数相比，本书综合考虑了国内城市蔓延的特点，即城郊地区相对于城市中心在公共服务配置方面的差异。而且，公共服务设施具有空间位置的固定性，相对于不断流动的人口来说能够更加客观地反映城市新建区的蔓延状况。此外，国内高精度的人口空间密度数据在获取上较为困难，而利用开放的API接口获取POI地理大数据则具有较高的便捷性。因此本书尝试利用公共服务设施密度代替传统的人口密度（居住密度）来构建基于POI的城市蔓延指数，进而进行城市蔓延的测算。

3 实证分析

上述内容分析了城市蔓延测算方法的改进方法和依据，接下来分别以中国230个城市和沈阳市为例进行实证研究，探讨如何具体应用两种改进方法对城市整体和单一城市的蔓延程度进行测算。

3.1 基于规模有关的城市蔓延测算实证

3.1.1 研究区及数据来源

以中国230个地级市为例，考察其2000—2015年的城市蔓延情况。其中，人口数据采用的是城市常住人口数，面积数据采用市辖区建成区面积，数据来自中国城市统计年鉴和全国人口普查数据，并采用地方统计年鉴对部分缺失值进行补充。

3.1.2 测算过程及结果

利用式（3.3）和式（3.4），分别计算230个城市修正前后的城市蔓延指数，结果如图3.1所示。

（1）城市蔓延指数总体情况对比

从图3.1可以看出，修正前后城市蔓延指数总体上发生了3点变化：第一，修正后大城市的城市蔓延指数多数有所提升，小城市的城市蔓延指数多数有所下降（在X值为210附近出现了一条分界线）；第二，修正前的趋势线较为平缓，修正后的趋势线起伏程度增大；第三，修正前规模相近城市的蔓延指数比较分散，而修正后相对集聚。

（2）排名前10位的城市对比

将修正前后蔓延指数最高的10个城市及其2000—2015年时的城市建成区面积增量制成表3.2，对比其排名变化情况后发现，第一，修正后前10

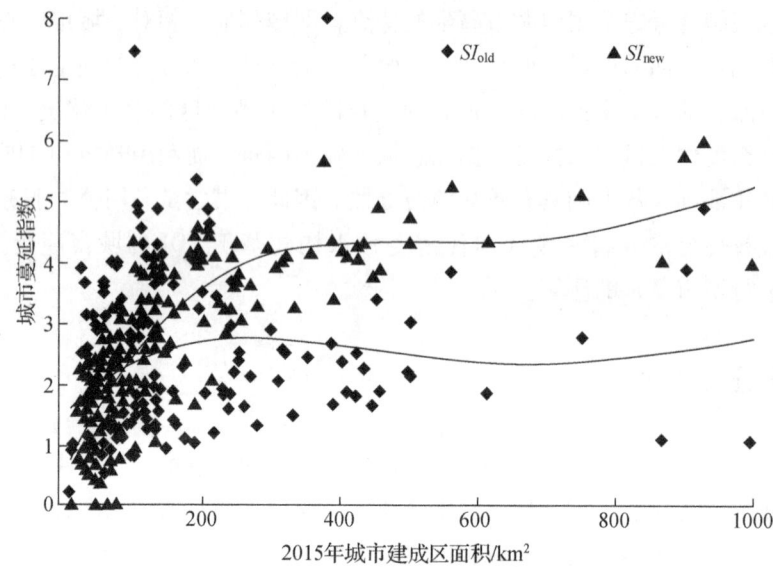

图 3.1　城市蔓延指数修正前后对比

资料来源：中国城市统计年鉴。

位城市用地增量的平均值为 551.5 km²，比修正前（平均值为 220.3 km²）提高了 331.2 km²，说明增量修正起到了一定作用；第二，修正前的排名前 10 位的城市修正后平均下降 12.8 位，最多下降 37 位（滨州市），修正后的排名前 10 位的城市中有 8 个城市比修正前上升，平均上升 53 位，最多上升 163 位（北京市），原排名前 10 位的城市修正后的下降幅度小，说明修正后的公式仍保留了反映城市蔓延低密度扩张的特征；第三，修正后排名前 10 位的城市中珠三角地区占据五席，分别为东莞市、深圳市、清远市、广州市和惠州市，说明珠三角是我国城市蔓延的集中高发区。

表 3.2　蔓延指数排名前 10 位的城市对比

修正前排名前10位的城市	用地增量	修正前 SI	修正后 SI	变化情况	修正后排名前10位的城市	用地增量	修正前 SI	修正后 SI	变化情况
清远市	344	8.03	5.71	1→3	东莞市	781	4.90	6.04	6→1
达州市	93	7.45	4.33	2→18	深圳市	764	3.89	5.79	21→2
绍兴市	167	5.37	4.59	3→11	清远市	344	8.03	5.71	1→3

续表

修正前排名前10位的城市	用地增量	修正前SI	修正后SI	变化情况	修正后排名前10位的城市	用地增量	修正前SI	修正后SI	变化情况
济宁市	158	4.99	4.46	4→13	青岛市	447	3.87	5.24	23→4
滨州市	92	4.93	3.91	5→42	广州市	806	2.03	5.19	111→5
东莞市	781	4.90	6.04	6→1	南京市	554	2.78	5.13	57→6
惠州市	187	4.87	4.60	7→10	北京市	913	1.52	5.02	170→7
盐城市	114	4.85	4.10	8→29	苏州市	372	3.40	4.93	34→8
南充市	90	4.80	3.86	9→44	长春市	347	3.01	4.74	44→9
泉州市	177	4.60	4.49	10→12	惠州市	187	4.87	4.60	7→10

注：用地增量是指2000—2015年城市建成区面积增量，单位为km^2，变化情况是指修正前后的排名变化。

(3) 区域蔓延情况对比

计算修正前后我国七大区域的城市蔓延情况，结果如表3.3所示。原城市蔓延均值最高的是西南地区，而修正后城市蔓延均值最高的则变成华东地区。即便在修正前，华东地区的排名也很靠前，说明华东地区是我国城市蔓延情况最为严重的地区，这一地区经济发达，城市化水平较高，在经济发展的刺激下人口流入快，但建设用地增长更快，因此城市蔓延均值较高。相反，东北地区则是我国城市蔓延情况最轻的地区，修正前后的城市蔓延均值均为最后一位，近些年这一地区由于经济发展相对低迷，人口流失严重，除了沈阳、大连、长春、哈尔滨这东北四大城之外，其余城市建设用地增长缓慢，因此城市蔓延均值较低。华中地区无论是修正前还是修正后，均处于中值位置。

表3.3 区域蔓延情况对比

区域	修正前SI均值	修正后SI均值	排名变化
东北地区	1.74	1.99	7→7
华东地区	2.74	3.10	2→1
华北地区	1.80	2.28	6→5

续表

区域	修正前 SI 均值	修正后 SI 均值	排名变化
华中地区	2.10	2.38	4→4
华南地区	2.58	3.03	3→2
西南地区	2.80	2.61	1→3
西北地区	1.85	2.10	5→6

注：东北地区包括辽宁省、吉林省、黑龙江省和内蒙古自治区东部；西北地区包括陕西省、甘肃省、青海省、宁夏回族自治区、新疆维吾尔自治区和内蒙古自治区西部；华北地区包括北京市、天津市、山西省、河北省中南部和内蒙古自治区中部。

3.1.3 结果分析

通过在"规模有关"方面的修正，构建"规模有关"的城市蔓延指数，对我国 230 个城市进行修正前后蔓延指标对比表明，新构建的城市蔓延指数既保留了原有城市蔓延指数反映城市低密度发展的特征，又强调了城市蔓延中建设用地增量的权重。通过我国 230 个城市蔓延指数修正前后的对比计算，发现修正后大城市的城市蔓延指数多数有所提升，小城市的城市蔓延指数多数有所下降，原排名前 10 位的城市中只有 2 个城市建设用地增量超过 200 km^2，而修正后排名前 10 位的城市则有 9 个城市建设用地增量超过 200 km^2，说明新构建的城市蔓延指数能够更好地反映城市蔓延高速扩张的特征。同时，由城市蔓延所带来的开放空间消失、雾霾、内涝、交通拥堵等问题在大城市表现得更加突出，而"规模有关"的城市蔓延指数相比于原有的蔓延指数，能够更好地指明这一问题。

华东、华南两个地区是我国经济较为发达的地区，也是人口流入较快的地区，但同时却是我国城市蔓延最为严重的地区。无论是修正前还是修正后，华东、华南两个地区的城市蔓延指数均值都十分靠前，华东地区修正后的排名居首，而华南地区有 5 个城市均在排行榜的前 10 名。一方面，华东、华南两个地区拥有我国一半以上的海岸线，城市借助沿海的地理位置优势发展较快；另一方面，相对于华北地区京津两个核心城市，位于华东地区长三角城市群和华南地区珠三角城市群的城市整体发展得更加均衡，各城市地方政府间对土地资源的竞争也较为激烈，多点开花使得这两个地区的城市蔓延均值较高。

相对而言，华东地区的城市蔓延程度较高，而东北地区的城市蔓延程度则较低,前者的城市蔓延指数均值大约是后者的 1.5 倍左右。两个地区分属不同的城市蔓延类型,东北地区的城市蔓延是由于人口增长缓慢(甚至流出)造成的城市蔓延,属"被动型"的城市蔓延,而华东地区则属于建设用地快速增长(周边土地快速消失)造成的城市蔓延,属"主动型"的城市蔓延。东北地区的人口流动以省内为主,相当于核心城市将周边城市的人口吸引过来,造成大城市蔓延与小城市收缩的现象同时存在,而华东地区的区域外流入人口较多,即便核心城市吸力强大,但周边地区也能够得以快速发展,因此整体上呈现较高的城市蔓延态势。

因此,对于我国的城市蔓延治理,首先,要建立起能够更好地表达中国式城市蔓延特征的测算指标体系,识别出蔓延高发的地区;其次,对于不同规模城市的蔓延情况要有更清晰的认识,通过监测城市蔓延指数的高低进行预警,对于确保耕地红线、保障我国粮食安全有着积极意义;最后,值得注意的是,我国城市蔓延的高发地区,恰恰也是经济发展水平高的地区,这说明经济实力才是城市快速扩张的"本钱",并且多数经济发达的城市并没有充分意识到城市蔓延的危害,未能将经济优势转化为更高质量的城市精明增长,这也是我国城市发展的潜在隐患。

3.2 基于 POI 的城市蔓延测算实证

3.2.1 研究区概况

沈阳市位于我国东北地区南部,辽宁省省会,典型的重工业城市,是丝绸之路经济带中蒙俄经济走廊建设的重要节点城市,是沈阳经济区的核心城市。截至 2021 年,全市辖 10 个区、2 个县,代管 1 个县级市,总面积 12 860 km²,是中国东北地区经济、文化、交通和商贸中心,地形以平原为主,山地、丘陵集中在东部。沈阳市属于温带季风气候,夏季降水比较集中,昼夜温差相对较大,冬季降水少,气候干燥,温度较低,降雪量少,春秋季持续时间较短。境内汇集浑河、辽河及秀水河等河流水系。其中浑河贯穿沈阳市中部,形成沈阳市南北发展的空间格局,以平原为主的地势及广阔的行政区划面积为沈阳市的蔓延提供了有利的条件。

本书以沈阳市四环内的区域作为研究区(图 3.2)。按照规划,沈阳中心城区以四环为基础。到 2020 年,沈阳四环以内将全部发展成为中心城区,行政区划上涉及和平区、沈河区、皇姑区、大东区、铁西区、浑南区、沈北新区、苏家屯区、于洪区的大部分区域,全域面积为 1233.6 km²,四环质心坐标为 123°25′56.623″E，41°47′58.447″N。四环内集中了沈阳市市内中心城区的绝大部分建设区域，是市内居民进行生活与经济文化活动的主要场所，也是沈阳市发展的重点区域，因此本书选择沈阳市四环作为研究区具有一定的研究意义和代表性。

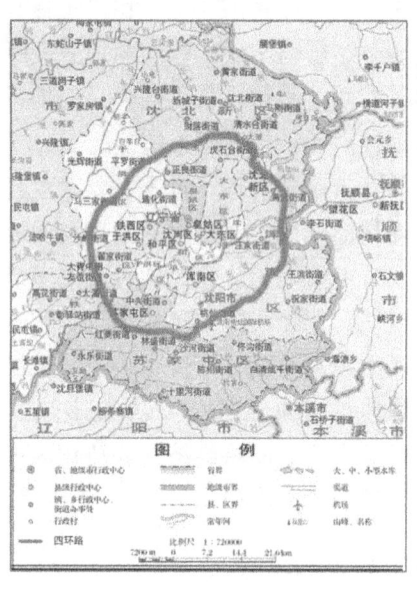

图 3.2　研究区位置（见书末彩图）

（审图号：沈阳市地图，辽 S（2021）263 号。底图无修改。）

3.2.2　数据来源及处理

（1）数据来源

研究涉及两类地理大数据。第一类是公共服务 POI 数据。政府和市场是公共服务配套设施的供给方，因此研究中公共服务配套设施的类型选择十分重要，为此，参考朱查松等[123]对社会公共服务设施的分类，将研究区公共服务配套设施分成生活、交通、教育、餐饮、健康、金融、娱乐、安保和文化服务等九大类 23 项公共服务设施，基本涵盖与居民日常生活息息相关的各个方面。第二类是建筑单元矢量数据。用类似的方法获取沈阳市四环内的建筑单元 158 023 个（数据获取时间：2018 年 4 月），而后通过计算每个建筑单元范围内的公共服务设施密度来测量不同地区的城市蔓延程度。相对于传统研究中（根据全国普查数据做的研究）街道级别的研究尺度，利用大数据能够提高研究精度（精确到建筑单元尺度）。

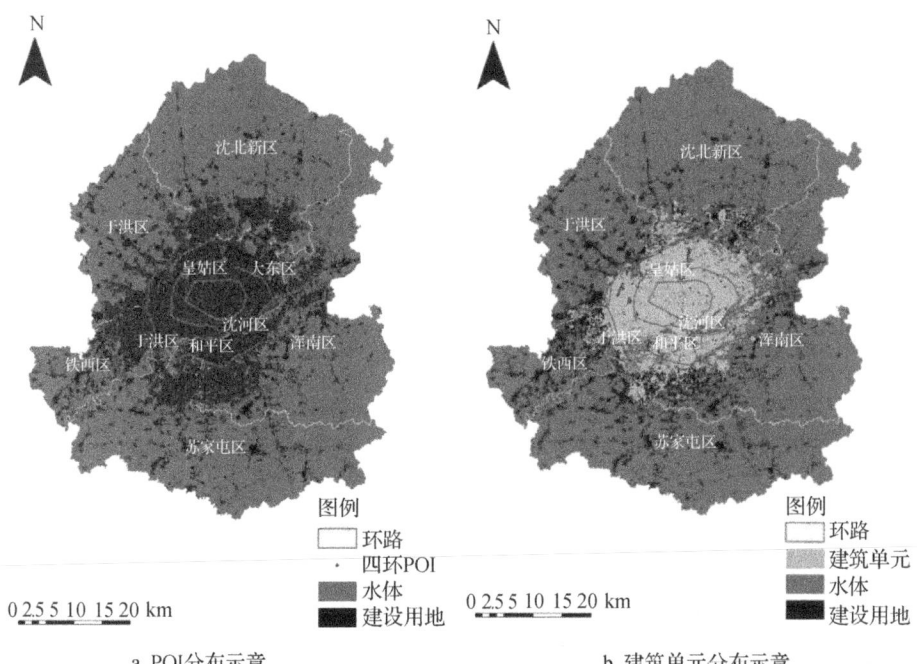

a POI分布示意　　　　　　　　　b 建筑单元分布示意

图 3.3　四环 POI 点与建筑单元分布图（见书末彩图）

资料来源：地理空间数据云、高德地图。

（审图号：沈阳市地图，辽S（2021）263 号。在此地图上进行各区行政边界提取，底图无修改。）

（2）数据处理

本书利用高德地图 API 获取 POI 数据，经过空间匹配、去重及删除辨识度低的公共服务设施网点等必要的数据清洗之后，共余 68 869 个 POI（数据获取时间：2018 年 4 月），详情如表 3.4 所示，进行坐标纠偏后将结果转入 ArcGIS 中待用，用同样的方式进行建筑单元的数据处理操作。

表 3.4　POI 数据基本情况

POI 分类	包含内容	数量/个	比例
餐饮服务	中西式餐饮	31 543	45.80%
交通服务	公交站点、停车场、加油站	18 619	27.04%

续表

POI 分类	包含内容	数量/个	比例
生活服务	超市、公共厕所、综合市场、邮局	10 780	15.65%
金融服务	ATM、银行	2904	4.22%
教育服务	小学、幼儿园	2385	3.46%
健康服务	综合医院、敬老院、公园绿地	1085	1.58%
安保服务	警察局、消防局	673	0.98%
娱乐服务	电影院、KTV	616	0.89%
文化服务	美术馆、图书馆、博物馆、综合体育馆	264	0.38%

资料来源：高德地图。

3.2.3 测度过程

按照本章第2节的研究方法，在利用POI进行城市蔓延测算时首先需要对公共服务设施的权重进行赋权，其次是计算POI的核密度，最后按照公式计算得出城市蔓延指数。

（1）公共服务设施权重分配

基于各类公共服务设施的相关矩阵（在ArcGIS中计算相关性），根据改进后的CRITIC方法，得到沈阳市四环内各类设施的权重，详见表3.5。

各类设施的权重从大到小依次为生活>交通>教育>健康>金融>安保>餐饮>文化>娱乐。其中，生活服务设施占比最高，超市、市场等生活设施的丰富程度、便捷程度极大地影响了居民的居住选择，是区域发展差距较直观的外在表现之一，对于城市蔓延的测算极其重要，因此在城市蔓延的测算中生活设施所占比重相对较大。其次是交通服务，其中公交站点是所有23项设施中所占比重最大的为0.1023，这与城市蔓延的成因相符合，私人交通促进了蔓延的发展，而便捷的公共交通却能够较好地减轻城郊地区居民出行的成本，特别是有地铁站点的城郊地区更容易吸引人口的快速流入。教育设施的布局能够在很大程度上影响居民的居住选择，在城市的蔓延区中，教育设施无论是数量还是质量方面与非蔓延区都存在较大的差距，在蔓延测算中也占有相当重要的比重。健康设施中医养相融合的养老服务设施的完善与否能够极大地影响居民的选择,相对于非蔓延区,蔓延区健康设施的布局完善度不高,因此在判别城市蔓延区域中权重占地相对较高。金融服务设施权重位于中间,相对生活、交通、教育及健康设施来说权重稍微低一些,但是相对于安保、餐饮、文化和娱乐等权重又高一些,因为金融服务设施能够促进储蓄并将其转化为投资,为地区经济发展提供资金投入,因此金融设施在区域空间布局较为广泛,所占比重适中。之后分别是安保、餐饮、文化和娱乐设施,这4类设施在影响居民的居住选择方面重要性没有前几种设施那么大,因此在蔓延的测算中所占权重比较靠后。而权重最低的则是娱乐服务(0.0340),作为服务业,娱乐设施在考虑公平性前提下服从利润最大化的布局原则[124],空间布局与商业设施具有地域趋同性,主要集中于地段繁华的市中心商业区。

表3.5 各类型配套设施权重

POI 分类	包含内容	总权重	分权重			
餐饮服务	中西式餐饮	0.0685	0.0685			
交通服务	公交站点、停车场、加油站	0.2010	0.1023	0.0659	0.0328	
生活服务	超市、公共厕所、综合市场、邮局	0.2239	0.0937 0.0670	0.0173 0.0459		
金融服务	ATM、银行	0.0999	0.0517	0.0482		
教育服务	小学、幼儿园	0.1270	0.0572	0.0698		
健康服务	综合医院、敬老院、公园绿地	0.1158	0.0545	0.0292	0.0321	
安保服务	警察局、消防局	0.0700	0.0602	0.0098		
娱乐服务	电影院、KTV	0.0340	0.0113	0.0227		
文化服务	美术馆、图书馆、博物馆、综合体育馆	0.0599	0.0206 0.0069	0.0205 0.0119		

(2) POI 核密度计算

基于核密度分析法,分别计算研究区23项公共服务设施单项的密度,进行归一化操作后,代入表3.5中的权重进行空间叠加,进而得到研究区公共服务设施的综合密度。已有研究表明,核密度计算中带宽 R 的选择对核密度分析的结果有关键影响[125]。在参考了多位学者的研究成果之后[126-128],本书选取了400 M、800 M、1200 M、1600 M、2000 M 和2400 M 的不同带宽进行试验。结果表明，在带宽为 1200 M 和 1600 M 的条件下既能够识别设施分布的局部热点信息，同时又能够较好地反映其整体分布特征，结合研究区自身特点，综合考虑公共服务设施的平均影响范围及其空间分布的离散程度，最终选择半径为 1200 m 的距离阈值进行分析。利用 ArcGIS10.5 中核密度分析工具分别计算研究区 23 项公共服务设施的单项密度，进一步通过 $(G-Gmin)/(Gmax-Gmin)$ 公式进行归一化操作后，得到各项公共服务设施密度的空间分布图。

从图 3.4 中可以看出，娱乐服务、餐饮服务在四环内呈现以中心城区为中心的单中心分布态势，主要包括和平区、皇姑区、沈河区和大东区，除此之外，在苏家屯区有小规模集聚趋势，目前不具备形成大集聚中心的趋势。娱乐设施主要包括 KTV 和电影院，其核密度最大值为 0.0227，均值为 0.0007，整体在空间分布上较为分散，即使在中心城区也没有形成较为明显的集聚态势。核密度高值区主要集中在一环范围内中心主城区行政区划交界处，而浑河以南在苏家屯和浑南区及沈北新区出现多处小规模集聚现象则主要是因为娱乐设施在空间分布上具有商业趋同性，因此在中心城区分布相对密集，而浑河以南除苏家屯中心和奥体中心附近有明显的、小型的集聚趋势之外，其他地方商业设施布局尚未完善，因此难以形成规模效应。餐饮服务设施主要包括传统的中式餐饮和西式餐饮，其核密度最大值为 0.0685，均值为 0.0039。与娱乐设施布局相比，餐饮服务设施在空间分布上更为集中和密集，在城市中心区呈现连片大规模聚集分布，同时在苏家屯地区形成比

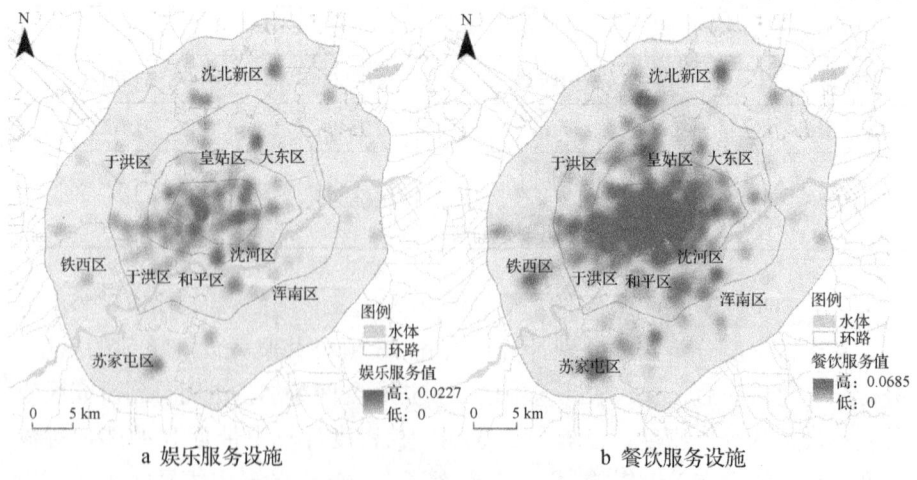

图 3.4　娱乐和餐饮服务设施分布

第 3 章 城市蔓延的测度

娱乐设施更为明显的集聚分布趋势。此外，在新开区如浑南区、沈北新区及于洪区等也有次级的集聚分布，而在其他地区没有明显的集聚趋势。餐饮服务与居民生活息息相关，因此在空间布局上与居民区分布呈明显的相关性，在此次 POI 的采集中，餐饮服务设施的 POI 占比高达 45.80%，是所有 POI 中占比最多的设施，因此餐饮服务设施整体分布与公共服务设施整体分布趋势最为接近，其最大程度上决定了公共服务设施整体空间布局态势。

图 3.5a 中，安保服务设施核密度最大值为 0.0611，均值为 0.0034，主要包括警察局和消防局。在中心城区呈现规模集聚趋势，分布趋势与娱乐设施较为相似，没有形成连片的分布趋势，其他区域呈现分散布局，浑河以南没有较为明显的集聚中心，即使是苏家屯中心城区安保服务设施也没有形成规模集聚，因此呈现明显的南北分布差异。图 3.5b 中，文化服务设施核密度最大值为 0.0334，均值为 0.0013，其主要包括图书馆、博物馆、综合体育馆和美术馆，在市中心区域呈现规模集聚效应，集聚规模相对较小，主要是中心城区的行政区划交界区域，而在其他区域则分布较为散乱，没有明显的规律性的集聚趋势。这主要是因为文化设施与历史文化等相关性较强，因此在空间布局上主要是根据地方历史文化地域进行布局，除了大型的博物馆、图书馆等设施分布于中心城区或者政府驻地之外，其他的文化设施分布均难以呈现较为明显的规律性分布。

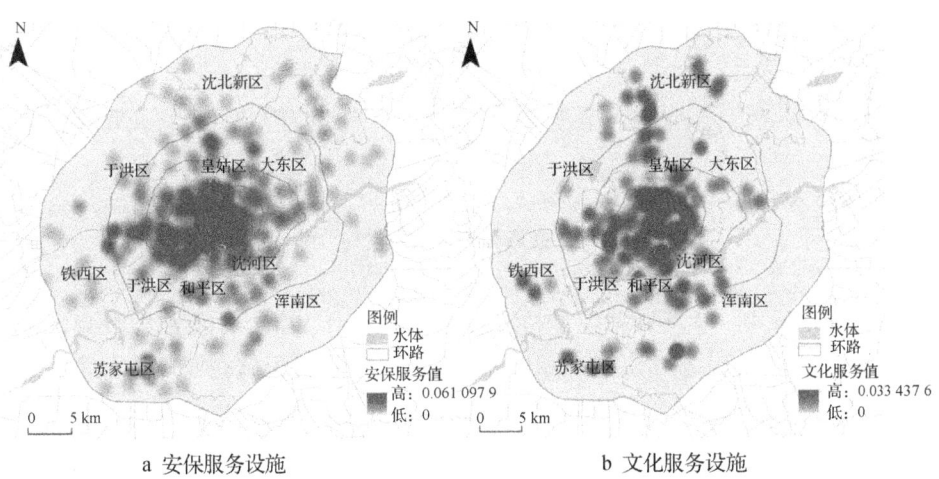

a 安保服务设施　　　　　　　b 文化服务设施

图 3.5　安保和文化服务设施分布

图3.6a 中，交通服务设施主要包括公交站点、停车场和加油站，其核密度最大值为 0.1502，均值为 0.0157，相对于其他设施，交通设施分布较为广泛，在整个四环区间呈现规模集聚，形成以中心城区为中心借助放射型交通干线向周围地区发散的趋势。从图中可以看出，交通干线的分布几乎遍布四环整个城区，这与城市蔓延的成因较为相符，交通干线的布局进一步催生了建设用地空间蔓延。除中心城区外，交通设施在苏家屯区相对其他地区有较为明显的集聚趋势，沈北新区、于洪新区及浑南区交通干线分布相对分散，没有明显的集聚现象，但空间覆盖范围也较为广泛。健康服务设施主要包括敬老院、公园绿地和综合医院，图3.6b 中，其核密度最大值为 0.084，均值为 0.0055，南北呈现较为明显的差异，浑河北岸健康服务设施分布较为集聚，浑河南岸健康服务设施分布较为分散，这主要因为浑南区属于新开发区，各项公共服务设施正在建设中，因此健康设施配置相对缓慢。

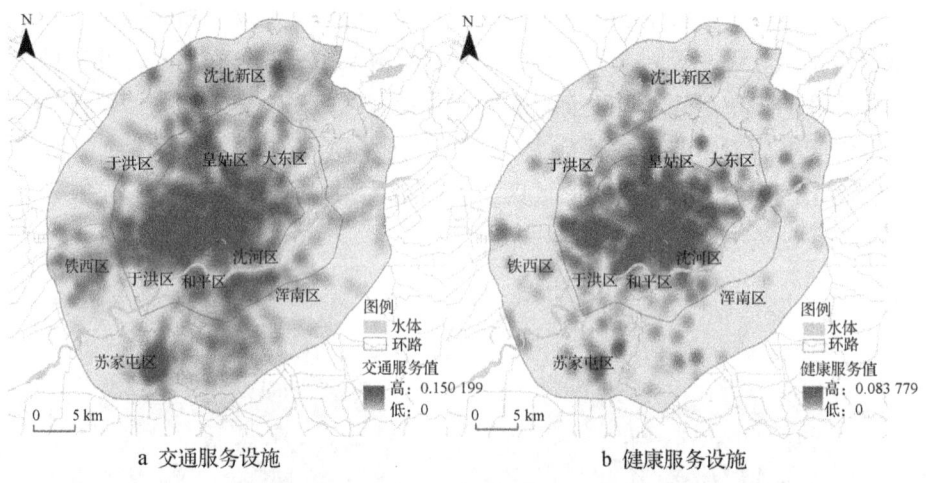

图3.6 交通和健康服务设施分布

图3.7a 中，生活服务设施核密度最大值为 0.172，均值为 0.0142，主要包括综合市场、超市、公共厕所和邮局。生活服务设施在四环分布较为广泛，呈现以四环为中心的集聚式分布态势，这主要是因为生活服务设施与居民生活息息相关，因此在四环之内分布较为广泛，但是图3.7a 中可以看出生活服务设施在浑河两岸呈明显的差距，浑河南岸由于是新开区，生活配套设施尚未完善，即使是苏家屯区也没有形成统计意义上的高密度集聚区，浑河北岸中沈北新区生活设施相对较完善。教育服务主要包括小学和幼儿园，

图 3.7b 中，其核密度最大值为 0.099，均值为 0.0082，教育服务在四环呈现以西侧铁西区和皇姑区及东侧大东区和沈河区对称式分布，四区集中了较为丰富的教育资源，浑河南岸苏家屯区教育资源相对完善，浑南区教育设施分布较为分散，没有形成较为聚集的教育资源中心。

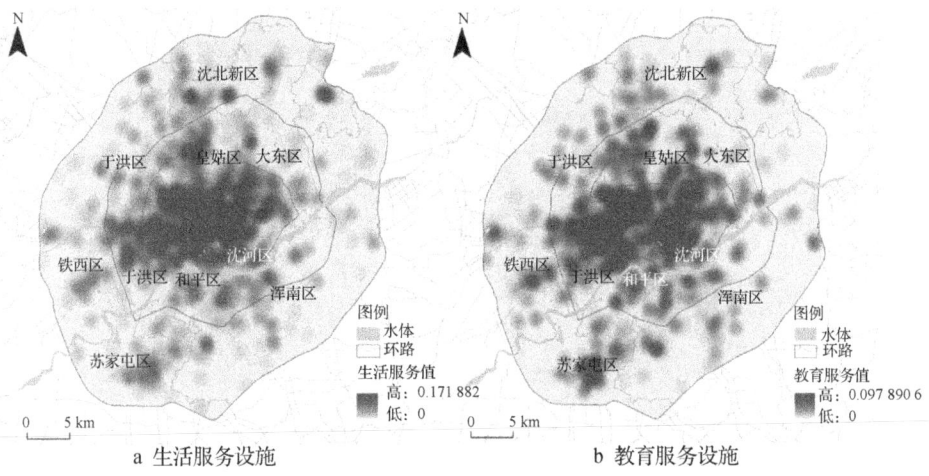

图 3.7 生活和教育服务设施分布

金融服务设施主要包括 ATM 和银行，其核密度最大值为 0.0903，均值为 0.0042，金融服务主要集中于市中心区域，分布范围相对集中，形成较为明显的单中心集聚效应，在中心城区呈现连片分布的态势。同样，浑河南北岸形成较为明显的差距，在浑河南岸仅有苏家屯形成较为明显的小范围集聚，浑南区在奥体中心周围金融设施分布相对集中。

对核密度图进行归一化，从而消除 POI 数量不等导致的密度差异影响，之后利用 ArcGIS 10.5 中的栅格计算器工具将各项公共服务设施核密度代入表 3.5 中的权重进行空间叠加，进而得到研究区公共服务设施的综合密度分布图，如图 3.9 所示，从研究区 POI 密度分布的结果看，公共服务设施整体上呈现单中心团状聚集的空间格局，且沿着浑河两岸呈现出明显的空间集聚差异，浑河北岸公共服务设施整体布局远远优于浑河南岸，四环公共服务核密度最大值为 0.61，均值为 0.091。公共服务设施在市中心地区具有相对明显的规模优势，呈现出连片分布的特征，热点区域集中在沈河区、和平区、铁西区和皇姑区的二环内区域；三四环间除了苏家屯区和浑南区形成相对明显的小型集聚中心外，其他地区的公共服务设施规模较小且布局分散。

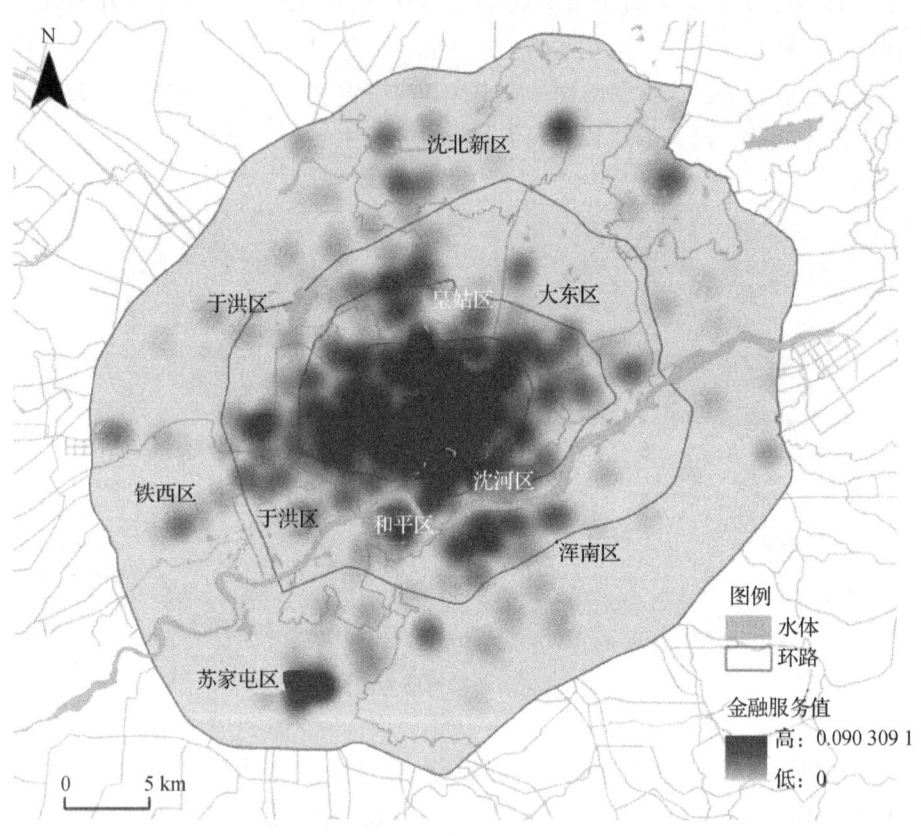

图 3.8 金融服务设施分布

3.2.4 测度结果

根据洛佩兹关于城市蔓延的计算,可知城市蔓延指数计算的关键在于找到高密度区域和低密度区域。但目前关于划分公共基础设施高低密度的文献较少,为此,研究借鉴了"相对"的概念,从洛佩兹的公式上看,城市蔓延的高低密度本身也是一个相对的值,因此本书中利用分级之后的最高密度区作为高密度的参考。具体操作中,首先利用 ArcGIS 10.5 中的栅格转点工具将四环公共服务设施密度栅格图进行栅格转点操作,从而获取各栅格点的像元密度值,通过值提取至点操作将密度值赋予每个像元点,之后利用空间连接工具完成各建筑单元的密度赋值,最后在 ArcGIS 中应用自然间断点法对相似值进行分组(5 个区域),完成对 POI 密度的分割操作,确保各区域

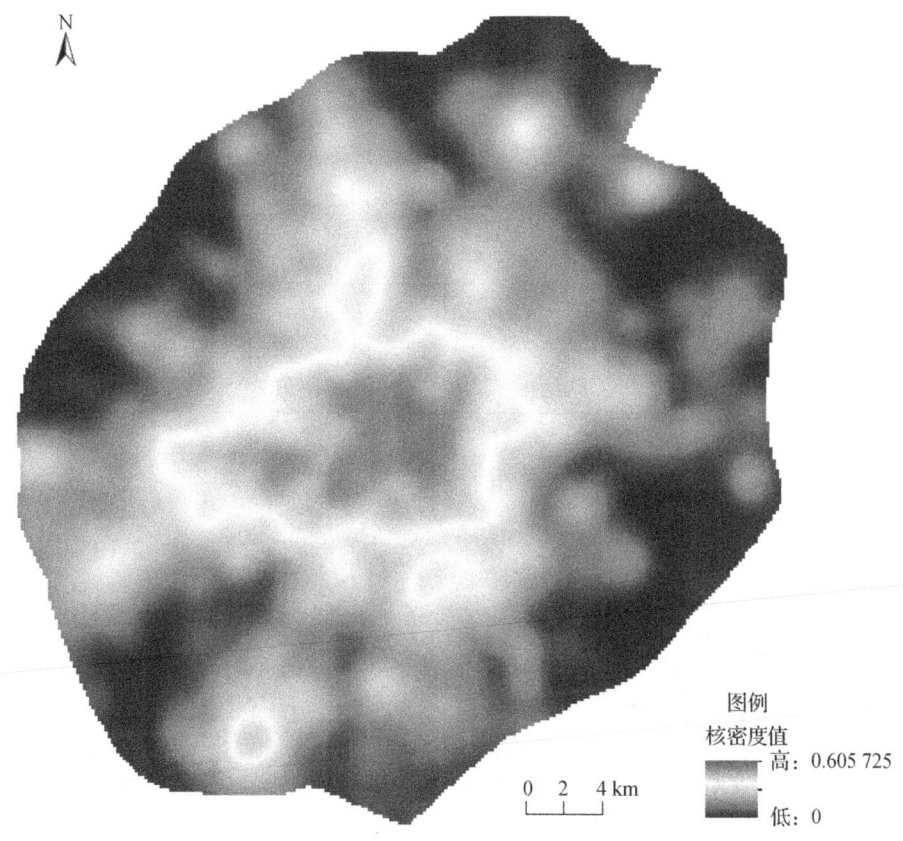

图 3.9 四环公共服务设施空间密度分布（见书末彩图）

之间的差异最大化。之后，将分割后的 5 个区域看作是各自独立的单元，并以分割后 POI 最高密度区所覆盖建筑单元的面积作为"高密度"的参照（$H\%$），随后分别计算另外 4 个区域建筑面积相对于参照区域建筑面积的比例，进而得到 $L_2\% - L_5\%$ 和 $H_2\% - H_5\%$，其中，由于区域 I 是参照标准，故认为其没有低密度区，即 $L_1\% = 0\%$，$H_1\% = 100\%$；利用式（3.1）分别计算得到 5 个区域的城市蔓延指数，结果如表 3.6 所示。最终，将 5 个区域按城市蔓延值由低到高分别命名为非蔓延区、轻度蔓延区、中度蔓延区、高度蔓延区和重度蔓延区，并将其蔓延值代入 ArcGIS 绘制成图 3.10，完成城市蔓延的空间可视化操作。

表 3.6　各区域建筑轮廓面积及比例

区域	建筑单元面积/hm²	覆盖土地面积/km²	POI 密度范围	蔓延指数
Ⅰ	974.49	38.72	0.451 147 ~ 0.605 725	0
Ⅱ	1243.74	55.61	0.313 495 ~ 0.451 146	56.07
Ⅲ	1796.98	83.22	0.193 294 ~ 0.313 494	63.52
Ⅳ	2429.81	145.40	0.096 651 ~ 0.193 293	71.37
Ⅴ	3365.58	559.01	0.000 752 ~ 0.096 650	77.55

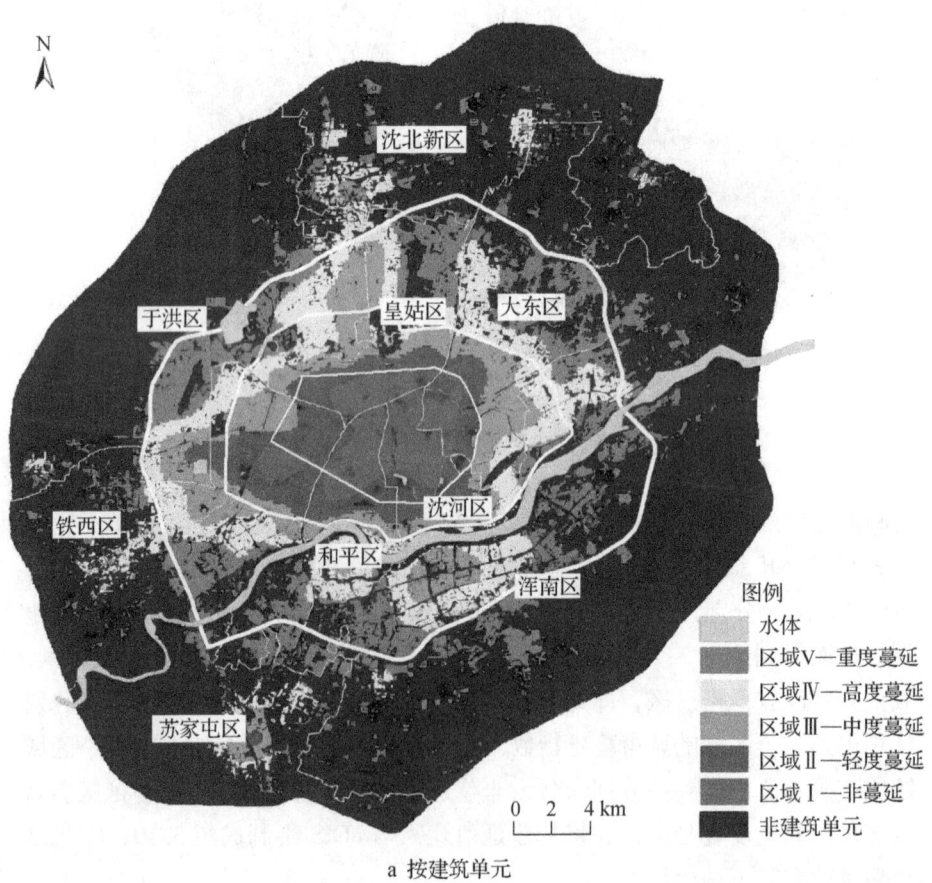

a 按建筑单元

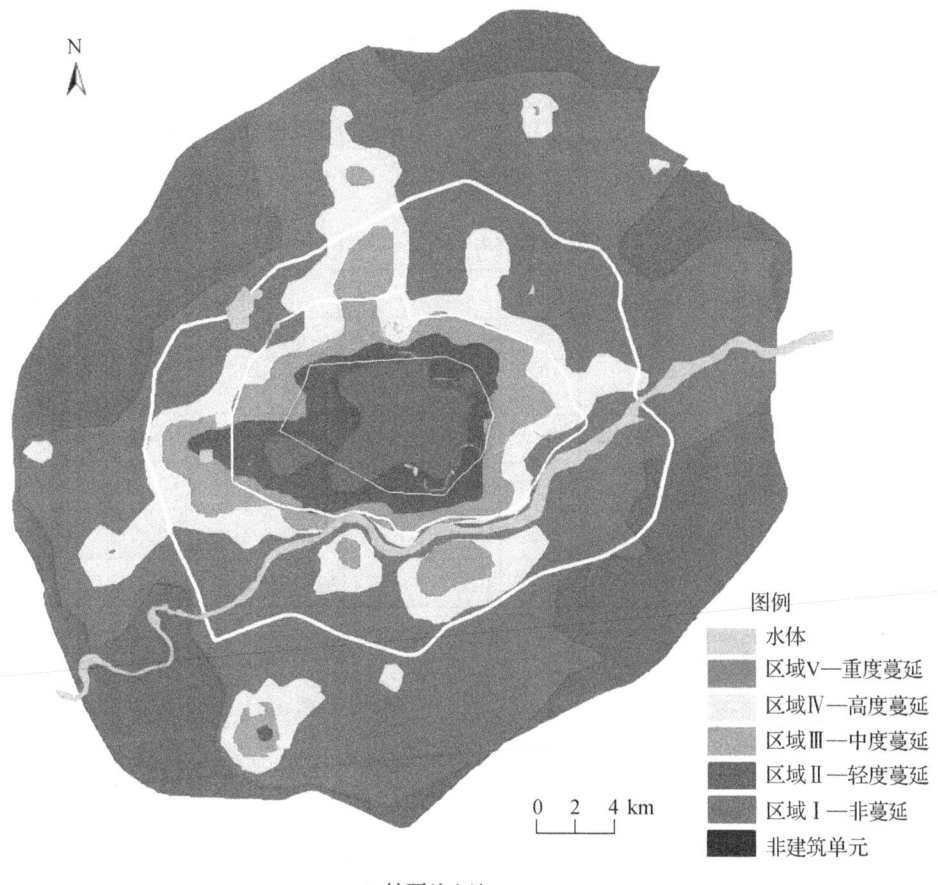

b 按覆盖土地

图 3.10　城市蔓延区范围（见书末彩图）

3.2.5　结果分析

（1）环向分析

环向分析的目的在于厘清沈阳四环内各环间的城市蔓延情况，通过环向分析能够明晰沈阳市各环间城市蔓延的程度，从而能够有针对性地进行城市蔓延的调控和治理。统计沈阳市一环内、一二环、二三环及三四环间各蔓延区域的占比，结果如表 3.7 所示。从总量上看，轻度蔓延（区域Ⅱ）和中度蔓延（区域Ⅲ）面积最高的地区在一环内和一二环间，而重度蔓延（区域Ⅴ）和高度蔓延（区域Ⅳ）面积最高的地区在二三环间；从占比上看，轻度蔓延（区域Ⅱ）和中度蔓延（区域Ⅲ）面积最高的地区还是在一环内和一二环间,但重度蔓延(区域Ⅴ)和高度蔓延(区域Ⅳ)占比最高的地区却变成了三四环间。环向分析的结果一方面说明沈阳市目前发展较好的区域是在一环内和一二环间;另一方面说明越靠近外环,城市蔓延的情况越严重,在二三环间填充尚未饱和的情况下,三四环间已呈明显加速趋势,因此三四环应该为城市蔓延的重点治理区域。

表3.7 各环间城市蔓延区域面积和占比

	区域Ⅰ		区域Ⅱ		区域Ⅲ		区域Ⅳ		区域Ⅴ	
	面积/$10^4 \cdot m^2$	百分比	面积/$10^4 \cdot m^2$	百分比	面积/$10^4 \cdot m^2$	百分比	面积/$10^4 \cdot m^2$	百分比	面积/$10^4 \cdot m^2$	百分比
一环内	760.521	56.80	501.749	37.47	76.693	5.73	0.000	0.00	0.000	0.00
一二环间	213.968	9.12	559.229	23.82	809.340	34.48	671.064	28.59	93.731	3.99
二三环间	0.000	0.00	168.952	4.08	819.436	19.78	1292.584	31.20	1862.212	44.95
三四环间	0.000	0.00	13.806	0.70	91.507	4.62	466.159	23.53	1409.638	71.15

(2)等扇区分析

等扇区分析能够直观地表明研究区城市蔓延在各方位上的表现,尔德尼其其格[129]等将研究区划成16叶扇形,最后得到呼和浩特市建成区近百年的空间扩展图,而本书则为了与发展政策对应将研究区分成8叶。以四环质心为圆心,将研究区以8个方位进行扇形划分并与城市蔓延现状图进行空间叠加,统计5个区域在不同方位的面积占比得到图3.11。从图3.11可以看出,研究区在整个空间形态上偏重西南和东北方向的发展,东部的发展较为薄弱。从城市增长趋势看,越靠近外围,增长趋势越明显,城市蔓延的程度越来越重。四环内基本形成以NE-N方位为主要蔓延翼、NE-E和SW-S为次要蔓延翼的分布格局。NE-N方向上城市蔓延现象最为严重,其中区域Ⅳ和Ⅴ总占比为76.42%,整个方位上绝大部分建筑单元均为高度(区域Ⅳ)和重度蔓延区(区域Ⅴ);其次为NE-E方向和SW-S方向,高度蔓延区(区域Ⅳ)和重度蔓延区(区域Ⅴ)总占比为63.72%和62.93%,其中SW-W方向上蔓延现象较为缓和;高度蔓延区(区域Ⅳ)和重度蔓延区(区域Ⅴ)所占比重最低为44.36%。

(3)行政区划分析

从行政区划分析整体上看,沈阳市以和平区、沈河区和皇姑区的市中心

第 3 章 城市蔓延的测度

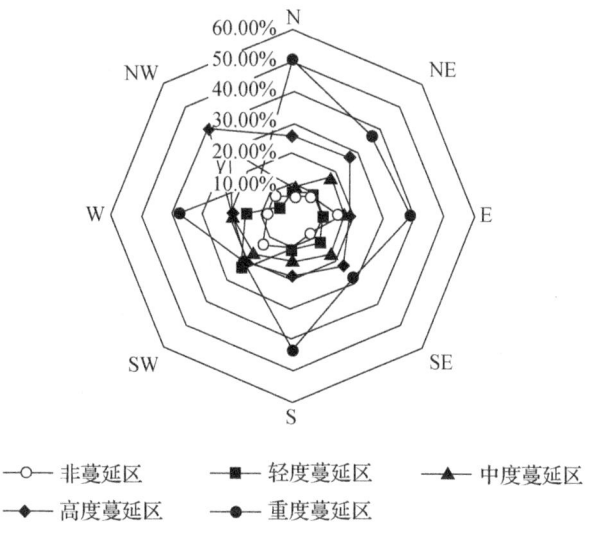

图 3.11 等扇区分析结果

地区为核心,借助放射型交通干线呈现多方向的圈层式蔓延。此外,西南方向的苏家屯区是相对独立的一个发展单元,该区由苏家屯镇转变而来,作为国务院批准的沈阳南部副城有着较长的建设历史,因此其附近的蔓延程度并不严重。相对而言,蔓延较为严重的地区集中在浑南区、沈北新区、于洪区和大东区。图 3.12 显示了四环内市内九区在各类蔓延区域中所占面积比例。

非蔓延区(区域Ⅰ)主要包括沈河区、和平区、皇姑区、大东区及铁西区,其中沈河、和平两个区所占比例之和为 59.1%,这两个区作为沈阳

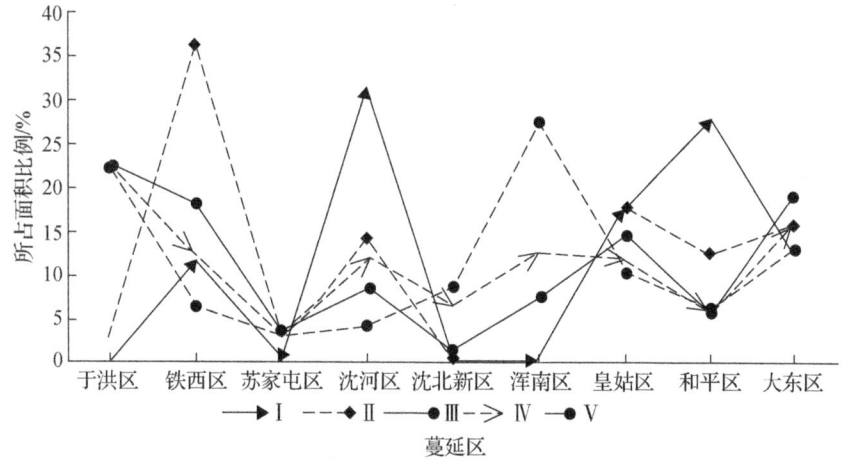

图 3.12 四环内市内九区在各类蔓延区域中所占面积比例

市传统的核心区域，商业、金融、教育、交通等配套设施较为齐全，而新开区如浑南区、沈北新区及于洪新区在区域Ⅰ占比均为0，这说明新开区在相关服务设施配套方面尚待完善，区域中均无最高级别的公共服务设施配套，因此这些区域整体上是城市蔓延的重点区域。轻度蔓延区（区域Ⅱ）中占比最大的区域是铁西区，比例达36.5%，铁西区原是沈阳市工厂最为集中的地区，自2004年铁西工厂实施大规模向外搬迁后重新焕发了活力，可以看到铁西区在二环内的区域蔓延并不严重，其次为皇姑区和大东区，在轻度蔓延区（区域Ⅱ）中占比分别为17.7%和15.8%，皇姑区是沈阳的老城区，同时也是辽宁省人民政府和辽宁省行政文化办公中心所在地，地理位置十分优越，因此在相关配套设施方面较为完善。大东区位于沈阳市东部，东与棋盘山开发区为邻，西与皇姑区接壤，北与沈北新区相接，因此相关公服配套和基建设施较为完善，因此这两个区域蔓延现象相对缓和。轻度蔓延区（区域Ⅱ）中占比为0的有浑南区和沈北新区，这两个区域在非蔓延（区域Ⅰ）和轻度蔓延区（区域Ⅱ）中占比均为0，因此可以看出，与市内其他区域相比，这两个区域相关的配套设施仍有较大的改善空间，同时也是蔓延治理的重点区域。中度蔓延区（区域Ⅲ）中于洪区的占比最大，为22.09%。2007年，于洪区提出"一区""两城""一带"打造沈阳西北副中心的发展构想，该规划纲要加快了于洪新城的城市建设，但同时也拉动了沈阳城区向西北方向的蔓延。高度蔓延区（区域Ⅳ）和重度蔓延区（区域Ⅴ）为蔓延现象较为严重的区域，其中，于洪区和浑南区这两个区域占比最高，占比之和分别为43.9%和39.7%。特别是浑南区，其在重度蔓延区（区域Ⅴ）中占比最高（27.24%），这与沈阳市实施"开发大浑南"的规划有关，2008年奥运村的建设及2009年全运会的开展加快了浑南新城的建设，2017年沈阳市提出了"一河两岸"的发展规划，从根本上改变了传统意义上位于"沈水之北"沈阳城的空间发展格局，但是城区大力开发的同时各项公共服务设施配套工作的不到位，使得人口流入速度过慢，从而导致浑南区蔓延现象较为严重。

传统城市蔓延指数构建主要基于人口、住宅及就业密度，由于国内高精度的相关数据获取的复杂性，本书通过爬虫工具获取高德地图地理空间大数据，基于洛佩兹等构建的城市蔓延指数，通过计算公共服务设施密度来构建城市蔓延指数，能够有效地避免传统统计数据获取的难度与复杂性，也避免了遥感数据解译过程中精度不足的问题，同时能够从微观角度反映沈阳市四环内公共服务设施布局情况及城市蔓延程度，为后期完善城区相关服务设施配置及城市蔓延的政府治理提供一定的数据支撑。通过获取研究区内九大类23小类公共服务设施POI数据，并基于核密度分析方法计算各类公共服务设施核密度，空间叠加后得到研究区公共服务设施密度空间布局，可以看出沈阳市四环公共服务设施在空间上呈现明显的单中心分布模式，市中心地区具有相对明显的规模集聚优势，呈现出连片分布的特征，热点区域集聚中心位于沈河区、和平区、铁西区和皇姑区所在的一环内和一二环间区域；三四环间除了苏家屯区和浑南区形成相对明显的小型集聚中心外，其他地区的公共服务设施规模较小且布局分散。通过构建城市蔓延指数，从环向分析、等扇区分析及区划分析的角度分析沈阳市不同区位城市蔓延程度。从环向分析看，沈阳市二三环间是城市蔓延的重灾区，重度蔓延（区域V）的面积最大，是应重点治理的区域，而三四环间重度蔓延（区域V）的比例最高，90%以上的建筑单元处于高度和重度蔓延状态，是应重点防范的区域；从扇区分析结果看，四环内形成以NE-N方位为主要蔓延翼，NE-E和SW-S为次要蔓延翼的分布格局，其次为NE-E方向和SW-S方向，SW-W方向上蔓延现象较为缓和；从区划分析结果看，蔓延程度最高的是浑南区和于洪区及沈北新区，蔓延程度较轻的区域主要是沈河区、和平区、铁西区及皇姑区的行政区划交界处。

4 城市蔓延与城市发展政策的关系

城市规划专家梁鹤年先生[130]认为，"政策是一系列的决定和行动以达到特定的目标"，简单地说，政策是有目的的行动。如果将这一概念置于城市空间演变的视角，可认为现今的城市之形是不同发展政策博弈的结果。一般认为，影响城市空间演变的因素包括自然、交通和经济因素，如河谷盆地等地貌形态[131]、高铁和水运航路等交通线[132-133]及集聚效应的影响[134]。但是，政策对城市空间演变的影响也是至关重要的。黄焕春[135]认为，政策是除交通经济之外引导城市扩张非常重要的因素，特别是在中国特色社会主义市场经济环境中，政策因素对城市的发展无疑是很重要的催化剂。政策对于城市增长具有十分强劲的导向作用，然而，政策的不一致性也会导致城市发展的无序。耿慧志[136]认为，在当代中国影响城市空间形态的决定力量中，"政策"始终扮演着关键的角色；张庭伟[137]也认为，城市空间结构演变的动力之一即"政府力"。缺少实施性的空间政策支持，即使规划的理想模式是科学合理的，这一模式下的空间形态布局也会在实践中被各种发展力量"扭曲"和"肢解"[138]。随着遥感、元胞自动机（CA）等技术和方法[139-140]的广泛应用，定量研究发展政策与空间演变的相关性成为可能，而了解发展政策对城市空间演变影响的内在规律，则有助于更加科学合理地制订新一轮的发展规划。

4.1 城市空间演变的政策导向作用

用增长模型模拟研究区建设用地增长更加适用于无政策干预时或政策一致性较强时的城市自然发展，尽管可以增加政策变量因素，但在与城市实际发展情况相比时尚未达到理想效果。特别是对本研究区而言，南部地区建设用地遽增、南北交错成为增长极的情况，模拟结果无法给出有效解释。因此，我们转向尝试研究城市发展政策对其空间演变的影响，先找到城市发展的加速期。如图3.13所示，研究区1996年后增速有明显提升，从政策角度，这与《沈阳城市总体规划（1996—2010年）》确定"疏散旧城、建设新区"的宗旨吻合，故收集1996年后沈阳市城市发展相关政策，并剔除无明显方向指向的发展政策后形成表3.8，分析研究区在高速增长阶段建设用地增长与发展政策之间的关系。

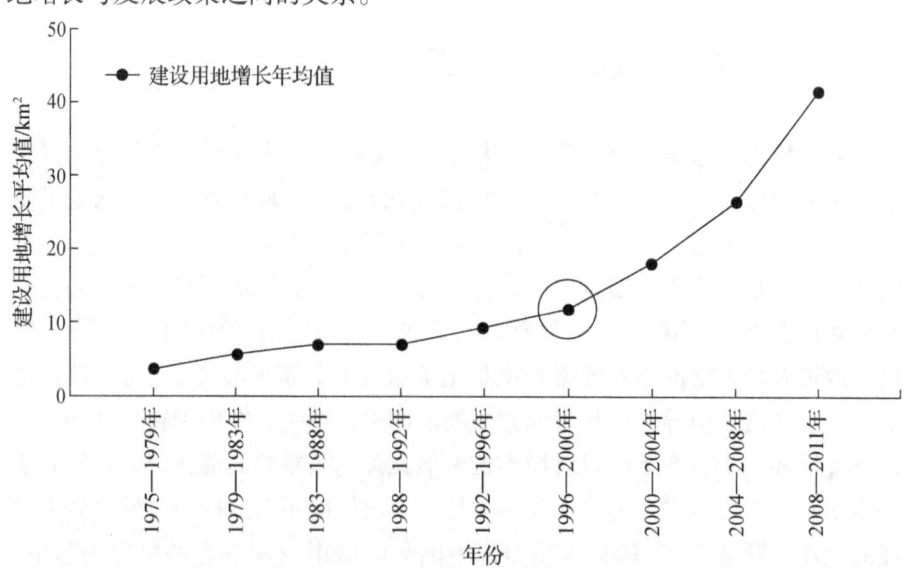

图3.13　1975—2011年研究区城市建设用地年均增长速度

4.2 政策导向的作用结果

1996年后，发展政策对沈阳市城市空间演变的影响越来越明显，体现在2个方面：

①发展政策对城市增长方向改变的作用明显，但政策显效具有一定的时滞性。如表3.8箭头所示，1996年时计划发展浑河两岸地区（研究区南部），但直到2000年之后浑南地区才有明显的增长峰值出现（2000—2004年S1为次峰值）。再如，2002年时的研究区西部的"东搬西建"，政策效果显现时段为2004年后（2004—2008年W1、W2为峰值、次峰值），再回到研究区南部，在经历了低潮期后（2004—2008年S1为谷值），以奥运会筹备奥林匹克公园和奥运村为契机开始了新一轮的建设，但其效果显现为2008年后，伴随沈阳市政府提出的"大浑南"建设，研究区南部才能够取代西部成为新的增长极。"城市中心南移""省市政府的南迁""辽宁省图书馆的南迁""地铁一号线的开通"等具体的建设目标，使得"大浑南"将成为沈阳市新兴的政治、经济、文化中心。此外，2011年沈阳市出台的"限购令"（二环内限购），因浑南新区全部位于二环外，更是加快了浑南地区房地产市场的发展步伐。

②发展政策的一致性较低，易造成城市增长极的大幅波动。2000年后，研究区政策指向曾出现"南北南"的波动，相应地，南部地区建设用地增长出现"峰谷峰"的变化（如表3.8箭头所示）。两方面的作用力结果一是使得原来扁平的城市形态被纵向拉伸，二是使得城市内部的发展也各自为战。在此时期内，沈北兴建大学城（沈阳师范大学、辽宁大学等），浑南兴建大学城（东北大学、辽宁中医药大学等），西部还建大学城（沈阳工业大学、沈阳化工大学等），这种布局对于科技产业、文化产业、创新产业的集聚效果有待检验。相对而言，东西方向上的横向拉伸作用力要小，但不失突变。例如，长期处于增长谷值区（总量）的E1、E2，在第7时段（图3.13）突然出现增长率的极值（变量），研究区的E1对应着的是沈阳市棋盘山的山地地区，自然地形因素使其不宜连片开发，但在2006年世园会的筹建过程中，沈阳市出台了《东部旅游度假区空间规划》等政策，重点开发风景旅游产业，带动了建设用地面积上扬。

经过36年的城市发展，研究区一二环间的填充度由39.8%上升到92.3%，且在2004年时填充度已达90%，此后无明显增长，说明已近饱和。

表 3.8　1996 年后沈阳城市发展政策和目标

年份	城市发展相关政策或城市发展目标	政策导向	峰值方向	吻合度
1996—2000 年	1996 年为国民经济与社会发展第九个五年计划开局之年,"九五"时期城市建设指导思想是:以建设"一高两大两化"城市为目标,加快"一边两线"和浑河两岸地区建设;第三轮城市总体规划得到国务院批复,核心区由浑河北岸南移,编制三环路内 300 平方公里的分区规划和城市规划内 4 个副城的规划	南	峰值 W1 次峰值 N1	
2000—2004 年	2002 年 6 月 18 日,沈阳市确立两区(铁西区、沈阳经济技术开发区)合署办公,成立铁西新区,实行"东搬西建",即将东部铁西区有希望的企业整体搬迁到西部沈阳经济开发区; 2003 年 7 月 21 日,沈阳市三台子经济技术开发区建设项目正式启动,该区位于沈阳市北部,采取"北联、南限、西进"的带状发展方式	西、北	峰值 N1 次峰值 S1	
2004—2008 年	2006 年深化西部工业走廊、沈北地区、棋盘山旅游风景区、大浑南地区发展规划,规划中涉及浑南的有 10 项,沈北的有 4 项,西部工业走廊的有 3 项,棋盘山的有 2 项; 2008 年沈阳开建奥林匹克公园和奥运村,村址位于沈阳市浑南地区	南	峰值 W1 次峰值 W2	
2008—2011 年	2009 年获得第十二届全国运动会承办资格,规模将超奥运村,选址于浑南新城; 2010 年 2 月,"大浑南"规划建设正式确立,计划在 5 年后,浑南新城变成沈阳市新兴的行政、科技和文化中心;2011 年 3 月 8 日实行房屋限购措施,限购地区为二环内	南	峰值 S2 次峰值 W1	

资料来源:沈阳市政府网站及历年《沈阳市志》。

二三环间的填充度增幅61.95%，为各项中最大，说明36年间城市发展的重点区域在此，且呈加速增长态势。值得注意的是，三四环间的填充度增幅已由连续6个研究时段的低于2%，逐渐提升到5%，直到近2个时段高于15%。这说明在二三环间建设用地填充并未饱和的情况下，三四环间的用地已呈明显加速趋势，同时也意味着沈阳市在城市土地利用的内部挖潜方面还有待提高。若按当前的发展速度和方式，三四环区间很有可能成为下一阶段城市蔓延的重灾区。研究区在城市空间形态上整体偏重西南（W1、S2方向），其次是北部（N2方向），相对而言，城市东部的发展最为薄弱（E2、E1方向）；而从城市增长速度上看，越靠近外围，"花瓣"的厚度越大，说明城市增长速度越来越快，并且存有明显的方向性特征。结合表3.8可得，研究区城市建设用地增长峰值，在前4个研究时段（1975—1992年）并无特定规律，西、东、北、南4个方向依次增长。说明改革开放初期，沈阳市城市空间并未立即进入加速增长阶段，而是随着改革的深入于20世纪90年代中期才进入加速增长阶段，表现为1992—2000年明显的"西进"（峰值）和"北拓"（次峰值）。而在2000年之后，北、西、南部又呈现无序增长特点，特别是在最近的一个研究时段（2008—2011年），南部取代西部成为新的增长极。各方向建设用地年均增长率差异较大，增速具有突变性，在一个时段急速增长后，下一时段回归缓慢增长，更体现了增长的差异性和无序性，并且除第5段外，4个方向相同时段增长率极高极低值的差异明显，再结合增长率最高的方向看（依次是"东、西、南、北、南、南、东、南"），可知城市并非以近似同心圆的方式向外"摊大饼"，而是类似楔形的分块突进。

"深踩油门急刹车，南北拉扯西侧拓"。36年间，沈阳市的城市空间演变可归结为此特征，即某一方向一个时段出现增长极值，下一时段则变成谷值。这样的增长特征与沈阳市的发展政策密切相关，表现为由发展政策的不一致性带来的城市空间增长极的波动，尤其是在南北方向上的数次交替。此外，研究区1996年进入高速增长阶段后，在二三环间尚有约30%填充空间的情况下已经开始了三四环间的城市蔓延，值得深思和警惕。这种影响在沈阳市表现得淋漓尽致，从实证结果看，沈阳市近36年城市发展逐步加速，目前已经步入高速增长期。但城市的快速发展需要辩证来看，一方面，快速地建设能够为城市发展带来新的机遇；另一方面，过快地土地资源消耗若不能带动相应地人口流入则很有可能演变成城市蔓延。而治理城市蔓延的难点在于，地方政府明知无序扩张导致城市蔓延所带来的多种危害、所付出的高昂成本，但却又有着促生城市蔓延的强劲动力——土地财政，两方面看似矛盾却又着实存在，这就要求政策制定者能够更好地理解城市发展之"矛盾"。从整体上讲，空间政策的有效实施需要营造一个良好的政策环境，上下级政府间、地方政府间的利益协调离不开制度上的创新，从个体上看，要求地方政府放缓追逐城市之形，夯实城市之实。

5　本章小结

首先，本章通过对国内外城市蔓延测算方法的总结，得到当前测算方法中存在的一些不足；其次，采用规模有关的修正方法和基于公共服务密度的方法，分别对全国和地方的城市蔓延进行测算方法的改进；再次，进行实证研究，通过规模有关的修正方法对全国230个城市城市蔓延程度的测量后发现，新构建的城市蔓延指数能够更好地反映城市蔓延高速扩张的特征，而基于POI的城市蔓延测算能够解决传统研究中高精度人口数据不足的问题；最后，以沈阳市为例，进行了城市发展政策与城市发展方向的相关性分析，得出空间发展政策发挥作用需要有一定时间的显效期，发展政策不一致将会导致城市蔓延现象加剧的结论。

第4章　城市蔓延成本的概念、构成及控制

评论家莫加沃罗说过，"城市蔓延的真实成本超乎想象"[141]。相比于国外，蔓延成本在国内算得上一个新鲜词，然而，在强调城市精明增长的今天，蔓延成本备受关注，蔓延成本的核算及控制更是城市精明增长中"精明"之关键。城市蔓延的危害众多，第2章提到布鲁格曼用4个词——我行我素、冷漠无情、同质同类和令人生厌来形容它，而人们的厌恶之情并非毫无根据，之所以不受欢迎很大程度上归因于其高昂的成本。有关城市蔓延成本，最早对其进行探讨的文献来自于美国房地产研究公司（Real Estate Research Corporation，RERC）在1974年4月为美国环境质量委员会（CEQ）、住房和城市发展部（HUD）和环保署（EPA）做的一次调研报告，这是一篇广为引用的文献，因其将密度和区位作为发展成本的影响因素而产生巨大的影响力，激起了20世纪70年代及以后更多更为深入的研究，当然也包括对报告本身的各种评判[142]。本章内容以此研究报告为基础，同时辅以国外城市蔓延成本的相关研究文献，用来全面说明城市蔓延成本的概念及构成。

1 城市蔓延成本的概念

有关成本，美国会计学会（AAA）成本与标准委员会的定义是：为了达到特定目的而发生或未发生的价值牺牲，其可用货币单位加以衡量。那城市蔓延的目的是什么，期间又有哪些价值被牺牲了呢？早在1974年，美国国家科学院（National Academy of Sciences）在对大都市的研究中就提到过，低密度住宅的好处是显而易见的[143]，城市蔓延可以提供成本更低的住房、升值空间更大[144]，这有利于低收入者和弱势家庭获得改善住房的机会[145]，唐斯[146]将此现象称为水滴效应① （trickle-down）。但同时，这些文献也提到

---

① 水滴效应：这里指高收入群体搬入远郊的新屋，低收入群体搬入城中留下的老屋。

了"被牺牲掉的价值":相对于20世纪城市化进程所累积的财富,城市蔓延的利益正在分散衰弱,现在的净利润少得可怜;格莱泽[113]指出低收入群体被迫在通勤上增加的成本占据了其他方面的花费,因此可能成为城市蔓延的牺牲品而非获益者;奥兰德[147]也质疑水滴效应是否真能给穷人带来实惠;克里格[144]则认为,城市蔓延的诸多好处——如低成本的住房、更大的升值空间——最终归于个人,而城市蔓延的成本——基础设施建设、能源供给、污染防控——最终却由整个社会承担。

激烈的争论使得城市蔓延成本问题变得模糊,塞瑟尔[148]对于这种模糊性解释到,"城市蔓延造成的社会经济成本并非立即显现,而是常常淹没在眼前的利益之中,事实上,对于多数居民来说蔓延更像是城市化进程的一部分"。那么,城市蔓延成本究竟高不高,戈登[149]的回答很直接:"证明它"。他认为,城市蔓延成本虽然是"宣而不明"(Claimed but unregistered)的,但我们的城市不能提倡无拘束的放任主义①(Laissez-faire)。吉尔伯特[150]也认为,"由城市蔓延所带来的财政压力十分常见,濒临崩溃的基础设施、经营预算的持续增长、收入减缓及城郊地区服务需求的增多等,这还仅仅是几种显而易见的成本,除此之外,成本还来自行政区划甚至政治和哲学上的因素"。

了解城市蔓延成本的概念易于我们进一步分析其构成情况,但相比于"城市蔓延"本身,很少有人对"城市蔓延成本"做明确界定。尽管少有确切定义,在众多的相关文献里仍可发现,城市蔓延的"成本"(costs)不仅意味着可以量化的各种"花费"(expenditures),有时还意味着难以估算的各类"影响"(impacts)。这说明城市蔓延成本是一个综合性的概念,其构成包括经济成本、环境成本、可见成本、个人成本等(RERC,1974)。为明确研究目的,伯切尔在报告中将城市蔓延成本界定为一种与特定类型(密度、区位)城市发展相关的资源消耗,包括物质的、货币的、时间上的及社会或精神上的消耗,个人、社区甚至是社会均需承担[19]。

---

① 放任主义:也称无干涉主义,源自法语的"laissez-faire"(让他做、让他去、让他走),是指政府放手让商人自由进行贸易。这里指政府放任城市肆意增长。

第4章 城市蔓延成本的概念、构成及控制

2 城市蔓延成本的构成

2.1 城市蔓延成本的产生

城市蔓延区具有更低的密度,通过城市蔓延指数法(SI)[75]可以区分蔓延区与非蔓延区。表面上看起来,蔓延区与非蔓延区在建设相同数量的基础设施时成本相差无几,但实质上,如图4.1所示,城市蔓延区的额外成本要高得多,其产生主要有两个方面,一方面是通过增加土地开发单位成本产生的,无论是耕地还是开阔地的减少,都会对地区活力和生态价值产生负面影响;另一方面是通过增加与目的地之间的距离产生的,人们需要付出更多的通勤时间,从而产生额外的能耗、污染及时间成本。

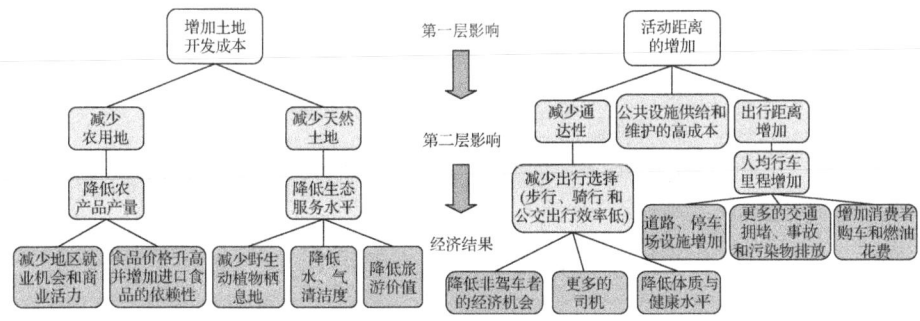

图 4.1 城市蔓延的影响[151]

2.2 城市蔓延成本的构成

通过其概念界定及其产生过程可知城市蔓延成本是一个综合性的概念,其构成包含多个方面。实际上,世界各国家和地区不同组织对城市蔓延成本构成的看法大同小异,详见表4.1。以新城市主义组织为代表,城市蔓延成本由社会成本、经济成本、环境成本和健康成本四大部分组成,每一部分成本又包含若干子项。尽管各大组织机构只是给出了大致的分类,大多也只列计算结果而没有详尽的计算说明,但却能够反映多数人对待城市蔓延成本的基本立场和看法:城市蔓延增加了地方政府和个人的负担。

表 4.1 城市蔓延成本的构成

组织情况	分类项	蔓延成本/具体内容
房地产研究公司（Real Estate Research Corporation，RERC1974），美国	4个方面（最早）	①经济成本：居住成本、开阔空间与休闲成本、学校、街道建设成本、公共服务成本（下水道、排涝系统、燃气、电力、电信管线成本）、公共设施成本（警察局、消防局、垃圾场、图书馆）、土地成本；②环境成本：空气污染、水污染、水力侵蚀、噪声污染、植被和野生动物生境破坏的成本；③可见成本：水和能源的消耗；④个人成本：占用个人可支配时间、精神成本、旅行成本、交通意外成本、相对较高的犯罪率[152]
新城市主义（New Urbanism），美国	4个方面（最典型）	①社会成本：体现在由蔓延带来的社交综合征（孤独、疏离）；②经济成本：体现在交通成本、能耗和商务费用等；③环境成本：体现在被蔓延侵蚀的土地、被污染的大气等；④健康成本：体现在由蔓延引起人们生活方式的改变，以及蔓延引发的慵懒、紧张和焦虑等情绪都会有损人体健康[153]
号角联合公司（Clarion Associates, Inc.），美国	5个方面	①蔓延增加了道路、住房、学校和公共设施的成本；②蔓延增加了交通成本；③蔓延侵蚀农业用地、自然美景和开阔空间；④蔓延使贫困集中并加速城市、乡镇和老旧郊区社会经济下滑；⑤蔓延增加了环境污染和人们的焦虑[154]
普兰安德拉姆（Pla-nundrum），美国	3个方面	①蔓延区汽车交通带来的路网耗费、公共基础设施的建设成本和 CO_2 的排放增加；②分散式的居住带来开放空间和农田的消失；③肥胖等因素引发的关于公共健康和生活质量的担忧[155]

第4章 城市蔓延成本的概念、构成及控制

续表

组织情况	分类项	蔓延成本/具体内容
环境保护（Environmental Defence），加拿大	5个方面	①税费成本：增加地方政府在道路、管道、学校、应急服务等方面的建设和运营服务成本； ②农业及相关行业成本：良田消失、影响农产品产业集群； ③绿色空间和水资源成本：减少动植物栖息地、降低水体自净能力、增加洪水风险； ④健康成本：增加肥胖率、交通风险和患呼吸系统疾病的概率； ⑤社区生活成本：引起社区分化，生活在同一街区也很少联系[156]
欧洲环境署（European Environment Agency），欧洲	2个方面	①环境成本①：增加自然资源和能源成本、自然保护区保护成本、农村环境保护成本、城市灾害和人体健康风险、降低城市生活质量； ②社会经济成本：增加通勤距离、交通拥堵成本、公共设施和服务成本[157]
柏诚集团（Parsons Brinckerhoff Australia），澳大利亚	4个方面	①公共基础设施成本：道路、给排水、通信、电力、燃气、消防局和救护站、警察局、教育、健康（医院等）； ②交通成本：购车和燃油、运输和通勤时间、道路和停车场、外部效应（交通事故、车损、空气污染和噪声等）； ③温室气体排放成本； ④健康成本：由活动减少带来的直接成本（冠心病、2型糖尿病、抑郁症、肠癌等）和间接成本（死亡、慢性病和急性疾病）②[158]

① 报告中标题是城市蔓延的影响（impacts），但内容里阐述的却都是城市蔓延的成本（costs）。

② 健康成本中的直接成本是指本应用在治疗疾病之外的其他目的上，却已支付或已消费的产品和服务的价值；间接成本是指"健康"和"生命"的社会认定价值，间接成本的测算比直接成本更具争议，因为其需估算社会中个体的价值，如假设这个人没有死亡（没有生病），他会产生多少价值，源自"Economic Burden of Illness in Canada"，*Healthy Canada*，1993。

3 城市蔓延成本测算的结果

一直以来人们就有只要城市开发就能获得收益的观点，但格雷通过比较不同密度发展方式建设及维护成本却发现，低密度居民区的公共设施成本是高密度居民区的3倍之多，推翻了住宅开发产生的公共收入肯定会超过支付成本的观点[159]；弗兰克通过对比，发现公共设施成本随密度、住宅混合度和可达性的增加而降低，最低可使住宅单元成本降低约18 000美元（1987年的等值美元）[160]；井田知也则通过研究日本城市的案例得出，城市每蔓延1%，能够引起地方公共边际成本增长0.1280%[161]；加拿大按揭及房屋公司（Canada Mortgage and Housing Corporation）通过对比传统蔓延式发展和精明增长计划在不同公共服务项目上的成本差异，计算得到后者可以在初期单位建设成本节约15.3%、生命周期成本节约8.8%的结果（表4.2）[162]。虽然不同研究者的视角不同、计算方法不同，测出的结果也相差较大，结果似乎不具有可比性，但多数结果显示，采取蔓延式发展的城市将付出更大的代价，而且测算也不能说明蔓延的全部问题。正如威廉姆森所说，（发展成本的）评估只是出于自身目的而非效用（valuing things for their own sake, not for their usefulness），城市蔓延已经成为一个道德问题（moral issue）[163]。这一部分不是通过实证研究，而是通过文献研究总结他人在做城市蔓延成本分析时的结果。

表4.2 单位单元成本对比[184]　　　　　　　单位：美元

服务项目	单位建设成本			生命周期成本		
	传统发展	替代计划	差别	传统发展	替代计划	差别
道路	5272	3311	-1961	10 446	7392	-3054
人行道和街灯	498	636	+138	936	1225	+289
下水道	1885	1191	-694	2652	1677	-975
雨水管理	3491	2210	-1281	4105	2606	-1499
配水	1758	1258	-500	3534	2446	-1088
运输	1059	881	-178	9104	7774	-1330
消防	348	301	-47	5204	4496	-708

第4章 城市蔓延成本的概念、构成及控制

续表

服务项目	单位建设成本			生命周期成本		
	传统发展	替代计划	差别	传统发展	替代计划	差别
警务	362	313	-49	7466	6450	-1016
公园绿地	3591	3368	-223	4735	4325	-410
休闲设施	3335	3183	-152	7794	7434	-360
图书馆	522	489	-33	2934	2752	-182
工程局和公园局	417	358	-59	772	663	-109
垃圾清理	0	0	0	2453	2301	-152
水力发电	1992	1731	-261	6270	5893	-377
学校设施/交通	10 034	10 033	-1	56 804	56 799	-5
总计	34 564	29 263	-5301	125 209	114 233	-10 977

注：传统发展相当于蔓延式城市发展，而替代计划则是城市的精明增长。

4 成本测算结果的评论

一些部门和组织机构，如新城市主义组织（Newurbanism. org）在提及城市蔓延成本时，引用了孔斯特勒的话来试图说明其危害，"郊区工程是有史以来最不合理的资源配置方式，美国人在挥霍着自己的财富"[153]。城市实验室（City Lab）、绿色规划（Plan Green）等多个网站刊载了梅哈菲《难以承受的蔓延成本》一文来唤醒人们的危机意识[164]。《纪事先驱报》（The Chronicle Herald）则用更加简单、直白的数据来说明城市蔓延成本的危害：未来18年，多花9.6亿（美元）[165]。城市实验室比较了紧凑发展和城市蔓延的差异，认为前者不仅可以在基础设施方面（道路、给排水等）平均节省约38%的前期投入，还可以通过缩短行政执法或垃圾运输的距离等方面降低10%的运行成本，更可以在每英亩上多获得平均10倍以上的税收[166]。事实上，城市蔓延成本的增加已经影响了人们的正常生活，也引起了政府部门和研究机构的重视，国外已有文献对城市蔓延成本的构成、测算和控制的研究业已初具规模，了解城市蔓延成本对于蔓延成本研究尚属起步阶段的中国城市有着一定的参考价值。

4.1 多数派评论

直观的数据表明，相比于紧凑式发展，城市蔓延在经济、环境、健康和社会等方面的成本高昂，成为建设宜居的、可持续发展城市的巨大阻碍。EPA 总结到，城市发展中，密度是一个关键因素，高密度住宅开发是减少资本成本最为有效的方式，尽管人口密度的提升会增加地方单位资本年度 O&M（运行与维修）花费，但增长幅度很小。相比而言，资本购买的年度花费、教育服务建设和运行成本才是地方财政最大的支出，而且教育服务成本与发展密度、地块大小的相关性最低，与新建区的区位也只有很小程度的相关性[167]。2000—2002 年，伯切尔[168]发表两篇"重量级"（篇幅为同类之最）报告，报告中他通过对城市蔓延成本 4 年的研究总结到，蔓延是大城市的普遍现象，其影响好坏兼具：一方面，蔓延区的住宅成本和个人交通成本都更高；另一方面，蔓延有利于减轻市内的交通压力，并为业主提供了独户住宅的选择，地方政府也更小更亲民，美国人很是满意这样的选择。然而，随着资源的不断消耗、资金的连续投入，地方政府、开发商及业主为维持这种高质量生活所要付出的成本越来越高，结果导致税负增加。因此，即便短期来看，蔓延成本也是难以承受的。

4.2 少数派报告

然而，学者们的观点并非全然一致。RERC1974 报告问世不久便引起争论，温莎认为报告在研究方法上的缺陷（割裂密度、发展模型与其他影响因素间的关系）隐藏了问题的本质，使选民和地方官员倾向高密度开发，而事实并非如此[169]。考克斯就不赞同城市蔓延要比精明增长花费更多的流行观念，甚至指出伯切尔《城市蔓延成本——2000》中的不当之处——他利用超过 700 个行政分区的数据来研究假定的 3 个条件是否成立，而得到的结论却推翻了原有的假设[170]。穆罗也不赞同紧凑式发展和投资城市中心就是为纳税人省钱并能改良整个地区经济的观点，他发现，公共设施和运输服务成本可以通过巧妙的设计降低，地区经济的繁荣需要源源不断地获取开发收益，并要时刻提升地区中心的活力，而投资繁荣的城市中心同样能使郊区获得收益[171]。同样，卡恩提及的一些研究显示，城市蔓延对城市的可续性没有负面影响，而且正是因为城市蔓延，城市内部糟糕的环境才能得以改善。但卡恩也并不否认，当前郊区化拉远了中产阶级、上层阶级和穷人的距

第4章 城市蔓延成本的概念、构成及控制

离,使得穷人所面临的问题更容易被忽略掉[172]。

4.3 谁为蔓延成本买单

测算结果好比一纸账单,问题是谁来为此买单。无论是城市蔓延的反对者还是支持者,在测算城市蔓延成本时都绕不开一个至关重要的问题,即谁承担了哪种服务的成本。EPA 的报告[173]认为,第一是地方政府,需要在社会经济、商业环境及基础设施方面支付高昂成本;第二是开发商,需要支付更多的发展影响费和基础设施建设费;第三是市民,需要支付增多的税负、通勤时间及车辆维护费等,还不得不承受生活质量下降这样的隐形成本;第四是农民,需要为耕地减少、适应外来居民、农业服务减少及农地生产力下降买单;第五是地区本身,需要为土地、空气和水环境质量的下降买单;而加拿大环境保护部门则认为,在税负上两方面的人群需要为蔓延买单,无论是蔓延区的新业主还是非蔓延区的纳税人,都为本不属于自己的消费部分买单,税负以外,农业及相关工业、绿色空间和水资源等都受到蔓延的影响,详如表 4.3 所示。

表 4.3 蔓延的影响及承受的主体[156]

承受蔓延影响的主体	蔓延的影响
蔓延区的新业主	新业主需要支付更高的开发税来抵消蔓延区住房得到的补贴
旧城区的纳税人	旧城区的纳税人需要支付更高的房产税,可地方政府却为蔓延区投入了更多的资金
农业及相关工业	农地的流失影响农业食品行业
绿色空间和水资源	蔓延导致野生动植物的减少; 破坏天然防灾的生态系统
健康和生活质量	对汽车的依赖增加人们肥胖和患病概率; 导致更多的交通事故
空气质量	增加大气污染物排放; 引发呼吸系统疾病
社区生活	减少邻里交流; 把本应与家人相聚的时间浪费在交通上

5 城市蔓延成本的控制

自美国房地产研究公司（RERC）1974年最早探讨城市蔓延成本以来，探讨如何控制城市蔓延成本的文献层出不穷，因为城市蔓延的高昂成本已经实实在在地影响到人们的消费支出和生活质量，因此也引起了政府部门和研究机构的重视，并采取了一系列的应对措施。

5.1 成本控制的政策工具

城市蔓延成本的测算使得决策者对不同类型城市发展方式的利弊有了更为直观的了解，为控制城市蔓延成本，决策者制定了一些应对策略。

第一，税控策略。科罗拉多环境政策研究中心[174]认为，应修订蔓延导向税结构，鼓励地区税收分享计划减少征税实体间的开发竞争，鼓励对计划开发单元（PUD）进行地区综合开发成本分析和定期财政影响分析，调查地方政府和纳税人为新建开发区提供基础设施时付出的成本，并让新开发的项目自行承担基础设施和服务费用，从而减少州和地方为城市蔓延提供的补助；布鲁克纳[30]认为，高收入人群的"用脚投票"（voting with one's feet）的行为加速了城市空间扩张，而应用一个更为限制型的税基，有利于限制高收入人群逃离税收的重新分配，减轻郊区地带形成独立社区的刺激，从而降低城市蔓延成本[219]。

第二，成本转移策略。"让蔓延为自己买单"，塞拉俱乐部的凯恩[175]认为，要从责任、态度和行动上消除蔓延：责任上，明晰地方政府负责制，要求任何发展计划中都要说明房产税的影响，同时对规划师和决策者在城市蔓延经济性方面进行必要培训；态度上，明确城市发展并非只有蔓延一种方式，鼓励用精明增长代替城市蔓延，要求开发商为新项目支付全部的、合理的成本；行动上，实行财政平衡计划，资金倾向于公共交通建设而不是频繁修路，用智能规划引导城市在基础设施良好的区域增长；斯皮尔等[176]也赞同这样的观点，在研究给排水服务成本的过程中，他认为将城市蔓延产生的大部分成本转移到私人部门负担会使问题变得简单[221]。

第三，内城开发策略。利用内城开发减少城市蔓延的刺激，进而降低成本，美国缅因州通过降低内城开发的监管标准，使人们更容易地投资城镇中心，从而促进区域统筹、达成共识[177]；特拉华州土地利用调整政策中，也

第4章 城市蔓延成本的概念、构成及控制

明确了城市更新和再开发必须融入土地利用整体的规定[178];加拿大大金马蹄地区在积极向人们展示蔓延的真实成本同时,鼓励完善社区功能,放松用地类型管制,让小商户能够扎根居民区,让人们能够步行到达工作、学习、购物之所[156]。

第四,精明增长策略。多位学者将精明增长作为城市蔓延成本控制的首选方案,博林[179]通过对埃托瓦上游地区环境和公共成本的研究表明,精明增长能够减少城市发展对河流健康的影响,而且采用精明增长计划能比蔓延式开发多节省29.3%的农用地;林肯土地政策研究中心的杨[180]在比较3个城市两种不同城市发展模式的成本,直观地说明城市精明增长的好处,如表4.4所示。

表4.4 精明增长相比城市蔓延的节约比例　　　　单位:%

		新泽西	列克星敦	特拉华州河口
可发展的土地		43.5	24.2	20.5
基础设施成本	道路(当地)	25	14.8	19.7
	公共设施(给排水)	15	8.2	6.7
住房成本		5	2~3	8.4
财政影响		2	—	6.9

注:TREND相当于城市蔓延,PLAN相当于紧凑发展。本表格来源于美国林肯土地政策研究所。

EPA指明精明增长(smart growth)是一种服务于经济、社区和环境的发展模式,注重平衡发展和保护的关系。精明增长最早由环境保护者提出,其好处已经得到多方印证,在控制城市蔓延成本的过程中,精明增长能够发挥巨大作用。加拿大的很多城市都设置了高密度、公交导向、减少蔓延的发展目标,汤普森[181]认为这并不出乎意料,城市蔓延已经给地方政府平添了许多潜在成本,这还没算上带给开发商和普通百姓的,因此采用上述策略十分正确,政府可通过减少倾向于城市蔓延的财政补贴,进一步将蔓延的外部性内在化,激励城市复兴和棕地二次开发,搞活经济吸引更多的雇员和雇主;里奇曼[182]的报告显示,美国印第安纳州,通过保护地块的设计在总量不减的条件下使每个地块增值20 000美元;得克萨斯州,80个开发地块依地势而建,与传统计划相比降低了83%(250 000美元)平整坡面的成本;美国肺脏协会(American Lung Association in California)通过精明增长来降

低污染相关的疾病和死亡率，预计到 2035 年仅这一项所节省的经费就可达 716 万到 1660 万美元；富尔顿[183]更是强调在当今的严峻形势下，精明增长是人心所向，刺激着经济增长，除此之外，精明增长对纳税人更为合算，"在美国极度渴求财富的这一时期——各个等级的政府都应全力为纳税人提供更高的价值——精明增长是国家繁荣和财政稳定的重要部分"；利特曼[151]则通过详尽的计算得出在城市紧凑度增加 10% 的情况下，精明增长能够带来的种种好处，详如表 4.5 所示。

表 4.5 精明增长的产出

精明增长的产出	紧凑度增加 10%	精明增长的产出	紧凑度增加 10%
家庭平均车辆拥有率	下降 0.6%	肥胖率	下降 3.6%
汽车行驶里程	下降 7.8%~9.5%	体育活动	升高 0.2%
步行通勤比例	升高 3.9%	高血压	下降 1.7%
公交通勤比例	升高 11.5%	心脏疾病	下降 3.2%
平均通勤行车时长	下降 0.5%	糖尿病	下降 1.7%
每十万人的交通普通事故率	升高 0.4%	人均预期寿命	上升 0.4%
每十万人的交通伤害事故率	升高 0.6%	提升空间①	升高 4.1%
每十万人的交通死亡率	下降 13.8%	交通负担能力	相对于收入在交通方面的花费下降 3.5%
体重指数	下降 0.4%	住房负担能力	相对于收入在住房方面的花费升高 1.1%

资料来源：维多利亚交通政策研究所。

5.2 成本控制的一些启示

根据国家新型城镇化规划（2014—2020 年），我国"十三五"期间将

---

① 提升空间：是指出生于后 20% 低收入家庭的孩子在 30 岁时上升到前 20% 收入群体的可能性。

会有"1亿人进城",城市仍会保持高速的增长,而我国当前的城市蔓延程度及前景不容小觑,为此应从成本控制入手,采取一系列城市蔓延治理举措。

第一,规划中应加入更为细致的成本分析。粗放扩张中由城市蔓延高昂成本所引发的系列问题正逐渐显现,地方政府的高负债率、地区环境的巨大压力、无地可卖时的转型出路等,迫使我们进行更为细致的思考,而对城市蔓延成本的定量刻画有利于帮助决策者进行蔓延治理,其将成为城市可持续发展的一个工具或判断标准;第二,要重视城市蔓延问题的社会性,即综合成本。国家新型城镇化规划另一关键词是"以人为本",要意识到,城市蔓延不仅是一个空间问题,弗雷利奇[184]认为,城市蔓延变得越来越社会化,其对社区、住房、就业和政治方面都有影响,成本控制的最终目的,并不是单纯地消除城市蔓延,而是要创造一种革新的城市增长方式,改房地产引领城市发展的弊端(入住率低、缺乏活力),而用教育、医疗、福利、娱乐等社会规划手段来创造更多吸引人群的条件、建设更有活力的社区;第三,依托治理理论来推进城市精明增长。经验表明,精明增长是降低蔓延成本的有效手段,但国内推进精明增长仍困难重重,特别是在打造参与式规划中多部门的协调,着实考验地方政府的治理能力。且何谓精明,是城市发展的收益,还是公众的实惠,也需要地方政府做出决断。治理,特别是城市治理,凭借自身在协商合作方面的优势,可作为推动精明增长实施的一个选择。

6 本章小结

本章主要是对城市蔓延成本的概念、构成及一般性影响进行了总结分析。文献分析表明,至少有3个问题值得深入探索。第一,蔓延成本对于地方政府财政影响的定量分析。弗莱戈伦特[185]认为,与探讨城市蔓延成因、结果和负面影响的大量文献相比,关注城市蔓延成本的文献数量较少,特别是有关城市蔓延成本对于地方政府财政支出影响的文献更少。第二,精明增长的机制。PSRC在分析了13篇文献后,总结了城市蔓延成本研究中的不足,在城市蔓延外部效应中的道路拥塞、健康与安全、野生动物与自然栖息地影响等方面很少有人去量化,并质疑是否有必要总是把成本用货币的形式表现,这样只会使其平凡琐碎。同时,精明增长的收益却难以量化,例如,紧凑发展、高密度增长方式能够增加经济产出,但却很难说明原因和影响机制[142]。第三,外部性理论的思考。按照外部性理论,城市蔓延成本的"施力方"和"受力方"不能为同一群体(不适用肇因者负责原则),但事实上,二者在现实中很难区分。例如,罗斯认为,推动城市蔓延的主导因素中既有市场因素,又有政府因素[186],因此需要有更为贴切的理论支撑。

第5章 城市蔓延成本的测算

美国宾夕法尼亚州一篇行动纲要提出了两个尖锐的问题：一是该州城市蔓延的隐形成本到底有多大；二是这些成本又由谁来买单[154]？这是两个最为典型的问题，测算城市蔓延成本的目就是要明确告之人们不同城市发展模式成本上的差异及城市蔓延的代价。然而，城市蔓延成本是繁杂的，测算起来难度较大，而建立测算框架（范围界定——指标选择——测算方法）可使这一过程变得简单、规范，还可以用来澄清一些先决问题，如什么是城市形态、如何度量，度量谁的成本和收益等，从而使城市蔓延成本测算的边界清晰、逻辑严谨、方法得当、结论更具代表性。第4章介绍了城市蔓延成本的概念及构成，可作为城市蔓延成本测算的重要基础，本章内容重点介绍城市蔓延成本测算的相关内容，包括城市蔓延成本测算的理论依据、基本框架及测算过程、具体的测算方法等，以期为进一步的实证研究打下基础。

1 城市蔓延成本测算的理论基础

理解蔓延成本的形成过程是明确其理论基础的关键。城市蔓延过程为"剥夺"的过程，本身即不公平，因此不适用于肇因者负责原则（Costs-by-cause principle）。在此前提下，克卢格认为，城市蔓延成本的产生可由外部效应理论（Theory of external effect）来解释，即在经济活动中，每一个经济主体获益的同时为社会带来额外的成本，而这些成本他们自己却无须承担（Spill over effect，溢出效应）。外部性理论是经济学术语。经济学家把外部性概念看作是经济学文献中最难捉摸的概念之一。萨缪尔森和诺德豪斯对其定义是："外部性是指那些生产或消费对其他团体强征了不可补偿的成本或给予了无须补偿的收益的情形。"而兰德尔的定义则为：外部性是用来表示"当一个行动的某些效益或成本不在决策者的考虑范围内的时候所产生的一些低效率现象，也就是某些效益被给予，或某些成本被强加给没有参加这一决策的人"。

产生外部性的前提条件之一是竞争关系。米德在他1962年发表的《竞争状态下的外部经济与不经济》一文中全面分析了在竞争条件下生产上的外部经济和外部不经济。而鲍莫尔不仅对竞争条件下的外部性作了分析，还对垄断条件下的外部性作了考察，他认为竞争条件下的外部经济问题与垄断条件下的外部经济问题是不一样的。而在城市蔓延的语境下，这种竞争关系也是存在的。政府间的竞争在中国经济崛起和转型过程中扮演着重要的角色[187]，这种竞争的形式与本质有4个方面：资源竞争、政策竞争、政绩竞争和制度竞争[188]。而土地作为一种兼具资源、政策、政绩和制度属性的核心要素，在地方政府竞争中扮演着重要的角色。有学者认为现行的土地制度是"三维"竞争的基础，无论是土地征收、土地出让还是土地规划，对于土地的依赖都是展开竞争的核心所在[189]。究其原因，还是因为中国大部分的地方政府尚未摆脱对土地财政的追逐，而这种追逐的产物之一——城市蔓延开始在中国大行其道。各级地方政府在"晋升锦标赛"的激励之下，纷纷采取地区经济制度创新、大规模基础设施建设等措施改善投资环境，通过招商引资等实现了经济资源的价值最大化，推动地方经济的发展，但是地方政府的过度竞争也造成了重复建设、地方保护过度和地区生产效率损失等问题[190]。秦蒙等[191]从土地财政和区域竞争这两个维度分析城市蔓延的深层机制，并认为区域之间和区域内部的政府竞争是推动中国城市蔓延的主要因素。可以说，城市蔓延是地方政府竞争在地理空间上的一个侧面反映。

从理论上看，按照布雷顿的"竞争性政府"（Competitive Governments）理论[192]，竞争性关系普遍存在于地方政府与中央政府、地方政府与地方政府之间，而就城市蔓延产生的原因而言，这种竞争甚至存在于地类与地类之间（建设用地与耕地）。可无论哪种竞争，目标都是为了提高自身的吸引力，围绕居民和资源相互竞争，吸引实现所辖区域经济增长所需的生产要素[193]。简言之，地方政府对土地和人口两大资源的竞争是城市蔓延产生的根本。地方政府对土地资源竞争的实质是获取更多的建设用地增量指标，在获取大量土地财政的同时，寄希望于走"土地——产业——人口——经济"的发展路线，可以看到各式各样的新城、新区、开发区等在全国遍地开花。国务院有关部门数据显示，截至2016年5月，全国县以上新城新区超过3500个，规划人口高达34亿[194]。期间，一些城市在竞争中既获得了建设用地增量又获得了人口流入，但另一些城市却只获得了建设用地增量，未能获得较理想的人口流入，在造成耕地损失的同时，也造就了大批荒郊野地中

第5章 城市蔓延成本的测算

的"鬼城"[195]。因此，可以把城市蔓延看作是地方政府竞争带来的负面产物之一，也是地方政府竞争在空间上的一种表达形式。由于这种竞争的存在，各地方政府才会对土地资源开展竞争。在城市蔓延语境中，距离较近的地方政府对土地这种"公共池塘资源"的竞争更为激烈，可以通俗地理解为区域内地方政府间的"比着干"，他们既是"兄弟"关系，又是竞争对手，他们既可以在产业上进行优势互补，也可以为了一个大项目的落地而展开激烈的竞争。例如，各地方政府追捧的"项目为王"，为了获取一些大型投资项目可以在土地出让上做出巨大让步，即"你地价低，我地价更低；你土地出让得多，我出让得更多"，由此产生众多"候鸟企业"。已有文献表明，在2000年前后，各地方政府对工业地价竞相"打压"，采取了类似税收返还的办法，每年将新增税收的地方留成部分，全部或绝大部分返还给工业园区的建设主体，从而出现"零地价"或者土地"买一送一"的现象，土地近乎免费供给[196]，这奠定了城市蔓延的前期基础。之后，随着地方政府土地集约节约意识的提高，这种靠低价工业用地供给来吸引投资、集聚人口和发展服务业来增加税收的地方经济拉动方式有所缓解，但实际上，多数地方政府仍难在短时间内停止土地财政，较高的地方负债率也迫使土地财政继续。总的来看，这种竞争既有良性的一面，也有恶性的一面。与西方国家土地的私有化不同的是，中国的土地——这一片"公共池塘资源"的所有者是政府，管理者也是政府，土地作为地方政府的"信用"使其能够获取大量贷款，从而支持城市中各类基础设施和公共服务的配套建设，地方政府通过土地出让获取大量的土地财政，在城市化1.0阶段累积资本上起了重要作用[116]，这是其良性的一面。但也有研究表明，土地财政显著加速了城市蔓延[117]，其最终的结果就是建设用地的大量增长、开放空间的成片消失，进而引起城市蔓延成本的激增，这是其恶性的一面，也是值得细化探索的一面。

然而，按照传统的外部性理论，城市蔓延成本的"施力方"和"受力方"不能为同一群体（不适用肇因者负责原则）。但事实上，二者在现实中很难区分，罗斯[186]就认为推动城市蔓延的主导因素中既有市场又有政府，因此需要有更为贴切的理论支撑。因此，代际外部性理论更适用于城市蔓延成本的测算，不仅同一时段不同地区的地方政府会对土地资源产生竞争，同一地区不同届的地方政府也会因为追求政绩、经济、城市规模等无形中产生竞争，结果均有可能造成城市蔓延的大行其道。因为地方政府对土地资源的竞争和对人口资源的竞争方式不同、产生的结果也不同。从方式上看，地方政府对土地资源的竞争消耗的是自己辖区内的资源，具有较小的排他性，而对人口资源的竞争则相对具有较强的排他性，因为每年流入某个区域的流动人口在总量上相对稳定，因此流入某一城市内的人口多就意味着流入另一城市的人口少；从结果上看，对土地资源的竞争具有较强的确定性，因为即便竞争失败建设用地还会留下，而对人口资源的竞争因其影响因素较多，结果相对而言具有很大的不确定性。

2 基本框架及测算过程

城市蔓延成本是繁杂的[181]，测算起来难度较大。而建立测算框架（范围界定——指标选择——测算方法——测算结果）可使这一过程变得简单、规范，还可以用来澄清一些先决问题。例如，什么是城市形态、如何度量，度量谁的成本和收益，如何用一致的方式测算从而避免重复计算，测算框架能否帮助城市管理部门（MPOs）做出土地利用和城市发展的决策[197]等，从而使城市蔓延成本测算的边界清晰、逻辑严谨、方法得当、结论更具代表性。

2.1 成本测算的范围

范围界定即回答城市蔓延成本测算的边界，如研究区的范围（街区、社区、县市等），成本的类型（综合成本或单项成本、总成本或净成本）等方面。现有文献中，常见的是比较不同城市形态的发展成本，这类文献的共同特征是需要先行对不同城市发展类型的边界进行界定，较早的研究中有分成乡村蔓延、乡村集聚、中等密度、高密度4类发展的比较[159]，也有分成低密度蔓延、混合式利用、高密度规划3类的情况[152]。但近期多数研究都直接将其分成蔓延和紧凑两种类型（如表5.1所示）[198]，而测算的成本可以是城市蔓延的总成本（常出现在各类报告中），或某单项成本（常出现在各类论文中），或计算收益和成本相差之后的净成本，如美国新罕布什尔州（New Hampshire）网站上提供的蔓延成本计算模型里，最终的成本为政府公共支出和纳税人税收相差后的净成本[199]。值得一提的是，即便是较为全面的大型综合报告中测算的城市蔓延总成本，也不能代表假定发展全部的财政影响，只是模型所指。

第5章 城市蔓延成本的测算

表 5.1 紧凑发展与城市蔓延的特征界定

特征	紧凑发展	城市蔓延
区位	在有限的区域内开发,一般为发展规划内的传统市区	分散式开发,常为已发展区外围地带的蛙跳式开发
密度	每英亩 5~7+ 个单元	每英亩 1~4 个单元
设计特点	人行道	少有人行道
	行人导向	汽车导向
	商住用地混合利用	商住用地分离使用
	多层、小地块、保护土地	单层、大地块、消耗土地

资料来源:科德角委员会。

2.2 成本测算的基本框架

以住宅开发为例,如图 5.1 所示,其包括公共成本和环境成本。其中,公共成本可以理解为地方基础设施生命周期成本(如道路、给排水系统等)和当地服务成本(如垃圾清理等)之和(图 5.1 左半部分)。除此之外,需要考虑在内的还有社会为此付出的补贴投入,如环境成本(图 5.1 右半部

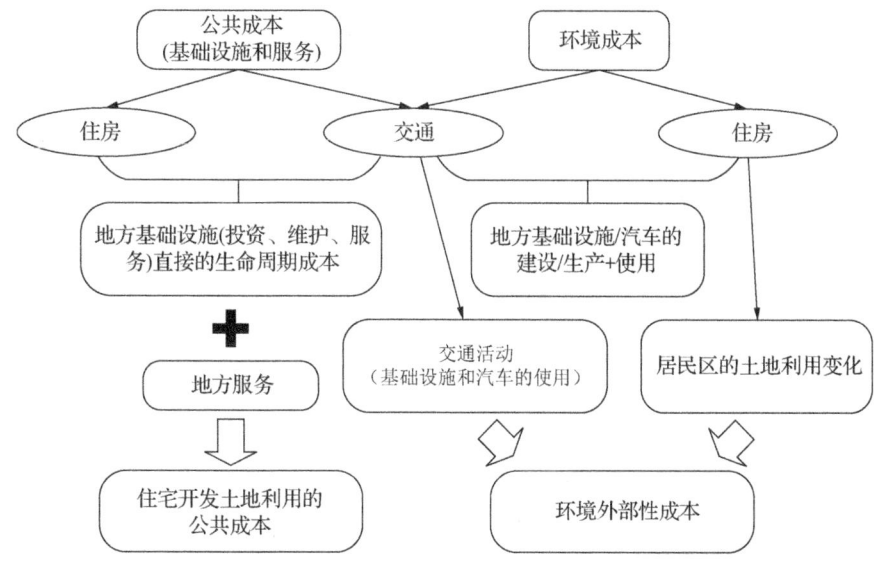

图 5.1 土地利用模式相关的地方公共支出及外部成本[200]

分所示）其包括两个方面，一是包括与交通相关的公共设施和汽车在生产和使用过程中所产生的环境荷载；二是包括新建住宅对绿地的影响，如生物多样性缺失、水土流失及微气候的变化（热岛效应）等，二者共同构成了环境外部性成本[200]。无独有偶，汤普森（Thompson D.）认为城市蔓延的一部分成本是可以度量的——其可以用财务报表的形式呈现，而另一部分成本则是隐形的——其不宜用财务报表的形式呈现，但却是真实存在的，这部分成本被称为"外部成本"，并且经济学家数十年来一直尝试将其量化。在城市蔓延语境中，存在明显的外部性成本，相反，城市蔓延的收益则多数是内部性的（如利润、减少住宅成本等），进而导致城市蔓延的生产过剩[182]。

2.3 成本测算的指标体系

城市蔓延成本种类繁多，尤因[201]认为其涉及汽车依赖性、交通拥堵、空气质量、气候变化、能源安全、肥胖及公共健康、公共基础设施与服务、可支付住房和种族分离及中心区衰退等多个方面。但受技术、资料等条件的限制，城市蔓延成本的构成与测算并非完全一致，以美国房地产研究公司为例，其将蔓延成本分成经济成本、环境成本、可见成本和个人成本4类，却在测算时将指标分成资本成本、运营维护成本、环境和个人影响3类[152]，详如表5.2所示。

表5.2 城市蔓延的成本构成与测算指标

成本构成分类		实际测算指标	
经济成本	居住成本、开阔空间与休闲成本、学校、街道建设成本、公共服务成本（下水道、排涝系统、燃气、电力、电信管线成本）、公共设施成本（警察局、消防局、垃圾场、图书馆）、土地成本	资本成本	开放空间/休闲、学校、市政设施、交通（街道和公路）、公共设施、住宅建设、土地
		运营维护成本	开放空间/休闲、学校、公共服务、交通（街道和公路）、公共设施

第5章 城市蔓延成本的测算

续表

成本构成分类			实际测算指标
环境成本	空气污染、水污染、水力侵蚀、噪声污染、植被和野生动物生境破坏的成本	环境和个人影响（未转换成货币成本）	环境影响：空气污染、水体污染和侵蚀、噪声、植被和野生动物、视觉影响、水和能源消耗
可见成本	水和能源的消耗		
个人成本	占用个人可支配时间、精神成本、旅行成本、交通意外成本、较高的犯罪率		个人影响：旅行时间、交通事故、犯罪率、心理成本①

资料来源：RERC，1974。

成本测算的指标体系与城市蔓延成本的结构类似，但并非完全一致，而是结合数据的可获得性或指标的代表性进行选择测算，表5.3展示了多个部门或个人设定的测算指标体系，可见，城市蔓延成本测算的指标体系可分成资本成本、运行成本和外部成本三大类。其一，资本成本是为满足蔓延区居民生活所提供各项基础设施和服务的土地购置和工程建设花费，包括学校、道路、给排水、消防、警局、医疗和住宅等市政设施；其二，运行成本是指各项基础设施和服务建成后日常运营和维护的成本；其三，外部成本是由城市蔓延负面效应所带来的非补偿性支出，包括环境成本和个人成本，即测算城市蔓延对自然和对人的损害，对自然环境的影响测算指标可选大气污染物、固体颗粒物等，对人的影响测算指标可选通勤时间、行驶里程等，在具体测算过程中，可根据测量目标适当增减指标项。

表5.3 城市蔓延成本测算的指标体系

研究机构	目标层	指标项
房地产研究公司（RERC，1974）[152]	资本成本	开放空间/休闲、学校、市政设施、交通（街道和公路）、公共设施、住宅建设、土地
	运营维护成本	开放空间/休闲、学校、公共服务、交通（街道和公路）、公共设施

---

① 心理成本包括人工设计、自然特色、休闲设施与服务、社会经济条件和投资环境对个人心理环境的影响。

续表

研究机构	目标层	指标项
房地产研究公司（RERC，1974）[152]	环境和个人影响（未转换成货币成本）	环境影响：空气污染、水体污染和侵蚀、噪声、植被和野生动物、视觉影响、水和能源消耗
		个人影响：旅行时间、交通事故、犯罪率、心理成本
美国农业信托（AFT）[159]	公共成本	公立学校成本（学校的建设成本、运营成本、学生校车）、公共道路维护成本、给排水建设/维护成本、执法机关、火警救援服务、健康和社会福利成本、政府行政成本
美国环境署（EPA）[167]	资本成本（未逐项计算）	警察局、消防局、垃圾回收处理、图书馆、医院、政府机关
联邦交通管理局（FTA）[168]	资源影响（标题为 Resource impacts，但实为公共成本）	土地供给、给排水建设、道路建设、公共服务成本、房地产开发成本
	个人成本	行驶里程、生活质量、城市衰退
美国传统基金会[170]	公共成本	人均资本的市政花费、平均排水费、平均给水费、贫困线以下的人口百分比、2000 年的人口、业主自住房的中值年龄、为州或上级政府的花费、州或联邦的平均资助、平均每户家庭的人数、入住率、房屋中值价值、65 岁以上人口百分比、土地面积、平均犯罪率
美国精明增长组织（SGA）[49]	生活质量	日均行驶里程、平均车辆保有量、乘车通勤者百分比、步行上班者百分比、平均通勤时间、年均交通拥堵、每 10 万人的交通死亡事故、臭氧污染水平

第 5 章　城市蔓延成本的测算

续表

研究机构	目标层	指标项
克卢格 （Klug S.）[202]	社会和公共成本	基础设施：电力、天然气、电信、供水、邮政
		排放：排水、垃圾清理
		交通：地方公路、铁路运输、巴士服务
		健康/休闲：公共绿地、运动场
		教育：公立托儿所、小学
		安全/社保：消防局、警察局

3　成本测算的方法

城市蔓延是城市发展的一种方式，通常认为有两种方法可以用来计算城市发展成本，一是平均成本法（Averager or per capita cost approach），二是边际成本法（Marginal cost approach）。边际成本法对当前城市有了显著扩张、超过或接近于饱和及蛙跳增长区特别适用。较小的需求增量很少会带来边际成本，因此分析首先要查验基础设施的容量，较小的需求增量不需要对现行的设施使用率做出扩容调整[167]。因而，对于研究城市蔓延区的成本来说，后者更为合适。但边际成本法只是城市蔓延成本研究方法的一个统称，而从更细微的角度看，即便有着相似的指标体系，城市蔓延成本的详测方法也不尽相同，按是否考虑城市蔓延外部效应的标准可将其分成以下两类。

3.1　不计外部成本

RERC1974 考虑了外部成本但并未纳入计算，其只采用标准单元成本法（Standard unit cost figure）计算了不同发展类型的建设成本。尽管数据多源自实证，但报告分析的是发展原型而非现实中的开发实例，其先假设研究地块的条件及缺乏的基础设施（道路、排水等），然后利用标准单元成本法估算不同发展类型的建设成本。具体过程可简述为"567"：即通过设定了 5 个发展原型（传统的独户住宅、集聚的独户住宅、集聚的联排别墅、无电梯公寓和高层公寓）不同的比例组合及其他条件的变化（居住用地面积、开阔地面积等）来构建6类社区发展模型（混合利用、混合蔓延各半、蔓延混合、低密度规划、低密度蔓延和高密度规划），而后通过调研等方法设定好每个单元的基本成本，进而对比不同发展模型在开阔空间、学校、公共服务、交通、公共设施、住宅建设、土地消耗7个方面的资本成本和运行维护成本[152]。

斯蒂芬森（Stephenson K.）用图5.2所示的关系更为清晰地表明城市蔓延成本的计算方法，地方政府总成本等于服务受众数量乘以服务成本，而影响服务成本的因素又包括发展方式、人口特征和服务水平。服务人群越多，则成本越高，而人群的特征能影响成本的结构，例如，一个学龄儿童多的地区要比一个退休人群多的地区需要更多的教育投入。服务水平是指地方政府提供的教育服务质量、警务服务能力等，在其他条件（空间属性、人口特征和数量）相同的情况下，服务水平也能影响单位成本的大小，例如，地方政府为吸引更好的师资、创造更低的师生比及提供更好的教育设施上花费更多的资源[13]。

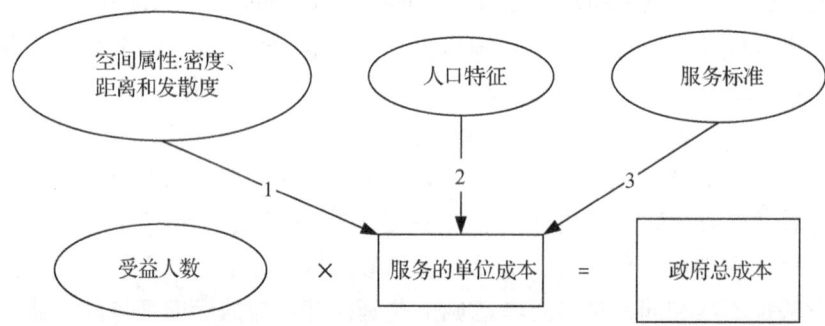

图5.2 地方政府成本与空间发展布局的关联示意[13]

此外，AFT[159]采用主体公共服务收支分析法（Major public costs and revenues analysis）；EPA[167]采用不同服务等级资本成本的敏感度分析（Analysis of sensitivity of capital cost for different service classes）来确定新建住宅区基础设施和服务的资本成本影响因素[270]；井田知也[161]构建地方公共服务需求与成本模型（Cost and demand function of local public service）来计算城市蔓延程度与地方公共服务成本的相关关系。

第5章 城市蔓延成本的测算

3.2 计算外部成本

不计外部成本算法的优点是计算便捷、数据获取相对容易，缺点是没有考虑到除公共服务设施建设、运行、维护和补助外的其他成本，而另一类是计算外部成本的，如FTA[168]采用罗格斯土地转换模型（The Rutgers Land Conversion Model）计算资源成本（公共设施花费）和个人成本（个体成本和外部性成本）；康拉德等[203]采用不同土地开发情境下的社会总成本模型（Full social cost of alternative land development scenarios，SCALDS），SCALDS模型由18个相互关联的电子表格组成，同时计算基础设施成本、公共和私人成本及内外部成本三大部分[273]。

下面以克卢格的理论模型为例（尚未做实证研究），说明外部成本的计算过程，如图5.3所示，他将城市蔓延成本的计算分成3个部分：公共成本（支出）、环境外部性成本（支出）和成本补回（收益）[274]，而最终的成本为前两部分之和与第三部分之差。

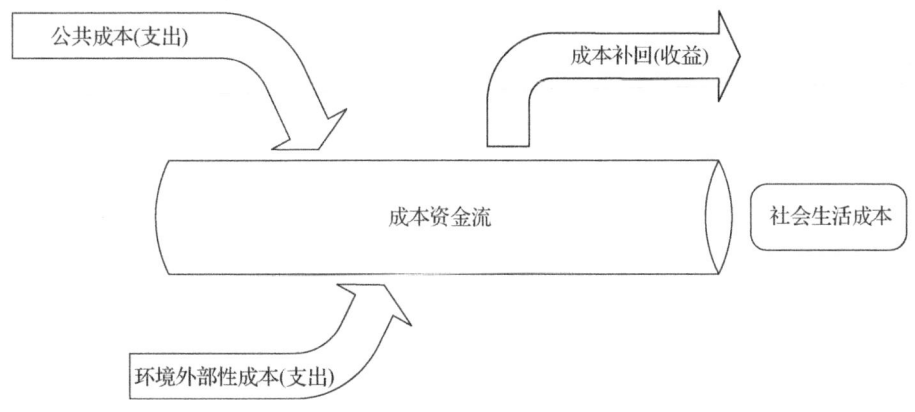

图5.3 社会生活成本的资金流[200]

（1）公共成本（支出）

公共成本的计算采用生命周期评估法（Life cycle assessment）①，C_{pu}是由公共基础设施的年化开发成本和年化运行成本（维持、维护和服务）组

---

① 生命周期评估是一项自20世纪60年代即开始发展的重要环境管理工具，按ISO 14040的定义，生命周期评估是用于评估与某一产品（或服务）相关的环境因素和潜在影响的方法。

成的，体现在式（5.1）加号前后的两个部分。同时，长期成本的估算中需要考虑资本成本的年金，因为这笔钱如果不用在建设这些基础设施上，其能够产生的价值应为基本的年金收益与预期的目标收益之和。

$$C_{pu}^{u,t} = b_c^u \times \Delta f^{u,t} \times ANF_{nr} + b_r^u \times \Delta f^{u,t}, \quad (5.1)$$

$$ANF_{nr} = \frac{r \cdot (1+r)^n}{(1+r)^n - 1}。\quad (5.2)$$

式（5.1）和式（5.2）中，C_{pu} 为住宅用地的公共成本，包括所有各项相关设施 u 在 t 时间内每年的开发和运行成本（维护、维修和服务），f 为边际成本，b 为特定的基本成本单位（依赖于当地标准和条件，需要从公共部门具体调研得出），c 为设施建设，ANF 为年金因子（或年金收益），r 为目标收益率，n 为使用寿命。

（2）环境外部性成本（支出）

环境成本的大小由城市形态和新居民个人交通类型的决定，如式（5.3）所示，环境外部成本 C^{env} 可分成3个部分：空间稀缺成本、资源能耗成本和交通事故成本。第一部分意为空间稀缺性越高（地段好、景色美等），单位基本成本越高，住宅建设所需付出的外部成本也就越高；第二部分意为 i 地的公共基础设施自身生命周期能源消耗与 i、j 两地的交通能耗之和；第三部分意为 i、j 距离越长，发生交通事故的概率越大，成本也就越高。大体上可认为交通环境成本和交通事故成本构成了这些成本的主体，这与蔓延区交通形态转向①小汽车密切相关。值得注意的是，交通设施成本不算，因为其已经算在公共成本里面了，另外，拥堵成本也不属于这一组，因为其没有影响到社会整体，而是对交通部门产生有限的影响。

$$C_{i,j}^{env} = b_{ss} \times a_{urb} + b_{res} \times (E_i^{B,C,R} + E_i^{infra} + E_j^{B,C,R}) + b_{acc} \times d_{i,j}^{B,C,R}, \quad (5.3)$$

$$E_{i,j}^{B,C,R} = \frac{E_{i,j}^B}{100} + \frac{E_{i,j}^C}{100} + \frac{E_{i,j}^R}{100}, \quad (5.4)$$

公交车：$E_{i,j}^B = \dfrac{\varepsilon^B(v_i) \times h_1}{n^B} \times d_{i,j}^B, \quad (5.5)$

小汽车：$E_{i,j}^C = \dfrac{\varepsilon^C(v_i) \times h_2}{n^C} \times d_{i,j}^C, \quad (5.6)$

---

① 交通形态转换是指交通工具的转换，如把卡车运输的形态改用环境负荷小的铁路，或海运运输的一种措施，而城市蔓延区由于去上班、上学、购物等日常活动的距离较长，人们多选择使用私人汽车出行。

第5章 城市蔓延成本的测算

$$铁路：E_{i,j}^R = \frac{G}{n^R} \times d_{i,j}^R。 \tag{5.7}$$

式（5.3）中，C^{env} 为环境外部成本，b_{ss} 为单位基本成本，a_{urb} 为城市化面积，b_{res} 为能源资源环境消耗的基本成本单位，E 为能源消费指数，E^{infra} 为公共基础设施自身生命周期能源消耗，B、C、R 为不同的交通模式（公交车 B，小汽车 C，铁路 R），b_{acc} 为交通事故基本成本，$d_{i,j}$ 为起始地 i 和终止地 j 间的距离。

式（5.4）到（5.7）中，$E_{i,j}$ 为从 i 地到 j 地时的交通能源消耗，$\varepsilon(v)$ 为燃料消费指数（cm^3/km），v 为平均行驶速度（可由私人交通调研估算），h 为热能值（柴油 = 9200 $kcal/cm^3$，汽油 = 8400 $kcal/cm^3$），n 为平均乘客数（可由私人交通调研估算），G 为铁路能耗指数（5562 $kcal/km$），d_{ij} 为平均行驶里程（km/天）（可由私人交通调研得出）。

（3）成本补回（收益）

这一部分在成本计算中是需要减掉的部分。从理论上讲，城市蔓延的外部效应不是只有有害的一面，如空气污染，给人们的健康带来了困扰。然而，其也有有益的一面，如建设医院、学校等，不仅使当地居民直接受益，还可以使更大范围的人群受益[181]。因此，城市蔓延的外部成本具有能够补回的部分，其由财政贡献和溢价回收两部分组成，财政贡献主要包括税收（正贡献）和补贴（负贡献），而溢价回收是指土地用途变更、城市更新、联合建筑等开发行为所带来的增值收益。

$$R = FC + VC， \tag{5.8}$$

$$FC = Tax_H + Tax_T - Sub_{SH}， \tag{5.9}$$

$$VC = LR_{Genbu} + URP + JBO。 \tag{5.10}$$

式（5.8）到（5.10）中，R 为补偿额，FC 为财政净贡献，VC 为溢价回收，Tax_H 为税（如房产税），Tax_T 为交通相关的税费，Sub_{SH} 补贴（如社会住房计划的补贴），LR_{genbu} 为土地用途变更，URP 为城市更新，JBO 为联合建筑所有权。

4 本章小结

合理地测算城市蔓延是研究城市蔓延程度、特征、机制及调控的基础。本章首先对城市蔓延成本的理论基础进行分析，得出外部性理论是支持城市蔓延成本测算的较为适用的理论，同时，外部性还需要考虑代际的因素；其次，对城市蔓延成本测算的过程进行了解读，通过范围设定、建立框架和指标选择的系列过程，明确如何测算城市蔓延成本；最后，系统介绍了城市蔓延成本测算最为常用的方法，一类是不计外部成本的，另一类是计算外部成本的，而在实际测算中，可以将二者综合运用。

第6章 城市蔓延的公共服务成本

在第4章我们了解到了公共服务成本和生态环境成本是构成城市蔓延成本的两大重要组成部分,而第5章又介绍了城市蔓延成本测算的常用方法。接下来的两章内容就是在上述理论分析的基础上,按照公共服务成本和环境成本两大方向进行测算(图6.1),并以沈阳市为例进行实证研究。公共服务设施多种多样,每种设施的建设成本和运行维护成本均不相同,这为探寻城市蔓延的真实成本带来巨大阻碍。因此,本章将以最为常见的公共医疗服务为例,考查城市蔓延区公共服务的欠缺情况。

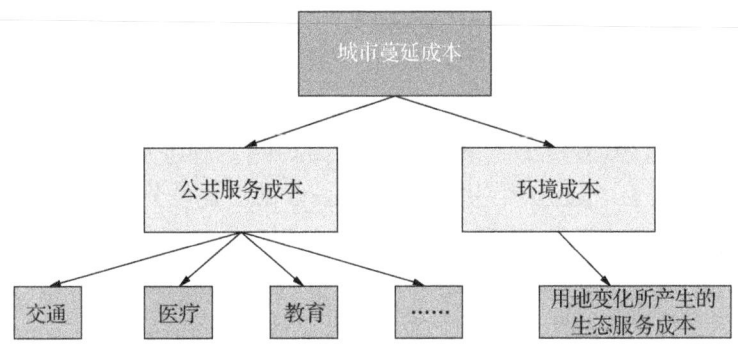

图 6.1 城市蔓延成本实证测算的两大方向

1 引言

城市公共服务设施分布事关城市居民生活质量和社会公共资源分配的公平公正,其空间格局及形成机制成为城市社会地理学研究热点[204]。在城市发展的理论研究中,琼斯曾基于"剥夺"的概念来界定对城市公共服务的需要,而"剥夺"则意味着"低的收入能力和对社会公共基础设施和服务的低进入"。在城市扩张快速的地区,房地产开发快,人口流入也快,存在着巨大的医疗资源需求缺口。随着我国社会经济体制转型,城市公共服务设施供给模式发生变革,供给主体结构由计划经济时期的单一化政府垄断转向政府公共部门、市场企业组织及社会非营利组织多元参与[205]。政府规制不健全及市场机制作用的不规范使得城市非营利性设施的建设往往让位于营利性设施,导致空间分布不公平、不公正[206]。尤其是近年来各地城市建成区的快速扩张,原有的医疗设施和教育资源难以覆盖新建城区,居民日益增长的医疗卫生需求同地方政府公务服务供给短缺间的矛盾愈发突出。因此,加强城市蔓延区的医疗资源供给对于促进城市公共设施的合理布局及相关政策的制定具有重要的现实意义。同时,结合沈阳市30余年的城市扩张结果来看,沈阳市城市建设用地的主要增长区已经完成了由一二环间向二三环间的转变,而三四环间则成为新的加速增长带。而从方向性上来看,浑南、沈北地区的发展速度要高于其他方向[207]。因此,医疗卫生资源的布局需要适时调整以适应城市发展的动态变化。

传统的研究中,医疗设施布局方面的研究多集中于空间选址[208]、布局评价[209]、外部性研究[210]及可达性研究[211]等几个方面。尽管当前研究成果丰硕,但仍存在一定的不足:①从研究尺度上看,多集中于行政单元等宏观尺度研究,缺少街道、建筑单元等微观尺度空间单元的医疗、教育服务设施分级布局研究;②方法上多采用潜能模型法[212]、两步移动搜索法[213-214]及网络分析法[215],多是应用GIS软件进行医疗的可达性分析,对于资源需求点的计算不够精确,将医疗和教育资源精确到每个建筑单元,直接计算每个建筑单元的医疗、教育服务水平得分情况,与以往研究相比更加符合居民从家门、从单位出发看病就医、就近入学的实际,从而能够更加精准地反映出医疗设施布局问题;③在研究数据上,传统研究中医疗资源布局调整的人口依据虽然是根据人口普查数据得来的,但是精确到街道级别的人口普查数据往往具有很大的滞后性,难以反映出城市快速发展、人口快速流入的真实情况。在大数据时代,获取信息的方法有所改变,地理空间大数据及电子地图定位服务的快速发展,利用POI进行城市方面的研究逐渐兴起,如利用POI进行城市功能分区[104]、城市边界划定[105]、城市结构研究[106]等。利用地理空间大数据,相比于传统方法既能够降低传统医疗卫生研究中资料收集的难度,又便于借助数字地图载体对医疗服务进行可视化表达,从而更精准地反映出居民对于医疗服务的需求。

公共服务和资源在城区内的分布不均可以反映出城市蔓延区与非城市蔓延区的公共服务上的差异。而这种差异一方面可理解为是城市的公共服务供给跟不上快速发展的城市化脚步所造成的结果；另一方面亦可理解为是地方政府对于城市蔓延区公共服务的亏欠。因此，这里运用假设开发法，试图说明假如地方政府将城市蔓延区的公共服务水平提升的平均程度，需要花费的成本是多少。首先，需要知道城市蔓延公共服务的欠缺程度；其次，需要了解到单体设施的建设成本和运行维护成本；最后，进行综合计算。

基于以上背景，本章以沈阳市四环为研究区，利用 Bigemap 软件获取高德地图研究区医疗设施 POI 数据，并对医疗设施进行分级处理，基于核密度分析法提取沈阳市四环医疗设施空间分布格局，并利用局域 Getis-Ord Gi* 指数法从街道尺度深入探究医疗设施分布的热点街区，结合 Ripley's K 函数分析法分析各级医疗设施的空间集聚特征，进一步从建筑单元个体角度出发，计算各医疗需求点、教育需求点的医疗服务水平。研究有助于拓展微观层面城市医疗设施空间布局研究，可为沈阳市公共事业结构调整和医疗结构空间优化提供科学的参考，对于地方政府提高治理能力、适应由传统政府向数字政府的角色转变有着一定的意义。

2 研究区概况与数据来源

2.1 研究区概况

研究区为沈阳市四环内。沈阳市是辽宁省省会，位于东北亚地区的核心地带，是我国东北地区政治、经济和文化的核心城市，2015 年末常住人口约 829 万。从城市形态上看，沈阳市与北京市相似，是一个典型的环形扩张的城市，目前已经形成了四条环线，四环内的土地面积约 1233 km^2。本次研究选择此处作为研究区有两个原因：一是因为四环囊括了沈阳市 90% 以上的建设用地，城市居民也多集中于该圈内部，因此基于此的分析具有代表性；二是因为随着城市的快速发展，沈阳市的主要增长区由原来的二三环间[①]向三四环间发生转变。例如，近几年浑南地区建设用地的快速增长，使得医疗和教育资源相对缺乏，故本书的研究能够从整体上对沈阳市城区医疗及教育资源的空间布局情况给予定量的可视化说明。

---

① 这里的二环是指原二环，即南二环，其是浑河以北的西南高架（中国第一条快速路）和沈水路快速路部分。2018 年沈阳启动二环"南移"工程，将南二环扩展到浑河以南的浑南大道。

2.2 数据来源

研究涉及两类基础数据：一是医疗资源的供给点数据；二是医疗资源的需求点数据。这两类数据皆获取自地理空间大数据。本次研究利用高德地图提供的 API 接口进行大数据的获取，相对于传统的数据获取方法，该方法具有获取速度快、信息量大及具备空间属性等优点，既免除了传统医疗信息人工数字化的冗繁操作，又提高了数据空间坐标的精度。具体操作中，利用高德地图批量提取研究区内的上述两类 POI 数据：第一，提取研究区内三甲医院、综合医院、专科医院、急救中心、疾控中心、卫生院、卫生所（室）、诊所和药房等 9 类医疗卫生资源数据，提取的信息包括医院名称、类别、所在行政区、地址及经纬度等信息，获取的数据经过清洗，剩余共计 6138 个医疗卫生数据点（提取时间为 2018 年 4 月，详如表 6.1 所示）；第二，提取沈阳市城区建筑矢量数据，提取的信息包括部分建筑名称、占地面积、楼层数及经纬度等信息，获取的数据经过清洗，剩余共计 161 504 个建筑单元数据面（提取时间为 2018 年 4 月）。

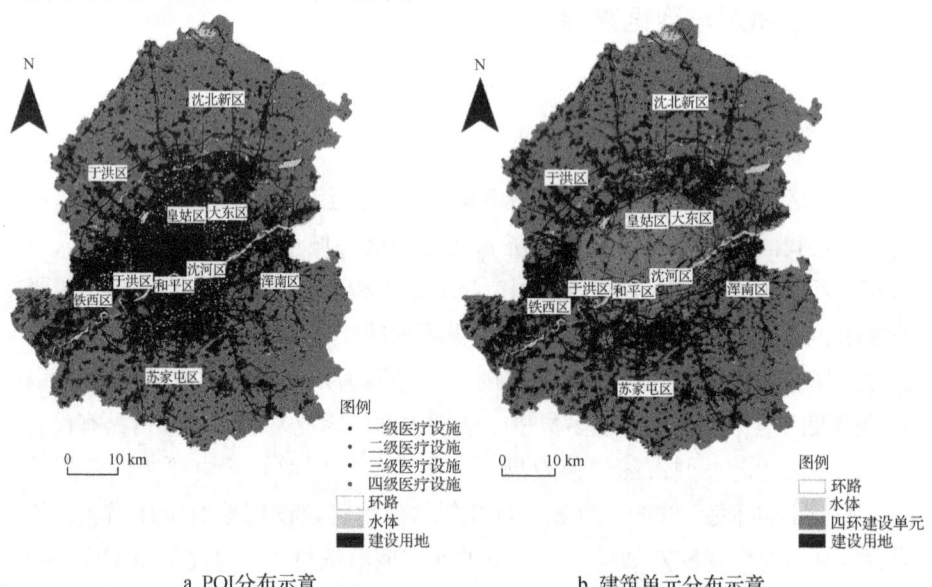

a POI分布示意　　　　　　b 建筑单元分布示意

图 6.2　沈阳市四环医疗 POI 与建筑单元分布（见书末彩图）

资料来源：地理空间数据云、高德地图。

（审图号：沈阳市地图，辽 S (2021) 263 号。在此地图上进行各区行政边界提取，底图无修改。）

第6章 城市蔓延的公共服务成本

表 6.1 沈阳市医疗 POI 供给点信息

类型	描述	数量	举例
三甲医院	三级甲等医院是中国内地对医院实行"三级六等"的划分等级中的最高级别，住院床位总数 501 张以上，科室齐全	39	辽宁省人民医院、中国医科大学附属第四医院等
综合医院	除三级甲等医院外的综合性医院，规模略小于三甲医院，床位 20~500 张，科室较为齐全	267	辽宁省友谊医院、沈阳市第十人民医院等
专科医院	只做某一类或少数几类医学分科的医院，科室设置不像综合医院分科齐全，而是突出专业特长	163	沈阳何氏眼科医院、沈阳市胸科医院等
急救中心	急救中心是向 100 万人口以上区域提供高水平院前院内急救服务的医疗机构	18	沈阳急救中心、沈阳急救中心铁西分中心等
疾病防控中心	集疾病预防与控制、突发公共卫生事件应急处置、疫情报告及健康相关因素信息管理、健康危害因素监测干预等于一体的疾病预防控制机构	62	辽宁省疾病预防控制中心、沈阳市浑南区疾病预防控制中心等
卫生院	县或乡镇设立的一种卫生行政兼医疗预防工作的综合性机构，是农村三级医疗网点的重要环节	14	浑南区祝家中心卫生院、桃仙卫生院等
社区卫生服务中心	在社区中，由卫生及有关部门向居民提供的预防、医疗、康复和健康促进等卫生保健活动中心	115	于洪区平罗社区卫生服务中心、沈北新区道义社区卫生服务中心等
社区卫生服务站	社区卫生服务中心下的一个分支	231	沙岭社区卫生服务站、临湖社区卫生服务站等
卫生室	村级单位的医疗机构	258	大夫村卫生室、刘付村卫生室等

续表

类型	描述	数量	举例
门诊	门诊通常接诊病情表证较轻的病人，给病人得出初步诊断，门诊公私性质均有	607	沈阳航空航天大学门诊、七彩阳光西医门诊等
诊所	私人开设的医生诊治病人的场所	936	友仁西医诊所、闫素华诊所等
药房	销售西药、中成药、草药等各种药品，方便人民群众购买药品的场所	3428	同和药铺、万家康大药房等

注：三甲医院本身就是综合医院，但本书为了区别不同医疗供给点的权重，将综合医院定义为除三甲医院外的综合性医院。

3 研究方法

GIS 是一种常用于卫生服务、卫生管理和决策支持[216]的空间可视化方法，本研究通过 ArcGIS 10.5 软件对沈阳市城区医疗资源的布局情况进行研究。医疗卫生资源从供给侧来看，一类是由政府提供的，另一类则是由市场提供的。以往的研究总是把二者区分来看，而随着社会经济的发展，一些私人开设的诊所、药房因为其灵活性和便捷性，也能够起到分担政府医疗资源供给的压力，成为组成整个医疗卫生资源中不可或缺的一部分。因此，本书将"政府+市场"医疗卫生资源供给作为一个整体来研究，综合考察沈阳市城市发展中医疗资源的布局问题。医疗供给点是指各类医院及诊所药店等实体医疗供给单位，医疗需求点是指沈阳市的各个建筑单元，这些建筑单元既有居民住宅楼，也有写字楼、工厂等单位，居民从这些建筑单元出发进行看病就医，因此将这些建筑单元点看作是医疗需求点。对医疗供给点进行分级赋权，因为不同等级医疗点的供给能力有所差异，故需要赋予不同的权重。对于医疗供给点的权重分配，参考香港特别行政区不同级别医院的权重划分方法[217]，采用德尔斐法（Delphi）来确定研究区不同医疗资源供给点的权重。随着等级的降低，权重因子分别赋予 0.4、0.3、0.2 和 0.1，结果如表 6.2 所示。之后，分别计算医疗需求点到供给点的便捷度和单位半径内的资源丰富度，距离各类医院的距离之和越近，说明就医方便，得分就高，而单位半径内的医疗资源越丰富，说明就医选择性多，得分也高。最后，将

第 6 章　城市蔓延的公共服务成本

不同建筑单元的得分进行符号分级操作，得到最终的沈阳市四环各建筑单元的医疗服务水平状况，具体如图 6.3 所示。

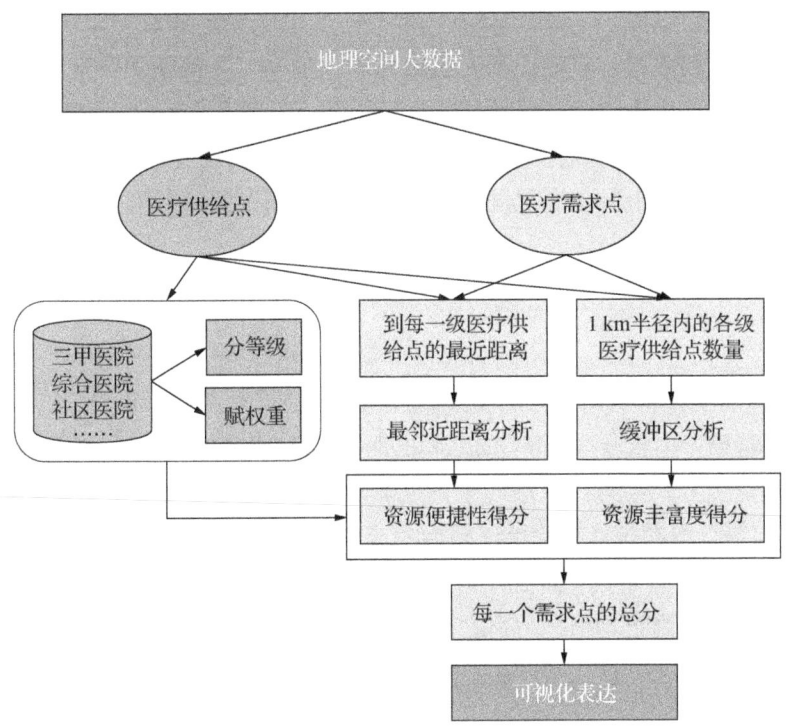

图 6.3　技术路线

3.1　核密度分析法

核密度分析法在城市热点探索方面应用广泛[118,119]，该方法用于计算空间点、线要素在其周围邻域中的密度，并对密度布局进行连续化模拟，以图像中每个栅格的核密度值反映空间要素的布局特征[120]。本书利用核密度分析法探索医疗设施 POI 数据聚集特征，根据每个栅格内 POI 核密度值估计其周围密度，核密度函数计算如式（6.1）所示：

$$f(x) = \sum_{i=1}^{n} \frac{1}{\pi r^2} \Phi\left(\frac{d_{ix}}{r}\right), \quad (6.1)$$

其中，$f(x)$ 为 x 处的核密度估计值；r 为搜索半径；n 为样本总数；d_{ix} 为 POI 点 i 与 x 间的距离；Φ 为距离的权重。

3.2 局域 Getis-Ord G_i^* 指数法

局域 Getis-Ord G_i^* 指数由 Getis 和 Ord 提出，是一种基于距离权矩阵的局部空间自相关指标，能探测高值聚集和低值聚集。高值聚集区称为热点，低值聚集区称为冷点。该统计量通过计算某个要素及其给定距离范围内相邻要素的局部总和，将计算结果与所有要素的总和进行比较，用于分析属性值在局部空间水平上的集聚程度[218]，计算公式如下：

$$G_i^* = \frac{\sum_{j=1}^{n} W_{ij}(d) X_j}{\sum_{j=1}^{n} X_j}, \qquad (6.2)$$

其中，X_j 是第 j 个空间单元的要素属性值；n 是要素总数；W_{ij} 代表空间权重矩阵，若第 i 和第 j 个空间单元之间的距离位于给定的临界距离 d 之内，则认为其是邻居，空间权重矩阵中的元素为 1；否则，元素为 0。局域 Getis-Ord G_i^* 统计量的统计检验可以根据相应的标准化形式（Z 值）表示，如式 (6.3) 所示。如果 G_i^*（Z 值）为正，且非常显著，则表明空间单元 i 周围的值相对较大（高于均值），高值空间集聚；相反，表明空间单元 i 为低值空间集聚。

$$Z(G_i^*) = \frac{G_i^* - E(G_i^*)}{\sqrt{Var(G_I^*)}}, \qquad (6.3)$$

其中，$E(G_i^*)$ 为数学期望值；$Var(G_i^*)$ 为变异系数。当 $Z(G_i^*)$ 正显著时，表示空间单元 i 周围的值相对较大，即热点区；当 $Z(G_i^*)$ 负显著时，表示空间单元 i 低值空间集聚，即冷点区。利用沈阳市四环街道单元数据构建街道面要素，利用空间连接工具对每个街道单元中的医疗设施点数据进行计数，如式 (6.4) 所示。

$$\delta_j = n_j / m_j, \qquad (6.4)$$

其中，δ_j 是第 j 个街道单元中的 POI 密度指标；n_j 是第 j 个街道中医疗设施 POI 数量；m_j 是第 j 个街道单元的面积。

3.3 Ripley's K 函数

在不同的空间尺度下，要素的空间分布特征可能会发生改变。在小尺度上，其分布可能会表现出集聚态势，但在大尺度上有可能呈现随机分布或者均匀离散分布[219]。Ripley's K 函数是可以在不同空间尺度上，空间点要素所表现出来的分布模式。计算公式为：

$$K(d) = A \sum_{i}^{n} \sum_{j}^{n} \frac{w_{ij}(d)}{n^2}, \quad (6.5)$$

其中，A 为研究区域面积；n 为各级医疗设施网点数量；d 为距离阈值；$w_{ij}(d)$ 为在距离 d 范围内，某一级别医疗网点 i 与网点 j 之间的距离。Besag 提出用 $L(d)$ 代替 $K(d)$，并对 $K(d)$ 作开方的线性变换，以保持方差稳定。公式为：

$$L(d) = \sqrt{\frac{K(d)}{\pi}} - d。 \quad (6.6)$$

$L(d)$ 与 d 的关系可以检验在距离 d 范围内，各级医疗设施的空间分布格局。$L(d)=0$，表示该行业呈现随机分布；$L(d)>0$，表示该行业呈集聚分布；$L(d)<0$，表示该行业呈分散分布。

3.4 医疗供给点的权重分配

对于医疗供给点的权重分配，参考香港特别行政区不同级别医院的权重划分方法[217]，采用德尔斐法来确定研究区不同医疗资源供给点的权重。随着等级的降低，权重因子分别赋予 0.4、0.3、0.2 和 0.1，结果如表 6.2 所示。

表 6.2 不同等级医疗资源的权重分配[217]　　　　单位：家

等级		机构	数量	权重
高 ↓ 低	三级	三甲医院	39	0.4
	二级	综合医院　专科医院　急救中心　疾病防控　卫生院	276	0.3
	一级	社区卫生服务中心　社区卫生服务站　卫生所（室）	604	0.2
	○级	私人门诊　个体诊所　药房	4971	0.1

3.5 医疗需求点的得分计算

按照图 6.3 所示的技术路线，计算每个建筑单元的医疗资源得分情况。首先，计算每个建筑（建筑中心点）到达最邻近的○级、一级、二级、三级医疗点的距离之和，值越小，说明该需求点到达各级医疗点的便捷度越高,越能够满足人们对看"大病""小病"的不同医疗需求;其次,计算每个建筑1 km半径范围内各个级别(不同权重)医疗资源点的数量,选择1 km作为缓冲区半径主要考虑了"一公里生活圈"的概念(是普通人15分钟步行可达的距离),单位缓冲区内的医疗资源供给点数量越多、等级越高,说明该需求点所拥有的医疗资源越丰富,人们可以对医疗供给点有着更多的选择;最后,对两部分的得分加总并进行可视化处理。具体的计算公式如下:

$$S_i = \log(R_i/C_i), \quad (6.7)$$

$$C_i = \sum_1^n d_{in}, \quad (6.8)$$

$$R_i = \sum_1^n q_{in} \times k_n, \quad (6.9)$$

其中,S_i为第i个建筑单元医疗资源的最终得分,C_i为第i个建筑单元医疗资源便捷度得分(到第n级医疗点的最近距离d_i之和),R_i为第i个建筑单元医疗资源丰富度得分(1 km半径内各级医疗点的数量q_i乘以对应的权重k),n为医疗资源分级的级数。

4 医疗资源空间可视化

医疗服务成本是组成城市蔓延总成本的重要部分,也是百姓最为关心的热点之一,特别是对于生活在城市蔓延区内的居民,由于医院距离、等级等因素,其就医服务需求往往得不到很好的满足。在以往的研究中,从研究区域上看,一线城市的北上广[220-222]、中西部地区的武汉、贵阳[223-224]、东北地区的长春、大连[206,225]等诸多城市都曾展开过医疗资源布局方面的研究,而沈阳市以往的研究多集中在医疗卫生的人力资源和服务能力等方面,对于医疗卫生资源在地理空间位置上的布局分析较少;从研究方法上看,多是应用GIS软件进行医疗资源的可达性分析,但已有的研究中对于医疗资源需求点的描述不够精确,多是采用核密度估计(Kernel density estimation)等方法进行平滑处理插值得到每一个点的医疗资源水平。而本书利用地理大数据,从建筑单元个体出发,将医疗资源精确到每一个建筑单元,直接计算每个建筑单元的医疗资源得分情况,与以往的医疗资源"热力图"相比更加符合居民从家门、从单位出发看病就医的实际情况,从而能够更加精准地反映出医疗资源布局的均衡性问题,反映出不同地区(蔓延区与非蔓延区)成本上的差异。

4.1 医疗设施网点分布形态特征

最近邻指数(NNI)常被用于分析空间点要素的分布模式。通过计算得到沈阳市四环医疗设施空间分布的 NNI 指数为 0.365,通过 0.01 的显著性水平检验,表明其空间分布具有非常显著的集聚特征。运用核密度分析法可以进一步分析医疗设施的空间分布形态特征。增量空间自相关工具通常被用来为热点分析或者核密度分析选择合适的距离阈值或半径,通过测度一系列距离增量的空间自相关情况,为每项距离增量返回相关的 Moran 指数、预期指数、方差、Z 值和 P 值。当显示多个具有统计显著性的峰值时,聚类在这些距离处均很明显,可以据此选择感兴趣的分析比例对应的峰值距离,通常为显示的第一个具有统计显著性的峰值。据此,本书利用增量空间自相关工具得到多个具有统计显著性的峰值,通过选择第一个具有统计显著性的峰值确定核密度分析的半径 R=1458 米。具体分析结果如图 6.4 所示。

从核密度分析结果可以看出:①沈阳市医疗设施呈现明显的单中心分布格局,设施集聚中心主要集中分布在浑河北侧,核密度总体呈现由一环到四环的逐级递减的特征;②核密度均值为 4.608,最大值为 56.373,高值区主要集中分布于市中心城区,二环范围以内,覆盖区域包括沈河区、和平区、大东区、铁西区行政区划交界处,浑河以南仅有苏家屯区有较为显著的小型集聚分布趋势;③中心城区以沈阳市第五人民医院、中国医科大学附属四院、沈阳医学院附属二院、沈阳市第七人民医院、沈阳市第一人民医院、中国医科大学附属一院形成集聚中心,浑河南岸以苏家屯中心医院和辽宁中医药大学附属四院形成次级集聚中心。整体来看,沈阳市医疗设施空间目前形成以中心城区为主的单中心分布格局,且浑河两岸医疗设施布局存在较为明显的空间差距,浑河北侧医疗设施集聚热点分布密集,浑河南侧的苏家屯"孤岛"集聚中心有形成大型集聚中心的趋势。

4.2 医疗设施分布的热点区域

基于四环街道单元,采用空间自相关分析法,分析沈阳市四环医疗设施网点空间分布的集聚特征。利用空间自相关计算得到沈阳市医疗设施网点空间分布的全局莫兰指数为 1.605,在 0.01 的显著水性水平下通过检验,表

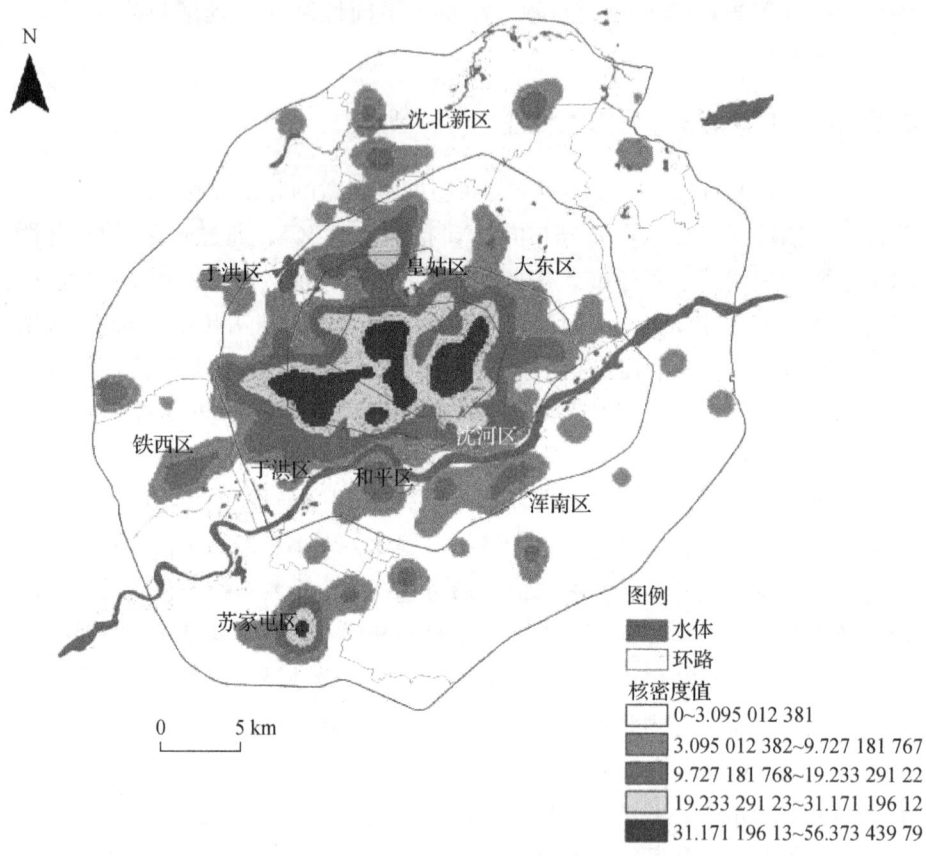

图 6.4 沈阳市四环医疗设施空间密度分布

明其空间分布存在显著的正相关关系。采用局部 Getis-Ord G_i^* 指数进一步识别医疗设施网点空间分布的冷热点分布，得出医疗设施网点街区密度符合热点分析聚类模式统计特征。将 Z 值进行空间可视化，得出 Z 值大于 1.96 且符合 95% 置信度的热点区域，结果如图 6.5 所示。

医疗设施网点的热点区域主要分布在市中心城区，主要包括和平区、沈河区、大东区、皇姑区及铁西区的行政交界范围所在的区域，这些区域的医疗设施网点显著性热点分布较为集中，其中三洞桥街道、保工街道、兴华街道、华山街道、艳粉街道、寿泉街道、塔湾街道、贯和街道、兴工街道和兴顺街道单元的 Z 值大于 2.58，这些街道的医疗设施网点分布最为密集，且在空间上被其他同样具有高网点密度的相邻街区包围，是统计意义上的高密

第6章 城市蔓延的公共服务成本

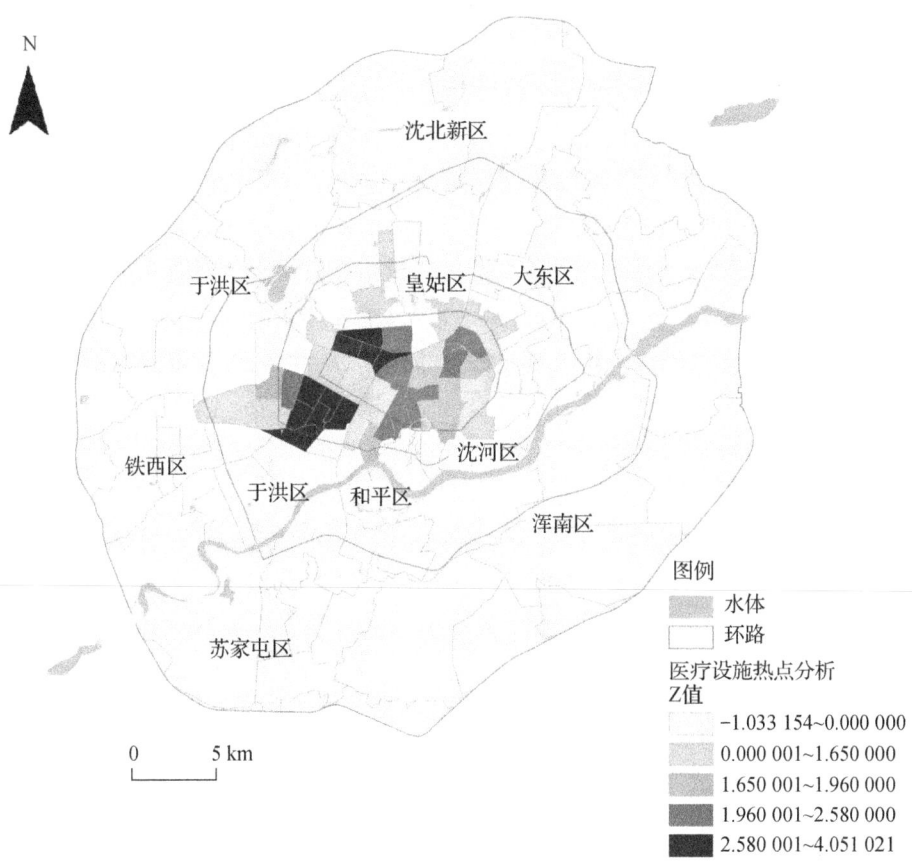

图6.5 医疗设施热点区域分布

度医疗设施集聚区。其他区域显著性热点区域分布较少，尤其是浑河南岸目前尚未形成医疗设施分布热点聚集区。除了中心城区外，四环范围其他区域尚未形成被其他高密度医疗设施网点街区包围的显著性热点区域，医疗设施街道密度高值和低值之间空间自相关性比较弱，呈现随机分布特征。在核密度分析中，苏家屯区虽在空间分布上呈现小型集聚中心，但在热点分析中，该小型集聚中心还尚未形成具有空间统计意义的热点区域，可见其医疗设施仅能满足区域内部居民的部分就医需求，并对周边区域有一定辐射作用，但存在聚集度较低的问题。

4.3 医疗设施多尺度空间集聚分析

利用 ArcGIS 10.5 中多距离聚类分析（Ripley's K 函数）计算结果如图 6.6 所示，在 99% 的置信度下，各级医疗设施的空间分布集聚特征显著；在 15 km 的观测范围内，各级医疗设施网点呈现"单峰"特征。从峰值出现的距离看，一级、二级、三级和〇级医疗设施的峰值分别出现在 6 km、7 km、9 km、9 km。由此可见，级别较高的医疗设施峰值距离相对较小，其空间区位选择的方位尺度较小，三级和〇级医疗设施峰值距离相对较大，在空间区位选择的方位尺度较大。因此在空间分布上，综合性的医疗服务大都倾向于在城市核心区分布，次级医疗服务设施服务覆盖面更大，大多分散分布在城市核心区及边缘区。

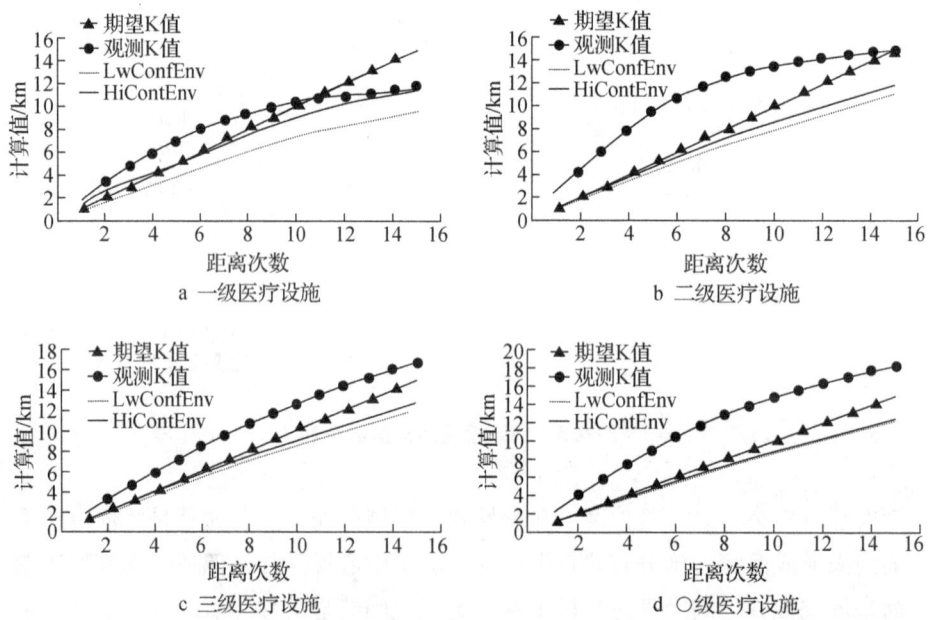

注：LwConfEnv 和 HiConfEnv 分别表现每个迭代计算（由距离段数量参数指定）的置信区间信息。

图 6.6　各级医疗设施 Ripley's K 函数分析结果

4.4 医疗设施服务水平评估

按照图 6.3 所示的技术路线，代入相关数据后得到沈阳市城区医疗设施服务水平的空间分布，结果如图 6.7 所示。从图 6.7 可以看出，沈阳市四环

第6章 城市蔓延的公共服务成本

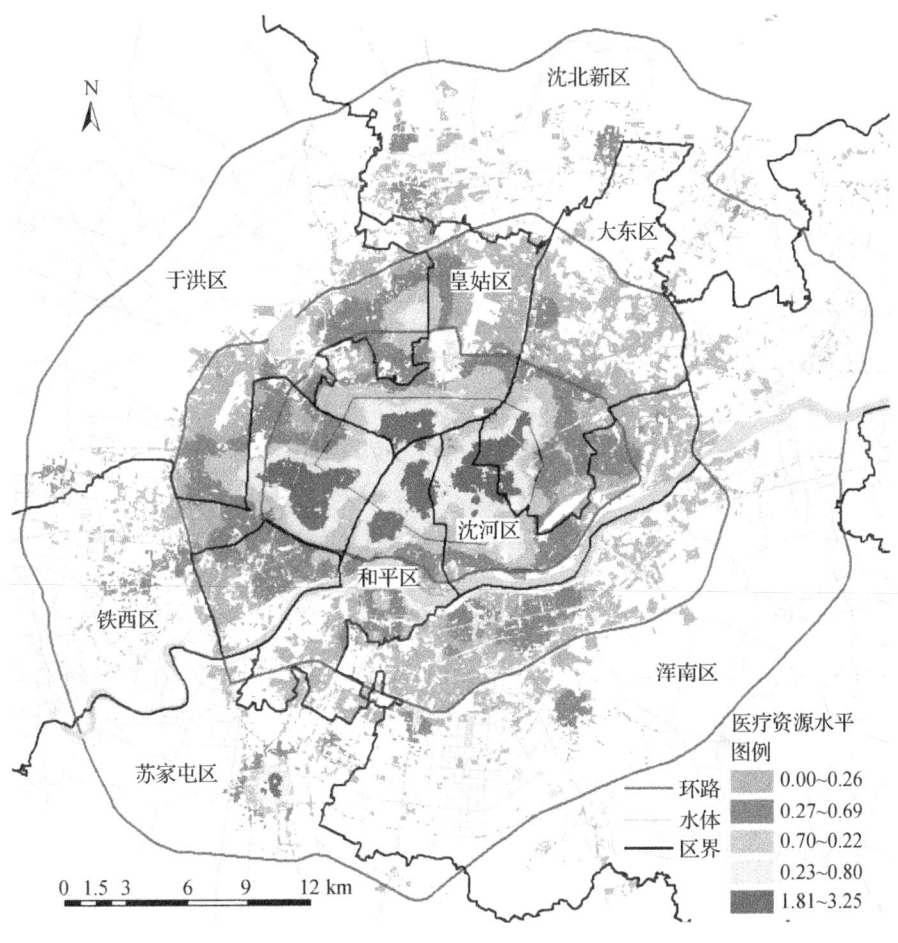

图 6.7 沈阳市城区医疗设施服务水平得分（见书末彩图）

内的医疗卫生资源呈圈层状分布、由中心区向外围开发区逐渐递减的特征，资源丰沛的热点地区主要集中在二环以内，形成了5个较为明显的高分值集聚区域（红色部分仅有少量分布在苏家屯区）。其中，一环内的医疗服务水平最高，高值区面积较大且相对集中。相反，沈北新区、浑南区、于洪区、大东区东北部、铁西区西部和皇姑区北部皆属于医疗需求点较多（建筑单元较多），但医疗资源供给水平较低的区域。从环向分布看，这些区域主要分布于沈阳市的二三环之间，只能满足市民看看"小病"、日常买药等基本医疗需求，而对于更高级别的医疗需求，只能选择离家较远的医院。医疗资源在二环内的过度集中会为患者看病和医院自身发展带来诸多不便，一方面，由于二环内的土地价格高，医院的规模有限，由此带来看病时的停车难、床位紧等问题十分突出，而且随着沈阳市常住人口的日益增多，这些问题将不断放大；另一方面，结合沈阳市的城市发展战略来看，东部地区的"沈抚同城"战略、浑南区"新市府"板块的开发等，都需要有良好的医疗服务作为支撑。

医疗资源的空间可视化研究对于政府部门制定医疗服务的相关决策，扎实推进新型城镇化系统工程有着重要帮助。在大数据时代，人们获取信息的方法有所改变，利用地理空间大数据，一方面能够降低传统医疗卫生研究中资料收集的难度；另一方面其能够借助数字地图载体对医疗服务地理可及性进行可视化表达，计算地图上任何一个地点或地区对于特定医疗服务地理可及性的大小，判断该地点或地区是否缺乏特定医疗服务的提供，进而用易于理解的图形表达出来，使得当地各个地点医疗资源配置的充分程度一目了然[226]，从而更精准地反映出百姓对于医疗服务的需求。整体上，医疗资源的空间可视化研究对于地方政府提高治理能力，适应由传统政府向数字政府的角色转变也有着重要意义。对于沈阳市来说，随着深化医药卫生体制改革的稳步推进，已经初步建立起比较完善的医疗卫生服务体系，全市卫生资源总量处于全国副省级市前列[227]。尽管资源总量优势突出，但布局不尽合理[228]，特别是近些年沈阳城市局部地区的快速发展使得原有的医疗卫生资源难以覆盖新增区域，百姓日益增长的医疗卫生服务需求同地方政府公共服务供给短缺间的矛盾愈发突出。因此，在可视化的基础上进一步推进医疗卫生资源的均衡化，是解决沈阳百姓"看病难"的必要途径之一。

5 城市蔓延医疗服务成本估算

5.1 单体设施建设成本

在摸清研究区不同区位医疗服务资源分配的差异之后，需进一步结合单体医疗设施建设成本及运行成本来计算得出城市蔓延区公共服务的亏欠值。为了确定单体医疗设施的建设及运行成本，研究参考了包括丁香园、医学界智库在内的多个国内行业网站上提供的相关信息，综合后采用了可信度较高医学界智库列出的成本计算说明，具体如下：

第6章 城市蔓延的公共服务成本

以三甲医院为例，其建设初期需要投入包括医疗用地、医院建筑、医疗设备、医院信息化建设及医院人力资源五大方面的成本。而在医院投入运行后，仍会产生运行维护成本，包括人力成本、设备折旧费用等。不同医院的营收能力也不同，因此研究区整体的平均运行维护成本较难计算，但考虑到医疗机构的营收能力可以很大程度上弥补运行成本的开支，故此处对运行维护成本不做过多考虑，只列出前期投入成本，也是地方政府为城市蔓延应当支付的最为基础的成本。

①医疗用地成本：100 亩 × 85 万元/亩，如果是划拨则该部分成本为 0。

②医院建筑成本：根据《综合医院建设标准》规定，三甲标准医院业务及辅助用房建筑面积需求如下。

医院设施床位数 500 张，床均建筑面积指标取 90 m^2/床，建筑面积应达到 45 000 m^2；科研用房建筑面积：32 m^2/人 × 70 人 × 0.7 = 1568 m^2；预防保健用房建筑面积：20 m^2/人 × 70 人 = 1400 m^2。

③医疗设备成本：医用直线加速器、磁共振成像系统、64 排 CT、四维彩超、全数字化乳腺机、数字化肠胃机、数字化成像系统等，17 500 万元（价格取东、中、西部三家三甲医院医疗设备采购价格的平均值）。

④医院信息化建设成本（硬件+软件）：1000 万元（价格来自 hc3i 中国数字医疗网相关汇总）。

⑤医院人力资源成本：7635 万元（按照 500 张病床、30 个科室、约 800 编制人员计算），具体如表 6.3 所示。

表 6.3 三甲医院人力资源成本

人员	人数/人	年薪/万元	费用/万元
院长	1	60	60
副院长	5	40	200
科室主任	30	30	900
骨干医生	50	25	1250
医生	200	10	2000
护士长	35	15	525

续表

人员	人数/个	年薪/万元	费用/万元
护士	250	6	1500
行政人员	100	6	600
其他人员	150	4	600
合计	821	196	7635

资料来源：医学界智库。

将上述医疗用地成本、医院建筑成本、医疗设备成本、医院信息化建设成本、医院人力资源成本进行加和，结果为63 420万元，也就是说新建一家三甲医院的成本至少需要6亿元。而后期的运行维护成本，刨除设备折旧费用外，主要花费为医院人力资源成本，但考虑到医院的营收情况，大部分的后期运行维护成本可以抵消，因为本章的重点是在城市蔓延的成本部分，因此医院的后期运行维护成本这里不做过于细致的讨论。按照三甲医院建设成本6个亿计算，以此类推，普通综合医院（二级）床位数减半，平均单体建设成本为3亿元。采用相同方法来估算社区卫生服务站（点）的单体建设成本，在综合比较了多个社区卫生服务中心建设项目书后，得出其单体建设成本为300万~1000万元。为便于计算，这里取其下限值，即单个社区卫生服务中心初期建设成本为300万元。采用相同方法，得出单体药店成本为20万元。与三甲医院、综合医院和社区卫生服务中心多由政府财政出资不同的是，药店建设通常为市场个体出资，但无论是政府供给还是市场供给的公共服务，其成本都需要由政府或民众买单，因此都需要进行计算。

5.2 蔓延区成本估算

在得到了不同等级医疗机构单体建设的成本后，计算不同级别城市蔓延区内的各类型医疗服务点的数量，结合服务的面积来看，得出不同级别城市蔓延区与非蔓延区的公共服务成本。通过不同级别城市蔓延区单元面积上拥有的医疗服务点数量上的差异比较，计算城市蔓延区（较重区、严重区）若达到和非蔓延区、较轻度蔓延区、中等程度蔓延区的平均水平医疗服务时，需要新增多少医疗单元。结合上述医疗服务单元的单位建设成本，汇总后得到最终的城市蔓延成本。

第6章 城市蔓延的公共服务成本

（1）按照单位面积数量测算

按照单位面积数量测算城市蔓延成本考虑的是医疗资源服务的覆盖面均等化，在表6.4的基础上计算得到每单位土地（每 km²）医疗服务点数量（表6.5），并进一步计算不同标准对城市蔓延区（较重区、严重区）进行医疗服务升级所需要的资金投入（表6.6）。

表6.4　城市蔓延区的医疗服务情况

区域	面积/km²	单元数/个	三级医疗点/个	二级医疗点/个	一级医疗点/个	〇级医疗点/个
非城市蔓延区	38.72	17 215	11	197	86	1178
城市蔓延较轻区	55.61	20 405	20	141	96	1179
城市蔓延中等区	83.22	28 268	4	86	95	1058
城市蔓延较重区	145.40	36 712	1	48	107	925
城市蔓延严重区	559.01	55 417	3	28	122	409

表6.5　每单位土地医疗服务点数量　　　　　　　　　　　单位：个

	每 km²			
	三级医疗点数量	二级医疗点数量	一级医疗点数量	〇级医疗点数量
非城市蔓延区	0.284	5.088	2.221	30.424
城市蔓延较轻区	0.360	2.536	1.726	21.201
城市蔓延中等区	0.048	1.033	1.142	12.713
城市蔓延较重区	0.007	0.330	0.736	6.362
城市蔓延严重区	0.005	0.050	0.218	0.732

其中，按照最高标准投入是指将城市蔓延区（较重区、严重区）的医疗服务供给达到"非城市蔓延区＋城市蔓延较轻区＋城市蔓延中等区"的平均水平所需的投入，这也是最大化的投入。但这一方案不仅对地方财政造成的压力最大，而且会出现医疗服务供给过饱和的状态。按照中等标准投入是指将城市蔓延区（较重区、严重区）的医疗服务供给达到"城市蔓延中等区"医疗服务水平所需的投入，这一方案对切实提升城市蔓延区的医疗

表6.6 按覆盖面积提升医疗服务的成本

		三级医疗点需要增加		二级医疗点需要增加		一级医疗点需要增加		〇级医疗点需要增加	
		较重区	严重区	较重区	严重区	较重区	严重区	较重区	严重区
按高标准投入	个数/个	27.7	107.2	299.2	1306.9	119.8	750.1	1871.6	10 343
	金额/万元	1 662 000	6 432 000	8 976 000	39 207 000	35 940	225 030	37 432	206 860
小计/万元	56 782 262	8 094 000		48 183 000		260 970		244 292	
按中等标准投入	个数/个	9	23.9	102.3	549.7	59	516.1	923.5	6697.9
	金额/万元	540 000	1 434 000	3 069 000	16 491 000	17 700	154 830	18 470	133 958
小计/万元	21 858 958	1 974 000		19 560 000		172 530		152 428	
按低标准投入	个数/个	0	0.8	0	156.5	0	289.4	0	3147.3
	金额/万元	0	48 000	0	4 695 000	0	86 820	0	62 946
小计/万元	4 892 766	48 000		4 695 000		86 820		62 946	

水平有着较为现实具体的意义。按照最低标准投入是指将城市蔓延区（严重区）的医疗服务供给达到"城市蔓延较重区"医疗服务标准时所需的投入，这一方案是解决城市蔓延区医疗服务供给问题前期所需的最低投入。

从表6.6可以看出，从投入总量上看，若按照高标准对城市蔓延区（较重区、严重区）的医疗服务进行升级，所需要的成本高达5678.2亿元，这一水平相当于沈阳市近10年土地财政收入之和，是较为理想的目标投入，但实践难度大；若按照中等标准对城市蔓延区（较重区、严重区）进行升级，所需要的成本高达2185.9亿元，约是高标准投入资金的38.5%；若按照高标准对城市蔓延区（严重区）的医疗服务进行升级，所需要的成本约为489.3亿元，约是高标准投入资金的8.6%，约是中标准投入资金的

22.4%，这一资金投入有助于明显且快速改善城市蔓延严重区的医疗服务水平，投入的资金也相对可接受。从单项花费来看，若按照高标准投入，需要增加最多的是二级医疗服务点的投入，占整体升级投入的84.9%。若按照中标准和低标准投入同样如此，急需增加二级医疗服务点的数量，投入比重占分别整体的89.5%和96.0%。可见，城市蔓延区整体上最为急需的是对二级医疗点的成本投入。

（2）按照服务建筑单元个数测算

按照单位面积数量测算城市蔓延成本考虑的是医疗资源服务的覆盖面均等化，而按照服务的建筑单元能够使医疗投入更加精确有效。为此，在表6.4的基础上计算得到每个医疗服务点服务的单元数量（表6.7），并进一步计算不同标准对城市蔓延区（较重区、严重区）进行医疗服务升级所需要的资金投入（表6.8）。

表6.7 每个医疗点服务的单元数量 单位：个

	每个医疗点服务的单元数量			
	三级医疗点	二级医疗点	一级医疗点	〇级医疗点
非城市蔓延区	1565	87.385 79	200.1744	14.613 75
城市蔓延较轻区	1020.25	144.7163	212.5521	17.307 04
城市蔓延中等区	7067	328.6977	297.5579	26.718 34
城市蔓延较重区	36 712	764.8333	343.1028	39.688 65
城市蔓延严重区	18 472.33	1979.179	454.2377	135.4939

高标准、中标准和低标准投入的计算原则同上，相对而言，按照建筑单元医疗资源享有度的升级成本与按照单位土地面积医疗资源量的升级成本相比要低。如表6.8所示，若按照高标准进行投入，所需要的资金约为1831亿元，相比于按照服务土地面积所需的资金投入来说，约为其32.3%；若按照中标准进行投入，所需要的资金约为673.5亿元，相比于按照服务土地面积所需的资金投入来说，约为其30.8%；若按照低标准进行投入，所需要的资金约为136.7亿元，相比于按照服务土地面积所需的资金投入来说，约为其22.4%。

表6.8 按建筑单元医疗享有度升级成本

		三级医疗点需要增加		二级医疗点需要增加		一级医疗点需要增加		○级医疗点需要增加	
		较重区	严重区	较重区	严重区	较重区	严重区	较重区	严重区
按高标准投入	个数	18.5	26.4	188.2	328.6	47.3	111	977.8	2463.3
	金额	1 110 000	1 584 000	5 646 000	9 858 000	14 190	33 300	19 556	49 266
小计	18 314 312	2 694 000		15 504 000		47 490		68 822	
按中等标准投入	个数	4.2	4.8	63.7	140.6	16.4	64.2	449	1665.1
	金额	252 000	288 000	1 911 000	4 218 000	4920	19 260	8980	33 302
小计	6 735 462	540 000		6 129 000		24 180		42 282	
按低标准投入	个数	0	0	0	44.5	0	39.5	0	987.3
	金额	0	0	0	1 335 000	0	11 850	0	19 746
小计	1 366 596	0		1 335 000		11 850		19 746	

5.3 城市蔓延医疗成本的治理方案

对于城市蔓延区巨大的医疗服务缺口来说，一方面，需要将城中地区过剩的医疗资源适度外移，以实现医疗服务的最大覆盖；另一方面，不能只靠地方政府部门的投入，市场的力量也不容小觑，特别是在二级医疗点及○级医疗点的服务供给上，市场完全有能力解决部分问题。为此，建议从以下3个方面来进行医疗资源布局调整以便提升城市蔓延区的医疗服务水平和质量。

（1）提早规划医疗卫生资源的疏散方案

从医疗资源的环向分布上来看，沈阳市的医疗卫生资源在内部过于集中，难以适应城市快速发展的需求，特别是大型医院。一方面，医院自身的

第 6 章 城市蔓延的公共服务成本

发展空间十分受限,交通压力巨大,周边环境质量较差;另一方面,城市新区的医疗卫生需求却难以覆盖,造成医疗卫生公共服务供给的不平衡。沈阳这种医疗资源过度集中的现象并非特例,许多大城市在其发展中都遇到过类似的问题。例如,2018 年北京市已有多家大医院完成或计划外迁,如天坛医院、北京大学第一医院等,释放的信号十分明显。因此,建议沈阳市提早规划医疗卫生资源的疏散方案,一方面,将二环内的医疗卫生资源适度向二三环之间进行转移,将接诊人数、住院人数较多的科室搬迁到新院区,旧院区则保留接诊人数、住院人数少的科室和医院管理、医学科研的功能;另一方面,在搬迁的过程中,要注重与医疗创新机构(如高校、科研院所、涉医企业等)的融合,使其在地理位置上能够临近,便于在医疗大数据挖掘、医疗器械开发、医护人员培养等方面形成创新合力。

(2) 同等重视市场与政府的双重供给

随着我国分级诊疗制度的不断完善,上至三甲医院、下至社区卫生服务中心和村镇卫生室,都是沈阳市医疗卫生资源的重要组成部分。而随着市场经济的发展,私人诊所、个体药房逐渐成为政府医疗资源供给的有力补充。医疗资源的供给不能只靠政府单方面提供,特别是在城市快速发展区,新建一所大型医院的时间成本、财政成本都十分高昂,这时市场供给的医疗卫生资源就显得尤为重要。从沈阳市城区医疗资源的布局上看,二三环间、三四环间的医疗资源供给如果只靠政府提供的社区卫生服务中心(站)和卫生室(所),数量将十分有限且难以满足百姓需求。为此,要降低医疗行业的准入费用,鼓励市场上的良性竞争,按照人力资源和社会保障部《关于印发"互联网 + 人社" 2020 行动计划的通知》要求,积极探索社保卡公费医疗结算与微信、支付宝等网络支付平台的对接,方便群众的同时给予市场医疗资源供给更宽松的环境。

(3) 应用大数据动态捕捉医疗需求变化

以往的研究中,医疗卫生资源布局调整的人口依据人口普查得来,但是精确到街道级别的人口普查数据往往具有很大的滞后性(我国每 10 年进行一次全国性的人口普查,每 5 年进行一次抽样调查),无法反映出城市快速发展、人口快速流入的真实情况。因此,在布局调整方面相关部门总是处于被动的状态。在大数据时代,党中央强调各级政府和相关部门要着力提升数字治理能力,卫生和健康部门需要与公安部门、大中型医院、社区医院等联合起来进行跨部门治理,整合建立一套综合的人口信息管理平台,应用大数据来提高公共服务能力和供给质量，与基础设施、医疗服务、地理信息等其他大数据融合，主动捕捉百姓需求，使其能够更加公平便捷地享受到医疗卫生方面的优质服务。

6 本章小结

医疗服务是组成城市蔓延总成本的重要部分之一，本章首先通过可视化的方式对研究区不同区域的医疗服务布局情况进行了量化表达，有助于从整体上对研究的医疗服务平衡情况有所了解。其次，计算不同级别医疗供给点建设所需要的成本，这也是应用标准单元成本法对城市蔓延成本进行测算的基础。再次，按照单位面积的医疗服务数量及每建筑单元所需的医疗服务数量，分别对不同等级的医疗资源供给成本进行了测算，结果表明，当前城市蔓延较重区和严重区医疗资源缺口最大的是二级医疗资源供给。最后，针对医疗布局不均衡的状态，从医疗资源疏散、医疗资源的双重供给及大数据支撑方面给出了对策和建议。

第7章 城市蔓延的生态服务成本

在第6章我们了解到了公共服务成本测算的一般方法，本章内容侧重于城市蔓延生态环境服务成本的测算。城市在不断外扩的过程中，随着林地、草地、耕地等非建设用地向建设用地的转移，原有地类的生态环境服务价值也发生了巨大的变化，许多功能消失殆尽，而新增的建设用地自身还会产生负向的环境成本。为度量城市蔓延的生态环境服务成本，需要考虑在城市蔓延过程中不同类型土地的转化情况，因为不同类型的土地所产生的生态环境服务价值不同，因此需要将其区别对待、分类计算。本章以沈阳市为例进行实证研究，探讨在城市蔓延的过程中生态环境服务价值的变化情况，并将其转换为便于度量的货币进行收入与支出的比较，从而为地方政府进行城市发展规划和相关决策提供依据。

1 国内外相关研究情况

1.1 土地生态系统服务功能分类

土地生态系统服务功能方面的研究为土地生态系统服务功能分类与评估方法研究提供基础性的参考，而其中戴利和康斯坦斯的分类结果对于后来学者的研究提供了良好的思路和方向。戴利将服务功能分为了13类、而康斯坦斯又将其细分为：大气调节、气候调节、土壤保持、食物生产、娱乐和文化等17小类[229]。联合国部门提出的评估计划中将服务类型划分为供给服务，调节服务，支持服务与文化服务四大类，以及25种子类，是目前认可度最高的生态系统服务功能分类方法[230]。国内有关土地生态系统服务功能分类的研究主要是参考国内外生态系统服务功能分类体系，不同的土地利用类型及其包含的服务功能表达存在着差异性，土地生态系统的结构和分布与变化过程之间的相互作用，土地用途的转变会影响生态系统服务功能的表达能力，不同的土地利用类型在生态系统功能划分上存在相同点，但能提供的基本服务功能并没有明显区别,而不同点取决于不同土地利用类型的自然属性和用途[231]。欧阳志云等[232]主要将生态系统提供的各项物质福利分为两大部分,并对其内涵进行凝练和拓展,最终统计得出 8 项服务功能;王大尚等[233]指出生态系统服务包括了人类从生态系统中获取的一切自然效益和福祉的总和,并以此为理论依据展开划分功能的探讨。国内还有很多其他学者对如何划分不同的服务功能也展开了大量的探索,但大多的结果也主要是以康斯坦斯等人的研究进展为参考模板,并未产生较大的分歧和不同。而本书主要是参考谢高地等学者的研究成果,满足了本书中需要的各类生态系统类型及功能的基本需求,主要分为供给、调节、支持和文化四大类,同时还包括细化的 11 项子功能[234]。

1.2 土地生态系统服务价值的评估方法

1.2.1 常用的评估方法

在生态系统服务价值(ESV)评估方面,由于不同生态系统所能承担和提供的服务功能有差异,评估指标的选取标准会有所不同,评估方法也是多种多样,比较认可和通用的方法主要有:直接市场法、替代市场法、假想市场法及运用市场价值法得出的当量因子表对不同研究尺度的服务价值量进行测算[235]。其中当量因子法对于数据量的要求较低,可操作性强,特别适用于包含有多个土地生态系统的区域尺度进行价值评估,同样也因此更加广泛地应用于全球范围[236]。国内研究中,欧阳志云等[237]综合运用影子价格、替代工程等方法,估算并分析了中国陆地生态系统中难以商品化的生态功能所表现出来的间接经济价值;赵同谦等[238]对中国陆地地表水生态系统服务功能及其生态经济价值研究采用替代工程法估算水域生态系统调蓄洪水功能的间接价值,说明水域生态系统在防御洪涝灾害、保护社会和经济发展上的作用极其重要。商慧敏等[239]通过直接市场、替代市场等方法来分析其时空演变过程中发生的土地 ESV 损耗过程,并从人为和自然两方面分析其驱动因素;徐婷等[240]利用市场价值法、问卷调查法等定量评估贵州草海湿地生态系统的服务价值,对单位面积 ESV 与其所属县域范围的单位面积 GDP 产值进行比较分析;江波等[241]综合考虑了各类实际市场法来并确定最终的服务价值的测算公式,并通过采取定量分析的手段来制定和完善生态补偿机制。草地生态系统,高雅等[242]提出了草地 ESV 评估提出了具体的分析过程,确定相应的研究尺度及内含的各类草地类型,最后筛选评估指标并确立

第7章 城市蔓延的生态服务成本

方法,强调实地调研对于评估草地的生态系统服务价值具有重大意义;赵姜等[243]基于专家知识的 ESV 价值化方法,采用意愿调查价值评估法得出更符合北京生态系统状况与经济发展水平的农业生态服务价值评估体系,用于已知土地利用面积的农业生态服务价值估算。

1.2.2 不同尺度下的评估方法

不同研究尺度上所使用的研究方法也有所差异,从全球范围尺度来看,斯里坎塔等[244]使用康斯坦斯等人的研究方法及高分辨率的土地遥感数据,估算不同时间点的全球陆地生态系统服务的价值,并通过敏感性系数计算土地利用覆盖变化相对应的生态系统服务价值响应;萨顿等[245]结合康斯坦斯制定的当量因子表测算全球范围内生态系统的市场和非市场价值量,并进一步挖掘 GDP 与 ESV 之间存在的内涵机制;从城市建设用地生态系统服务视角,洛萨[246]分析了意大利城市规划实践中对生态系统服务概念的明确使用,并评估了该概念是否实际用于及在何种程度上用于提供规划选择以改善整体城市可持续性;马丁内兹[247]等在墨西哥湾沿岸选择对比 3 个具有旅游基础设施的城市分析土地利用变化,采用当量因子法估算出由于这些变化引起的生态系统服务价值量减少,结果表明在失去沿海保护、景区价值和娱乐等生态系统服务功能之后,城市发展的收益将会降低。单个生态系统尺度,加绍等[248]结合当量因子法评估土地利用变化对过去 30 年流域生态服务价值的影响,并预测 2045 年生态服务价值变化;波德亚尔等[249]通过小组讨论和问卷调查的方法寻求社区对流域评估的看法及专家意见,研究与流域当地社区和其他利益相关者有关的生态系统服务价值及其对不同利益相关者的相对重要性;柴考[250]等通过家庭邮件调查和选择实验的方法评估流域生态系统,受访者表示对地方政府实施生态系统服务保护计划的信任程度最高,同时认为水源涵养是最重要的服务,农业和林业生产次之,而气候调节/碳固存最不重要。

国内研究中,由于不同土地生态系统及其服务功能的表达上存在显著的差异,通常根据选定的研究尺度选择与之相匹配的研究途径,估算结果是否具有可信度和说服力,在某种层面上取决于恰当合适的方法选择,主要包括两大方面。其一是以下 3 类:以提供具体产品在真实市场中的价格来进行测算的实际市场法;通过测算模拟衍生物品在市场中所能产生的价值量来进行估算的替代市场法;通过模拟出的市场价格来测算其提供价值量的模拟市场法[251]。其二,国内研究受康斯坦斯等人的影响较大,学者谢高地等[252]通过对中国的生态学者进行调查与数据汇总测算，得出符合中国实际国情的"当量因子表"，并依据统计得出的生态系统价值当量表及不同土地利用类型面积计算出各土地生态系统服务价值量，是目前国内研究应用最为广泛的估值方法，对生态系统服务价值的评估依据也提倡使用土地利用变更数据或遥感数据为基础进行评价[253]。

区域范围尺度一般针对发达城市及其形成的经济区、经济带等研究区域进行时空差异分析。在土地 ESV 时空差异研究上，盛晓雯等[254]通过构建土地利用动态度模型，为了分析京津冀地区的土地利用强度改变所引致的土地 ESV 增减幅度，来判定其对于敏感性的响应程度；彭文甫等[255]运用生态系统服务价值评估模型、敏感性指数和价值变化率模型，对各类生态系统的各项生态服务价值、土地利用变化对四川省生态系统服务价值的影响进行计算和分析；陈青锋等[256]引入动态度与相对变化率指数构建生态系统服务价值的动态测算模型，对怀来县生态系统服务价值变化进行时空分异特征的研究；叶延琼等[257]对价值因子法进行区域范围尺度的修正，确保最终的 ESV 估算结果能够更好地贴合实际，解释广佛都市圈研究区的实际情况。从建设用地角视角，建设用地 ESV 既会考量其产生的负面影响、也会有正面影响，但以负面效应居多，钟媛等[258]运用防治、替代成本法估算城市发展的建设过程中所产生负面影响价值，来确保最后的估算结果具有准确性和说服力；胡喜生等[259]在对建设用地服务价值量的测算过程中，将旅游总收入划分为3个模块，并分别赋值于建设用地、水域用地和林地三者的文化服务功能表达上，用来对整体研究区域的服务价值总量进行优化。以上方法从不同侧面对土地 ESV 进行了测算，但其中最为重要的是当量表的建构。

1.3 研究方法的评述

单个生态系统服务价值评估体系往往会综合采用多种评估方法，同时根据不同土地生态系统及其主要承载的服务功能选取不同的估算公式也会有明显区别，以森林生态系统为例，通过直接市场法或者造林成本法探讨碳氧排放量对气体调节功能的影响，而通过影子工程法、防治成本法估算水文调节功能，因此建设用地提供生态系统服务功能可以借鉴单个生态系统中的生态系统服务功能估算方法，但是评价指标体系与评价方法的区域化修正、评价尺度的选取与调整以更好地适用于我们的研究区域是关键。区域范围土地生态系统服务价值评估方法大多参考谢高地等人制定的符合中国实际国情的当量因子表，确定研究区现有单位面积农田提供的食物生产服务经济价值来估算不同土地利用类型的生态系统服务价值，这样的计算方法忽略了区域间的差异性，因此需要对当量因子市场经济价值标准化。

从不同尺度对不同类型生态系统服务价值所做的大量理论与实践研究来看，我国目前城市土地生态服务价值研究区域多局限于西北干旱区、国家自然保护区、城市边缘区等生态敏感程度高的地区，对于城市内部和生产生活实际过程中的土地利用变化带来的生态系统服务价值变化研究相对较少。本书内容主要是区域范围的土地生态系统服务价值及驱动力研究，研究点侧重于分析人类日常生产生活与土地生态系统之间发生的各类物质交换过程，尤其是在城市发展进程中引发不恰当的建设用地盲目扩张，因此着重关注的是土地利用方式在转型过程中所产生的引致土地生态系统平衡被打乱的人地活动。具体实践手段包括有，引入动态度模型分析土地用途转换进程中发生的数量和分布改变，而敏感性分析主要应用于验证最终估算的土地 ESV 结果是否会对各用地类型的服务价值系数产生依赖性，如若没有则说明不存在弹性，也从侧面反映出测算结果的准确性和说服力。借鉴大范围区域尺度的 ESV 分析手段与估算方程，针对不同发展阶段的小尺度研究区域，根据区域特征对其进行修正与之相匹配。

2 研究区及数据来源

2.1 研究区概况

沈阳位于辽宁省中部，东临抚顺、铁岭，南接辽东半岛的鞍山、本溪、辽阳，北依长白山麓，西临阜新，周边地市以沈阳为核心形成了环渤海经济圈的重要区域支点，同时是东北地区的政治、经济、文化中心，国务院批复确立的区域中心城市，地理坐标位于 $122°25′\sim123°48′E$，$41°11′\sim43°02′N$ 之间。本次研究区域包括沈阳市大东区、铁西区、和平区、皇姑区、沈北新区、浑南区、沈河区、于洪区、苏家屯 9 个市辖区，面积约为 3468 km^2。研究区位于辽河平原腹地，地形单一，地势较为平坦，地形由东北向西南倾斜，地势向西南逐渐开阔。山地丘陵集中在浑南区、沈北新区东部及苏家屯区南部，属辽东、辽北丘陵的延伸部分。苏家屯区除南部有些丘陵山地外，大部分地区与中西部其他市辖区相同，均是河流冲积形成的广袤平原，地势略有起伏，平均海拔 30~50 m。

2.2 数据来源

本书数据主要来源两个方面，一类来源于地理空间数据云网站的遥感影像数据，通过考虑云量对地物的干扰，对影像进行筛选，最终选取 2007 年 7 月的 Landsat-5 影像和 2016 年 9 月的 Landsat-8 影像，两期影像所包含波段的空间分辨率均为 30 m。另一类数据是沈阳市的自然地理与社会经济数据，自然地理数据包括有沈阳市土地利用现状图、地形图及市辖区行政区划矢量文件，社会经济数据的收集主要是通过沈阳市统计信息网，辽宁省统计局网站的《统计年鉴》及国民经济和社会发展统计公报。

2.3 数据处理

通过 Envi 软件平台完成对图像的裁剪等一系列预处理后，综合考虑研究区植被、土壤及地形图等相关数据同时参考沈阳市土地利用的实际情况，采用监督分类与人工目视判读相结合的方法对遥感图像进行解译，将研究区土地利用类型分为耕地、林地、草地、水域、建设用地和未利用地六种，对分类结果进行精度验证得出的 Kappa 系数均超过 0.8，满足本书研究要求，最后导入 ArcGIS 软件中进行分类后的修饰整理，输出结果得到 2007 年和 2016 年两期的土地利用分类图（图 7.1，图 7.2）。

3 沈阳市土地利用时空变化情况

计算沈阳市土地利用时空变化的情况是为了进一步分析在城市蔓延过程中因建设用地替代所产生的成本损失。为此，本章通过对两期遥感图像的解译得两个时期研究区的用地类型，通过 ArcGIS 的空间分析功能了解近 10 年研究区土地类型的变化特征。

3.1 土地利用时序变化情况

基于 GIS 平台统计分析得出 2007 和 2016 两期的沈阳市 9 个市辖区土地利用/覆被面积数据，并引入土地利用动态度的概念对沈阳市各类土地利用面积的时序变化进行分析，其模型如下：

第7章 城市蔓延的生态服务成本

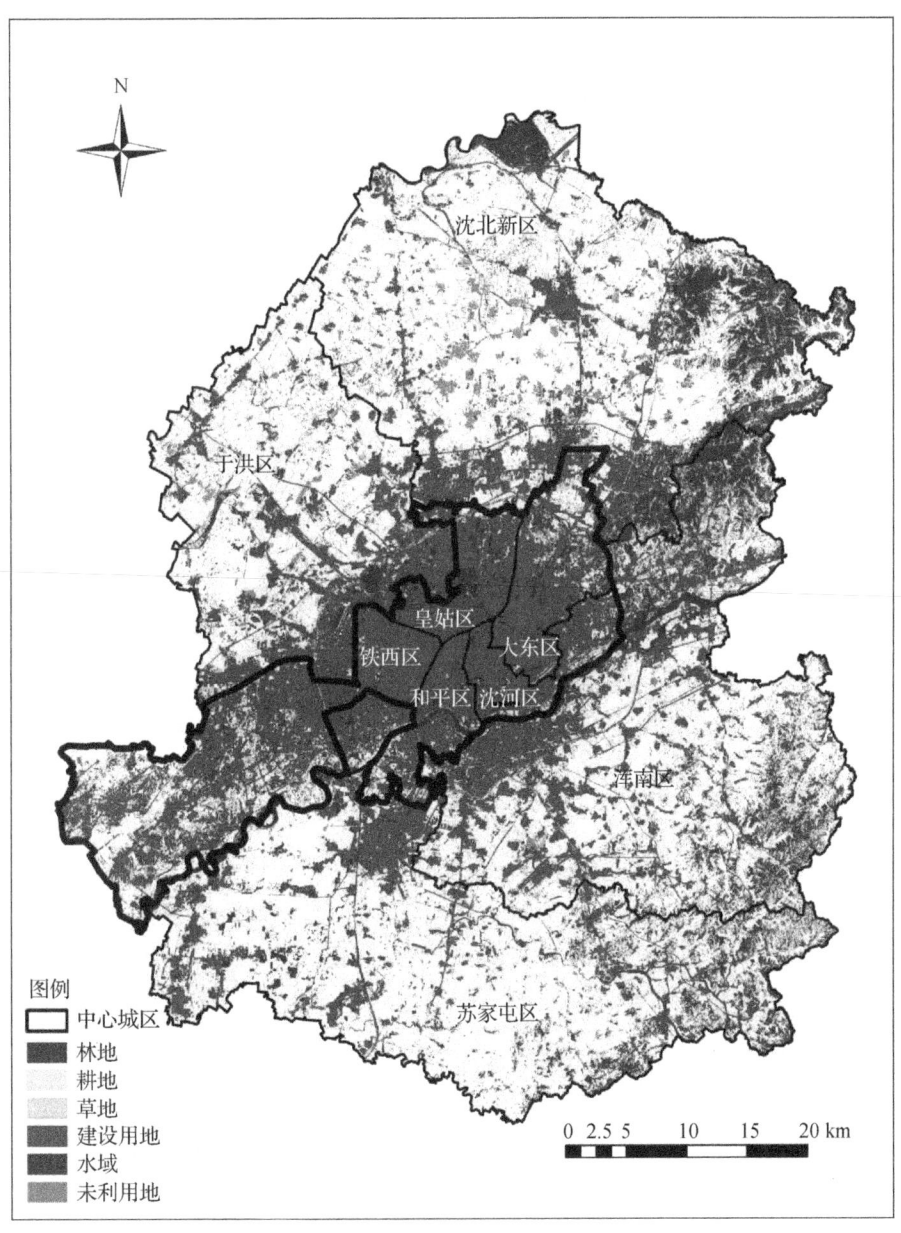

图 7.1 2007 年沈阳市辖区土地利用分类图（见书末彩图）

资料来源：作者绘。

（审图号：沈阳市地图，辽 S（2021）263 号。在此地图上进行各区行政边界提取，底图无修改。）

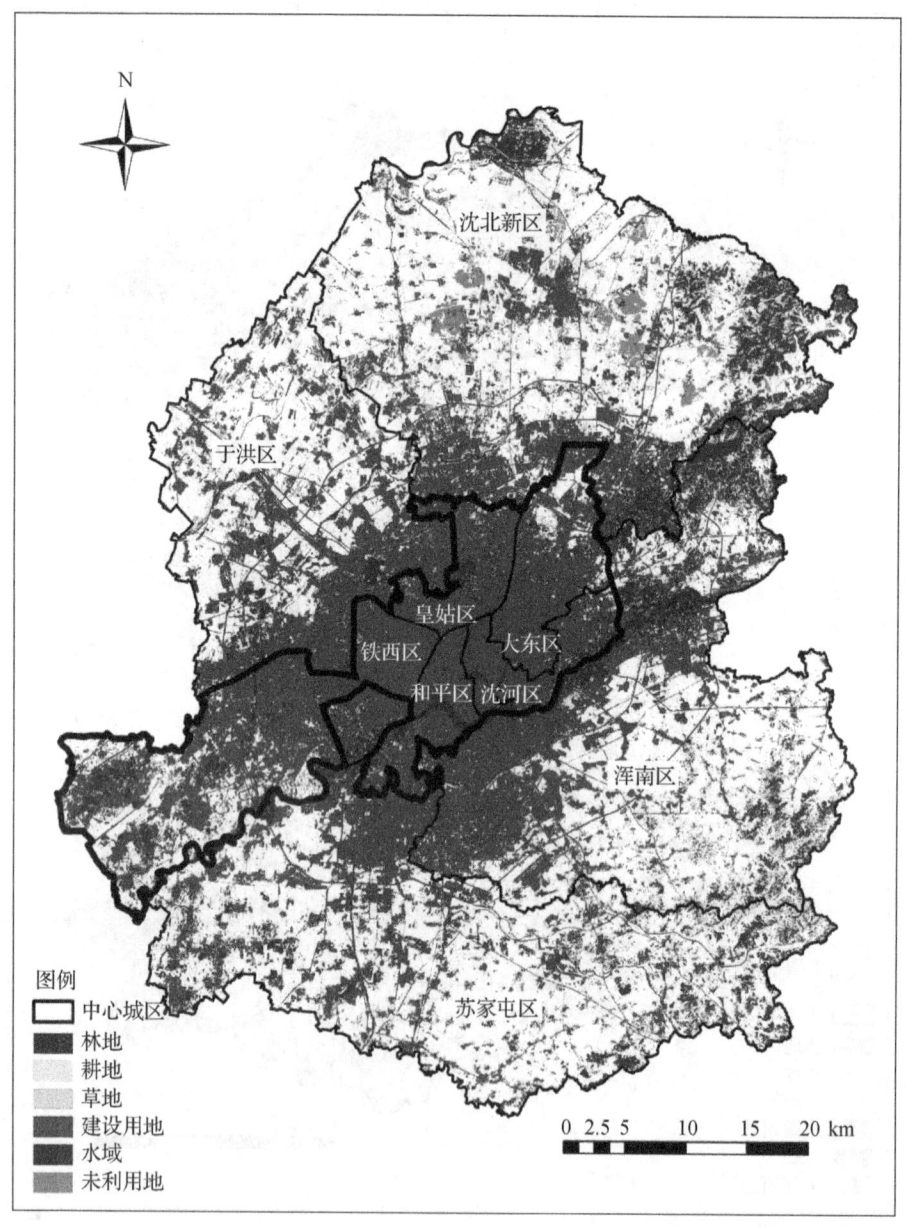

图 7.2 2016 年沈阳市辖区土地利用分类图（见书末彩图）

资料来源：作者绘。

（审图号：沈阳市地图，辽 S（2021）263 号。在此地图上进行各区行政边界提取，底图无修改。）

第7章 城市蔓延的生态服务成本

$$D_i = \frac{S_b - S_a}{S_a} \times \frac{1}{T} \times 100\%, \quad (7.1)$$

其中，D_i 为 i 类土地利用类型面积变化的动态度；S_a、S_b 分别为研究初期和末期 i 类土地利用类型面积；T 为研究时间跨度。

将相关数据代入上述公式，得到沈阳市辖区 2007—2016 年土地利用类型时序变化情况（表 7.1）。

表 7.1 沈阳市辖区 2007—2016 年土地利用类型时序变化

土地利用类型	2007 年/km²	2016 年/km²	变化量/km²	动态度/%
林地	320.92	235.02	-85.9	-2.68
耕地	2100.45	1943.12	-157.33	-0.75
草地	58.29	51.13	-7.16	-1.23
水域	90.66	85.72	-4.94	-0.54
未利用地	37.12	33.04	-4.08	-1.1
建设用地	860.73	1120.14	259.41	3.01

分析以上数据可以看出研究区的土地利用方式主要以耕地和建设用地为主，两种土地利用类型面积之和占比超过了 85%，其他土地利用方式中除了林地的占比增加了 2.47%，草地、水域、未利用地的比例基本保持不变，10 年间沈阳市辖区的土地利用结构并没有发生太大变化。从总体上看，研究区各类土地利用变化中建设用地变化幅度最为显著，10 年间的建设用地面积增加 259.41 km²，其他用地类型则是不同程度的减少，其中耕地面积减少幅度最大，达到 157.33 km²。从土地利用动态度视角剖析，只有建设用地的面积增加，因此其动态度为正值，其他均为负值，且建设用地动态度的绝对值最大，达到了 3.01%，说明 10 年间建设用地面积的增加速度相对较快，超过了其他各类用地的缩减速度，而其中林地是减少速度最快的土地利用方式。10 年间沈阳市处于经济高速发展、城市化进程加快阶段，建设用地扩张占用了大量耕地和草地，也是土地生态系统服务价值总体上呈下降趋势的主要诱因。

3.2 土地利用空间变化分析

为了有助于本书对土地利用的空间变化进行分析，将研究区中建设用地占比较多的五个市辖区（和平区、沈河区、皇姑区、铁西区、大东区）归为中心城区，于是对研究区重新划分为了中心城区、沈北新区、浑南区、于洪区、苏家屯区 5 个区域，统计汇总后得出沈阳市辖区土地利用类型变化表，见表 7.2。

表 7.2　沈阳市辖区 2007—2016 年土地利用类型空间变化

土地利用类型	中心城区		沈北新区		浑南区		于洪区		苏家屯区	
	变化量/km²	动态度/%	变化量/km²	动态度/%	变化量/km²	动态度/%	变化量/km²	动态度/%	变化量/km²	动态度/%
林地	-9.45	-2.62	-30.33	-2.57	-19.7	-2.13	-7.99	-3.64	-18.43	-3.51
耕地	-18.74	-1.26	-22.53	-0.38	-37.18	-0.83	-40.11	-1.24	-38.87	-0.67
草地	-1.52	-2.07	-1.82	-0.99	-1.43	-0.83	-0.97	-2.15	-1.42	-1.31
水域	-0.78	-0.42	-0.85	-0.43	-0.81	-0.40	-0.80	-0.79	-1.70	-0.78
未利用地	-0.41	-1.87	-0.78	-0.37	-0.91	-1.52	-1.51	-2.55	-0.47	-2.36
建设用地	30.91	0.86	56.3	5.17	60.03	4.00	51.29	3.81	60.89	5.55

根据表 7.2 中数据可以直观地分析出不同市辖区的土地利用变化现状在总体上呈现的趋势大致相同，建设用地面积都有不同幅度的增长，其他各类用地面积均在降低，其中耕地的缩减数量最为显著，林地是面积减少速度最快的土地利用方式，因此着重分析林地、耕地和建设用地 3 种土地利用类型。①中心城区作为老城区，建设用地规模占比超过了 60%，各用地类型的发展模式已经基本固定，土地利用结构相对较为稳定，10 年间土地利用变化的幅度最小、速率最慢，除建设用地占比增加 5.41%，耕地、林地占比减少 3.28%、1.66%，其他土地利用类型占比基本保持不变。②沈北新区以高校教育和经济贸易为主要功能坐落于沈阳市辖区北部，区内拥有丰富的森林旅游资源，研究时段内耕地、林地和绿地面积锐减 22.53 km²、30.33 km² 和 1.82 km²，各自占比下降 2.55%、3.43%、0.21%，建设用地面积增加 56.3 km²、占比上升 6.37%，特别值得注意林地和绿地等绿化用地是沈北新区 10 年间面积下降最明显，减少速度最快的土地利用方式。③浑南区作为年轻的高新技术产业园区正在处于城市化飞速发展的阶段，各用地类型均有不同程度的变化，而耕地和建设用地变化最为明显，耕地面积减少 37.18 km²，占比下降 8.5 个百分点，建设用地面积增加 60.03 km²，占

第7章 城市蔓延的生态服务成本

比上浮 6.43%。④于洪区位于沈阳市辖区西北部，该区域距离中心城区的距离较近，因此耕地非农化问题十分突出，耕地面积缩减高达 40.11 km^2，占比下降了 8.02%，而且缩减速率与其他区域相比保持在相对较高的水平，林地面积虽然只减少 7.99 km^2 并不明显，但不能忽视其面积下降的速率。⑤苏家屯区位于沈阳市辖区南部，各类用地面积均发生显著增减，尤其是建设用地面积的急剧增加高达 60.89 km^2，占比增长 7.79%，同时也是所有市辖区中建设用地增长速率最快的区域，林地、耕地面积分别减少了 18.43 km^2、38.87 km^2，占比分别降低了 2.36%、4.97%，草地和水域面积相对于其他区域也有一定规模的减少，土地利用方式的转变明显。

3.3 土地利用类型与土地生态系统对应关系

明确土地利用类型与土地生态系统对应关系，是为了将康斯坦斯、谢高地等学者建立的生态系统服务价值测算体系与城市蔓延/土地利用变化所带来的价值损失对应起来。土地生态系统分类是在考虑了其他土地分类方式的基础上，结合研究区域当前的土地利用现状并遵循土地可持续利用原则，从生态学角度出发对土地生态系统进行划分，该分类方式更强调人类活动及人与自然之间的相互作用等因素，人类活动会在一定程度上影响到土地生态系统的结构及其承载功能，进而改变土地生态系统按照自然规律所发生的演变和更替过程。从更广泛上的意义上来讲，对土地利用类型进行划分应该属于土地生态系统分类需要考虑的范畴，可以得出与土地利用类型相对应的土地生态系统及其服务功能分类表，本书研究将居民点、交通及工矿用地等单独划分为建设用地生态系统，在土地生态系统服务功能方面主要考虑气体调节、水文调节、土壤保持和美学景观，详见表7.3。

表 7.3　土地生态系统及其服务功能分类

土地利用类型	土地生态系统	土地生态系统服务	土地生态系统服务功能
		供给服务	食物生产
耕地	农田		原料生产
			水资源供给
林地	森林	调节服务	气体调节
			气候调节

续表

土地利用类型	土地生态系统	土地生态系统服务	土地生态系统服务功能
草地	草地		净化环境
			水文调节
水域	水域	支持服务	土壤保持
			维持养分循环
未利用地	荒漠		生物多样性
		文化服务	美学景观
		调节服务	气体调节
建设用地	建设用地		水文调节
		支持服务	土壤保持

4 沈阳市城市蔓延的生态服务成本评估

近年来，国内外都在追求完善和科学的评估体系对服务价值量进行估算，且以往研究大多对于建设用地 ESV 多做取值为 0 的处理，但在对于建设用地变化明显的城市地区，应需要考虑到建设用地增长对生态系统的负面影响，如若不然则会令整体区域的 ESV 测算结果不准确（偏高）。本书研究区域位于人文社会经济活动比较活跃的城市地区，建设用地面积在各类用地类型中占据了很大部分比例，考虑到建设用地的土地生态系统服务功能既产生负面影响也会有正面效益，负面影响体现在气体调节、水文调节、土壤保持功能方面，相对于以往的大多数生态系统服务价值研究中，对于建设用地的生态系统服务价值量都是取值为 0 的模糊处理做法，应用功能价值评估法计算建设用地的负向 ESV 能够更好地便于我们分析整个研究区域的生态系统服务价值变化情况。

4.1 评估方法

功能价值评估法主要是通过选取不同的生态方程，针对关键性的调节或保持服务等功能进行估算价值。采用代替成本和防治成本法测算水文调节价值，主要考虑日常生活消耗的自来水总量及工业产生的废水影响；采用防治成本法测算气体调节和土壤保持价值，主要考虑工业产生的废气及工业固体废弃物对生态环境的影响。参考谢高地修正过后的当量因子表来评估非建设用地的土地 ESV，一个服务价值当量因子的经济价值量为粮食单产市场价值的 1/7，主要通过稻谷、小麦和玉米三大粮食主产物的农副产品单价来确定平均粮食单产市场价值[234]。再将得出的各类服务功能价值当量值，同时结合解译获取的各类土地利用方式面积数，评估计算得出非建设用地 ESV。但与以往研究不同的是，这里认为建设用地不具备正向 ESV 作用，其所能提供的（潜在）娱乐用途、文化和艺术价值景观并非上康斯坦斯和谢高地文章中所述的自然生态系统下美学景观的服务功能，因此此处并没有计算。图 7.3 展示了沈阳市土地 ESV 的计算流程，主要涉及非建设用地生态服务价值评估、建设用地生态服务价值评估、当量表的构建及敏感性分析 4 个部分。在此基础上，获得因建设用地变化所产生的生态服务价值的损失，也就是城市蔓延的生态环境成本。

4.1.1 非建设用地生态系统服务价值评估方法

通过参考谢高地修订的"单位面积生态系统服务价值当量表"，并对该表进行区域修正后得出沈阳市的单位面积土地生态系统服务价值当量表（表7.4）。同时定义每 hm^2 农田每年粮食产量的生态服务价值当量为 1，其他生态系统类型的服务价值当量是根据其相对于农田生态系统的贡献大小计算得出大小，确定一个生态系统服务价值当量因子的经济价值量为 2016 年沈阳市平均粮食单产市场价值的 1/7，具体公式如下：

$$D = \frac{1}{7}\sum_{i=1}^{n}\frac{p_i q_i}{S}, \tag{7.2}$$

其中，D 表示 1 个标准当量因子的生态系统服务价值量（元/hm^2），p_i 表示沈阳市 2016 年 i 种农副产品单价（元/kg）；q_i 表示 2016 年 i 种粮食作物产量（kg）；S 表示 3 种粮食作物播种总面积（hm^2）；i 表示 3 种粮食作物。本书研究中的平均粮食单产市场价值主要选取稻谷、小麦和玉米三大粮食主产物的农副产品，参考辽宁省物价局相关资料分别取粳米、精粉、玉米粉的市场价格，计算得出沈阳市辖区的单位当量因子的经济价值量为 3153.3 元/hm^2。

生态系统服务功能的价值当量由其各自的当量因子与农田生态系统单位粮食产量的经济价值计算得出。最后结合各土地利用类型的面积，评估计算非建设用地的土地生态系统服务价值，具体计算公式如下：

$$V_{kj} = e_{kj}D, \tag{7.3}$$

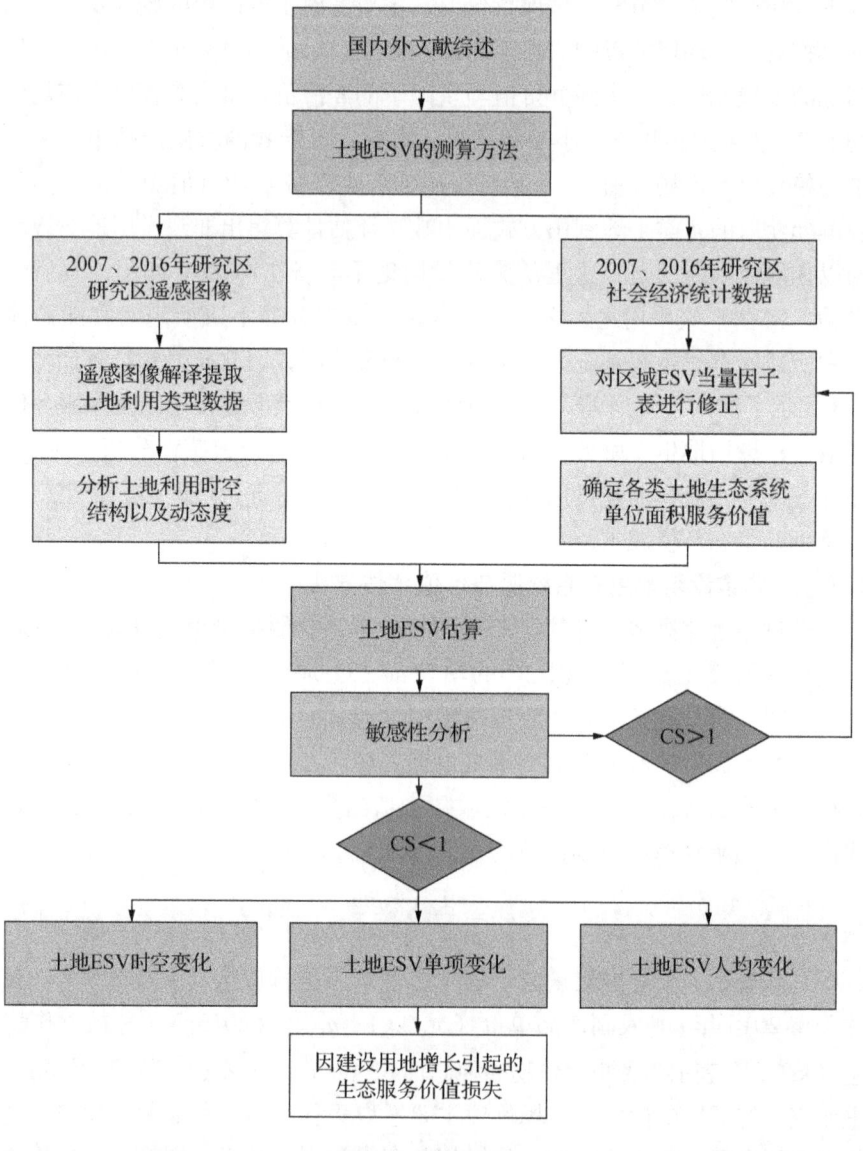

图 7.3 技术流程

$$ESV = \sum (M_k * V_{ij}), \qquad (7.4)$$

其中，D 表示 1 个标准当量因子的生态系统服务价值量（元/hm²），V_{kj} 表示 k 种土地生态系统 j 项功能的单位面积服务价值（元/hm²）；e_{kj} 表示 k 土地生态系统 j 项功能的当量值；ESV 表示土地生态系统服务价值（元）；M_k 表示

第7章 城市蔓延的生态服务成本

k 种土地利用类型的面积（hm^2）。

表7.4 单位面积土地生态系统服务价值当量表

土地生态系统服务功能分类		农田	森林	草地	水域	荒漠
供给服务	食物生产	1.11	0.25	0.23	0.4	0.005
	原料生产	0.25	0.58	0.34	0.12	0.015
	水资源供给	-1.31	0.3	0.19	5.23	0.01
调节服务	气体调节	0.89	1.91	1.21	0.48	0.065
	气候调节	0.47	5.71	3.19	1.42	0.05
	净化环境	0.14	1.67	1.05	2.86	0.205
	水文调节	1.5	3.74	2.34	54.69	0.12
支持服务	土壤保持	0.52	2.32	1.47	0.47	0.075
	维持养分循环	0.16	0.18	0.11	0.04	0.005
	生物多样性	0.17	2.12	1.34	1.28	0.07
文化服务	美学景观	0.08	0.93	0.59	0.99	0.03

资料来源：依据谢高地的当量表修改后计算所得。

4.1.2 建设用地生态系统服务价值评估方法

本研究区域的居民点、交通及工矿等建设用地的占比规模较大。因此，不能只对耕地、林地等自然生态系统服务价值进行考虑，而把建设用地的服务价值取值为0，进行模糊处理，否则会影响整个研究区的土地生态系统服务价值估算结果，不利于科研讨论与分析。整合现有的相关研究发现，建设用地生态系统服务功能既能够产生负面影响也会有正面效益。本书侧重于分析建设用地生态系统服务功能产生的负面影响，具体表现在气体调节、水文调节、土壤保持方面：采用替代成本和防治成本法测算水文调节价值，一部分要考虑沈阳市全年供水总量及按照人均日生活用水量确定的综合水价，另一部分则要考虑工业排放废水的影响；采用防治成本法测算气体调节和土壤保持价值主要是考虑工业产生的废气及工业固体废弃物对生态环境的影响[260]，具体公式见表7.5。在统计排污费数据方面，通过分析沈阳环保局颁布的《排污费征收标准管理办法》并结合沈阳市三废排放的实际情况，确定排放污染物当量值及每一污染当量征收标准，最终计算出排污费征收额。同时除了收集沈阳市统计年鉴中的三废排放数据，还综合参考污水处理率和固体废物综合利用率等一系列环保治理措施,以确保数据的科学性和说服力。

表7.5 建设用地土地生态系统服务价值评估方法

功能	公式	备注
水文调节	$P_w = -(BP + Q_w C_w)/S_c$	P_w 为建设用地水文调节单位面积生态价值
		Q_w 为工业废水排放量
		C_w 为工业废水排污费
		B 为供水总量
		P 为自来水综合价格
		S_c 为建设用地总面积
气体调节	$P_g = -Q_g C_g/S_c$	P_g 为建设用地气体调节单位面积生态价值
		Q_g 为工业废气排放量
		C_g 为工业废气排污费
		S_c 为建设用地总面积
土壤保持	$P_t = -Q_t C_t/S_c$	P_t 为建设用地土壤保持单位面积生态价值
		Q_t 为工业废物排放量
		C_t 为工业废物排污费
		S_c 为建设用地总面积

4.1.3 土地生态系统服务价值敏感性分析

敏感性分析用来反映某种土地利用类型的单位面积土地生态系统服务价值变化后所引起的土地生态系统服务价值总量的变化,通过敏感性指数(CS)验证各土地利用类型单位面积生态服务价值系数对于土地生态系统服务价值评估是否准确。从定量角度其表示为某种土地利用类型的单位面积生态服务价值变动1%引起土地生态系统服务总价值的变化程度,以此来验证修订后的单位面积土地生态系统服务价值是否适用于本研究区[261]。公式如下:

$$CS = \left| \frac{(ESV_j - ESV_i)/ESV_i}{(VC_{jk} - VC_{ik})/VC_{ik}} \right|, \tag{7.5}$$

其中,ESV_i 表示单位面积土地生态系统的初始服务价值;ESV_j 表示其调整后的服务价值;VC_{ik} 和 VC_{jk} 为研究区第 k 种土地利用类型调整前后的单位面积生态服务价值;k 为土地利用类型。如果 $CS > 1$,说明 ESV 对 VC 是有弹性的，准确度不高；如果 CS < 1，则说明 ESV 对 VC 缺乏弹性，可信度高，且 CS 值越大，单位面积生态服务价值估算越准确。本书将各土地利用类型的单位面积生态服务价值分别提高 50% 来检验土地生态系统服务价值总量的变化程度，计算得出 2007、2016 年沈阳市土地生态系统服务价值敏感性指数，详见表 7.6。

表 7.6 沈阳市土地生态系统服务价值敏感性指数

年份	林地	耕地	草地	建设用地	水域	未利用地
2016	0.26	0.44	0.04	0.07	0.33	0.00123
2007	0.31	0.41	0.03	0.05	0.30	0.00117

由表中数据分析可得出如下结论。①各土地利用类型的敏感性指数均小于 1，证明通过模型修正后，单位面积 ESV 对于整个研究区内的价值总量缺乏弹性，利用单位面积生态服务价值估算得到的结果准确而且可信。②2007、2016 年敏感性指数排名靠前的均为耕地、林地和水域，其他土地利用类的排序基本保持一致：建设用地 > 草地 > 未利用地。③耕地的敏感性指数最大，一是由于耕地是研究区主要的土地利用方式，面积占比规模较大，同时耕地及其服务功能本身能够提供的价值贡献率相对于服务价值总量也较高，耕地的单位面积生态服务价值每上升 1% 致使总价值量提高 0.41%~0.44%。同理，林地和水域的敏感性指数相比于其他用地类型较高，也是因为其具有一定规模的面积及高于耕地的单位面积生态系统服务价值量。④2007—2016 年，除了林地的敏感性指数有所降低之外，其他各类用地的敏感性指数均有不同幅度的上涨。这说明土地生态系统服务价值除了受林地影响较小之外，受建设用地、耕地、水域等其他土地利用类型的影响程度越来越高，也从一定程度上反映了单位面积生态服务价值估算越发准确。

4.2 沈阳市土地生态系统服务价值的时空变化

4.2.1 单位面积土地生态系统服务价值表

通过汇总不同土地生态系统的评估方法，同时结合查阅的相关基础数据计算得出沈阳市单位面积土地生态系统服务价值表，见表 7.7。可进一步将当量表中不同土地类型的生态服务价值与土地利用变化面积相乘得出城市蔓延成本的变化。

表7.7 沈阳市辖区单位面积土地生态系统服务价值

单位：元/hm²

土地生态系统服务功能分类	农田	森林	草地	水域	荒漠	建设用地
食物生产	3500.16	788.33	725.26	1261.32	15.77	0
原料生产	788.33	1828.91	1072.12	378.40	47.30	0
水资源供给	-4130.8	945.99	599.13	16 491.76	31.53	0
气体调节	2806.44	6022.80	3815.49	1513.58	204.96	-497.26
气候调节	1482.05	18 005.34	10 059.03	4477.69	157.67	0
净化环境	441.46	5266.01	3310.97	9018.44	646.43	0
水文调节	4729.95	11 793.34	7378.72	172 453.98	378.40	-2955.14
土壤保持	1639.72	7315.66	4635.35	1482.05	236.50	-232.46
维持养分循环	504.53	567.59	346.86	126.13	15.77	0
生物多样性	536.06	6685.00	4225.42	4036.22	220.73	0
美学景观	252.26	2932.57	1860.45	3121.77	94.60	0
合计	12 550.16	62 151.54	38 028.80	214 361.34	2049.66	-3684.86

4.2.2 土地生态系统服务价值时序变化

根据4.2.1节计算出的单位面积土地生态系统服务价值及解译获取的6种土地利用类型面积数据，进行汇总得出沈阳市土地生态系统服务总价值和单项服务功能价值变化表，详见表7.8、表7.9。

表7.8 2007—2016年沈阳市土地生态系统服务价值变化

土地利用类型	单位面积土地生态系统服务价值/(元/hm²)	ESV/亿元		ΔESV/亿元	变化率/%
		2007	2016		
林地	62 151.54	19.95	14.61	-5.34	-26.77
耕地	12 550.13	26.36	24.39	-1.97	-7.49
草地	38 028.8	2.22	1.94	-0.27	-12.29
水域	214 361.33	19.43	18.37	-1.06	-5.45

续表

土地利用类型	单位面积土地生态系统服务价值/(元/hm²)	ESV/亿元 2007	ESV/亿元 2016	ΔESV/亿元	变化率/%
未利用地	2049.65	0.08	0.07	-0.01	-10.99
建设用地	-3684.95	-3.17	-4.13	-0.96	-30.14
合计	325 456.5	64.87	55.25	-9.62	-14.83

表7.9 沈阳市土地生态系统的单项服务功能价值量变化

土地生态系统服务功能	单项服务功能价值量/亿元 2007	单项服务功能价值量/亿元 2016	价值变化量/亿元	变化率/%
食物生产	7.76	7.13	-0.63	-8.12
原料生产	2.34	2.05	-0.29	-12.39
水资源供给	-6.84	-6.36	0.48	-7.02
气体调节	8.19	7.20	-0.99	-12.09
气候调节	9.46	7.46	-2.00	-21.14
净化环境	3.65	3.06	-0.59	-16.16
水文调节	27.25	23.82	-3.43	-12.59
土壤保持	6.01	5.02	-0.99	-16.47
维持养分循环	1.27	1.14	-0.13	-10.27
生物多样性	3.89	3.18	-0.71	-18.25
美学景观	1.87	1.55	-0.32	-17.11

(1) 总服务价值变化情况

分析表7.8中的数据发现，10年间沈阳市辖区的土地生态系统服务功能价值总量减少9.62亿元，下降幅度约14.83%。林地、耕地和水域3类用地的价值量下降较多，耕地作为沈阳市辖区最主要的土地利用方式之一，其生态系统服务价值量占总量的比例均超过了40%，服务价值量从2007年的26.36亿元减少到2016年的24.39亿元，减少了1.97亿元；林地的生态系统服务价值量降幅最大，减少了5.34亿元，而且林地生态系统服务价值量的缩减速率最快，达26.77%；水域的单位面积土地生态系统服务价值是所有用地类型中最高的，为 214 361.33 元/hm²，值得注意的是，水域生态系统的面积并不大，但产生的服务价值损失量却高达 1.06 亿元，水体环境的保护问题不容忽视。建设用地引发的环境污染、资源浪费等问题阻碍了土地生态系统服务价值量的增加，从服务价值变化率高达 30.14% 这一表现可以预测其产生的副作用仍有不断扩大的趋势。城市蔓延引起的建设用地无序扩张，而耕地、林地正是在城市发展中建设用地占用最多的土地利用类型，从整体上看，研究区土地生态系统服务价值总量的下降态势会愈发凸显。因此，政府部门在制定土地利用发展规划时，应该充分考虑林地、水域等服务价值系数较高的用地类型来确立合理的土地利用结构。

（2）单项服务价值变化情况

从土地生态其单项服务功能价值量变化的角度来分析（表7.9），水文调节的单项服务功能价值量最高，同时也是单项服务功能价值量缩减幅度最大的土地生态系统服务功能，从 2007 年的 27.25 亿元减少到 2016 年的 23.82 亿元，变化量高达 3.43 亿元。气候调节、气体调节、土壤保持及生物多样性的生态系统服务价值量的缩减量较大，而维持养分循环和原料生产的生态系统服务价值量缩减较小。相反，水资源供给的价值量增加了 0.48 亿元。原因可能是 2007—2016 年这 10 年间沈阳市的降水量较为稀少，此处将水田视作耗水系统，耕地数量的大幅度减少的其中很大一部分是水田，因此水资源供给产生的耗水量减少，而其单项服务功能价值量会随之增加。

此外，生物多样性、气候调节和美学景观的价值量分别减少了 0.71 亿元、2 亿元、0.32 亿元，三者的共同点在于单项服务价值量下降速率最快，分别达到了 18.25%、21.18%、17.11%。这主要是由于近 10 年来林地面积的锐减，而森林的主要功能是平衡气体中的碳氧量排放，保护生物多样性，改善全球面临的温室效应，但这 3 项服务功能遭受了较大的负面影响，生态环境平衡被严重扰乱，因此森林资源的保护必须要得到重视。土壤保持功能价值量减少接近 1 亿元，服务价值变化率达到了 16.47%，与其他生态系统服务功能相对比下降速度非常显著。这主要是由于城市建设用地规模的肆意扩张、工业上各类固体废弃物和日常生活垃圾的排放及在农业耕种过程中对于农药化肥的乱施滥用，导致土壤保持功能不断退化。解决土地污染、土壤质量下降等问题迫在眉睫。

4.2.3 土地生态系统服务价值空间变化

本节从两个角度对土地生态系统服务价值的空间变化进行分析，一方面

第7章 城市蔓延的生态服务成本

是根据各个区域不同土地利用类型的面积变化情况,以及各用地类型的服务价值当量系数从总量上进行分析;另一方面,土地生态系统服务价值不仅受到土地利用变化的影响,还与人们日常的生产生活密切相关。因此,通过引入人均土地生态系统服务价值概念并结合2007年、2016年沈阳市统计年鉴中的人口数据,进一步挖掘土地生态系统服务价值与人口数量变化之间的内涵关系,也更有利于分析各区域之间土地生态系统服务价值变化的空间差异性,详见表7.10。

表7.10 沈阳各市辖区总量、人均土地生态系统服务价值变化

	ESV/亿元			变化率/%	人均ESV/(元/人)			变化率/%
	2007	2016	变化量		2007	2016	变化量	
中心城区	7.07	5.91	-1.16	-16.41	203.07	156.21	-46.86	-23.08
浑南区	15.82	13.68	-2.14	-13.53	3486.59	3907.04	420.45	12.06
于洪区	7.26	5.87	-1.39	-19.15	1843.60	1271.44	-572.16	-31.03
沈北新区	19.41	16.79	-2.62	-13.50	6606.43	5209.79	-1396.64	-21.14
苏家屯区	15.29	13.02	-2.27	-14.85	3591.71	3050.09	-541.62	-15.08
合计	64.85	55.27	-9.58	-14.77	1284.74	1034.43	-250.31	-19.48

根据表7.10中的数据,发现各区域土地生态系统服务价值总量都呈现出不同程度的下降趋势。其中沈北新区、苏家屯区和浑南区的土地生态系统服务价值量较高,而且这3个区域的变化态势最为显著,土地生态系统服务价值量缩减幅度均超过2亿元。从土地利用分类视角分析,主要是由于耕地、林地等生态系统服务价值系数较高的用地类型占比规模较大,土地生态系统服务价值总量较高。同时,作为政府部门近10年来的重点决策目标及城市化发展最为迅速的新区,建设用地大量占用耕地导致面积激增,又将林地、水域等能够产生大量生态系统服务价值的生态用地数量和布局调整成耕地,导致土地服务价值量的变化幅度相对更加明显。于洪区和中心城区的土地生态系统服务价值变化率较大,分别为19.26%和16.45%,这两个区域的土地生态系统服务价值量远低于其他区域,除了划分区域的面积较小之外还与其区域内的建设用地面积比例较高有关。而中心城区和于洪区正是城市蔓延的重灾区,城市边界越来越不清晰,较高的变化率也从侧面反映出沈阳

市从内环主城区向外环远城区的扩张速度非常快。从总体上看，沈阳市辖区土地生态系统服务价值呈现出由内及外逐渐增大的特点。

从人口数量变化的角度分析，除了浑南区人均土地生态系统服务价值存在小幅度上涨之外，其他区均为不同程度的缩减。这主要是由于浑南区在研究时段内经历过多次的行政区划调整，导致土地面积及人口的大量减少，因而在结果上会出现些微的增长。但从整体上看，浑南区人均生态系统服务价值的变化趋势应该和其他区一致。中心城区的土地利用集约度最高，人均服务价值量在所有区域中最低，在未来发展中应该严守耕地红线和城市开发边界来控制城市摊大饼式的发展，严守生态保护红线的同时适当增加林地和草地等生态用地的面积，进一步提高区域土地生态系统服务价值。苏家屯区、沈北新区等远城区的人均土地生态系统服务价值变化量较大、变化率较高，变化态势远超整个沈阳市辖区的平均水平，这类区域的土地利用转型较大，特别是其他用地向建设用地转化。值得注意的是，这些区域对于整个沈阳市土地生态系统服务价值总量的贡献最大，因此想要阻止城市的过快发展同时放缓土地生态系统服务价值下降的步伐，应该适当控制这些区域内建设用地的增长速度和规模。

5 城市蔓延成本与收入的比较

5.1 建设用地扩张的生态服务成本

本章侧重研究因建设用地扩张引起的生态系统服务价值变化，因此在分析土地 ESV 时间序列变化方面，加入了土地利用转移矩阵的方法进行补充，在掌握了不同地类相互转换规律的基础上，深度挖掘生态系统服务价值变化量在不同土地类型上的具体实现形式，重点关注因建设用地增长所带来的土地 ESV 价值降低情况，土地转移矩阵的计算结果见表 7.11。

表 7.11　2007—2016 年研究区土地转移矩阵　　　单位：km^2

2007/2016	建设用地	水域	耕地	林地	草地	未利用地
建设用地	660.44	11.98	154.83	27.61	4.63	1.24
水域	27.58	47.59	9.31	4.36	1.73	0.08
耕地	356.28	18.96	1598.66	76.05	21.14	29.34

第7章 城市蔓延的生态服务成本

续表

2007/2016	建设用地	水域	耕地	林地	草地	未利用地
林地	46.29	5.31	129.96	119.04	18.99	1.33
草地	14.93	0.56	32.42	6.38	3.82	0.17
未利用地	14.61	1.31	17.93	1.57	0.81	0.89

土地转移矩阵能够清晰地表明研究区土地类型发生的变化,以及不同地类之间的转移情况,可以看出研究区城市蔓延的扩张,即建设用地的增长很大程度上依靠了农地的非农化。通过表7.11的土地利用转移矩阵可知,2007年到2016年这10年间,建设用地由860.73 km²增至1120.14 km²,其中贡献最大的是耕地转成建设用地的部分,约有356.28 km²的耕地在这一期间转换成为建设用地,但也有通过宅基地退出合并等方式使得建设用地转成耕地的部分154.83 km²。而在城市蔓延成本计算中,这一部分新生成的土地ESV将不列入成本计算中,因为通过土地整理增加耕地的方式来增加土地ESV不属于城市蔓延成本界定的范围。同理,建设用地转水域、建设用地转林、转草等也不列入成本计算中。

根据表7.11中的数据我们不难发现,其他各类土地利用类型的ESV的损耗均在不同程度上流入了建设用地ESV增加量,其中水域、耕地的流入比例较高。与此同时,水域、林地等对于环境有净化作用的绿化用地转化为耕地的态势也十分明显,通过减少这几类用地面积来弥补耕地非农化所带来的生态系统服务价值量降低。从社会富裕度的视角分析,人均GDP越高代表社会经济发展态势越好,人类对于土地等自然资源的需求就越旺盛,特别是城市扩张大量的占用生态用地,对于环境造成的压力就越大。人口因素的作用也不容忽视,人类日常的生产生活都与土地生态系统产生的服务和物质产品密不可分,沈阳市作为重要的区域中心城市,吸引周边城市人口的大量涌入,为了满足其生存、生活,不可避免的会对生态环境现状产生冲击。第三产业占比提高具体表现在经济结构的调整、城市化进程加快,地区经济的增加会消耗更多的能源和资源,势必会对区域生态环境产生不小的影响。

在表7.11土地转移矩阵的基础上,带入当量表中不同地类的ESV单位价值,得到表7.12建设用地ESV变化情况。可以看出,研究区在2007—2016年这10年间,建设用地未发生变化的部分是660.44 km²,而新增建设用地面积高达459.69 km²,新增建设用地面积占2016建设用地总面积的

41.0%。而这新增的 459.69 km² 中,耕地贡献最大,达 356.28 km²,占新增整体的 77.5%。在具体计算时,按照不同地类的 ESV 当量,计算由于城市蔓延(建设用地扩张)导致这些地类消失时,随之消去的 ESV 量值。同时,由于新增的建设用地本身会产生负向 ESV,故也要计算其数值。最终的结果由新增建设用地的 ESV 负担和被侵占掉土地 ESV 两大部分组成,从计算结果可知,10 年间研究区城市蔓延的生态服务成本为 15.6 亿元。

表 7.12 2007—2016 年研究区建设用地 ESV 变化

2007/2016	不变/km²	新增/km²	由其他地类转入/km²	ESV 当量/(万元/km²)	新增负担/万元	侵占的 ESV/万元
建设用地	660.44	459.69	—	-36.85	-16 939.35	
水域			27.58	2143.61		59 120.85
耕地			356.28	125.50		44 713.60
林地			46.29	621.52		28 769.95
草地			14.93	380.29		5677.70
未利用地			14.61	20.50		299.45
合计	1120.13					155 520.90

5.2 建设用地扩张的直接收入

当前土地出让金已成为地方政府预算外收入的主要来源。我国财政收入的构成由一般预算收入、政府性基金收入和其他部分组成,其中一般预算收入为税收收入和非税收入之和,而政府性基金收入则为土地出让金与其他收入之和,土地出让金在其中的比例最高。如表 7.13 所示,研究区 10 年间土地出让金累计 3825.7 亿元,其中在 2011 年时出让金收入最多,达 897.9 亿元,而土地出让面积 10 年间累计 277.01 km²,其中在 2011 年时的出让面积最多,达 65.7 km²。从之前的遥感解译结果来看,研究区在 10 年间建设用地增长 259.41 km²,二者有微小差距。造成差距的原因一方面是遥感解译的精度造成的误差;另一方面是一些土地在出让后并没有立刻开发,遥感图像上判读不出,造成出让面积高于建设用地增长面积的结果。

第7章 城市蔓延的生态服务成本

表7.13 2007—2016沈阳市土地财政收入

年份	出让面积/公顷	出让金/万元	一般预算收入/万元	出让金/一般预算收入
2007	29.1	3 847 649.4	2 308 085	1.67
2008	17.6	2 543 734.7	2 910 381	0.87
2009	31.1	2 880 917.3	3 202 070	0.90
2010	31.5	2 929 364.4	4 653 540	0.63
2011	65.7	8 979 391.0	6 201 243	1.45
2012	31.2	4 516 679.9	7 150 377	0.63
2013	24.8	4 853 033.1	8 009 997	0.61
2014	22.4	4 339 941.9	7 855 020	0.55
2015	12.6	1 564 309.7	6 062 411	0.26
2016	11.0	1 801 713.3	6 209 494	0.29
合计	277.0	38 256 734.7	54 562 618	0.70

资料来源：中国国土资源统计年鉴。

5.3 成本与收入的比较

2007—2016年这10年间，研究区通过土地出让的形式获得的收入高达3825.7亿元，而因建设用地扩张ESV减少的价值仅为15.6亿元，这一数值还不足土地出让金的零头大小。一方面，可能是由于当前土地ESV当量值偏低的结果，造成ESV损失值较低；另一方面，假定当前土地ESV当量值合理，但由于本书研究中10年间的建设用地增量相对整个县域、市域来说幅度较小，不足以引起生态系统的巨大变化。ESV减少的价值很小，甚至可以忽略不计。这也解释了为何城市蔓延会大行其道——在巨大的土地收入面前，ESV的损失尚未能引起地方政府的足够重视。

可当我们把第六章城市蔓延公共服务成本纳入其中时就会发现，仅医疗服务成本一项，若按照最低投入计算（覆盖面为489.3亿元，建筑单元为136.7亿元），大约占土地收入的12.8%（3.6%）；按照中等投入计算（覆盖面为2185.9亿元，建筑单元为673.5亿元），大约占土地收入的57.1%（17.6%）；按照最高标准投入计算（覆盖面为5678.2亿元，建筑单元为

1831.4亿元），大约占土地收入的148.4%（47.9%）。而这仅仅是某一项公共服务成本的最低投入。考虑到教育、交通、给排水等其他基础设施和服务，城市蔓延的成本真的就如梅哈菲所说的那样——"难以承受"。

6 城市蔓延生态服务成本治理方案

（1）建立健全规划体系，优化土地利用结构

结合遥感解译的数据分析，研究区建设用地面积一直处于快速增长的阶段，而耕地、林地等生态效益较高的用地类型面积都在缩减，这就导致了土地生态系统服务价值的大量损失。要严格按照城镇化过程中的规划要求，控制建设用地盲目无序扩张，通过采用内部挖潜、集约利用的方式充分盘活存量闲置土地，提高建设用地利用效率。耕地生态系统中的食物生产功能作为粮食安全的核心，要严守土地利用规划中的耕地保护红线，推进高标准基本农田建设，在耕地非农化过程中实现占补平衡，并且加大农业机械投入比例来提高耕地利用的科技集约化程度，以及提供养分肥料等生物工程手段来改良贫瘠退化的耕地土壤，综合提升耕地质量。其次加强保护林地、水域等生态服务价值系数较高的生态用地，进一步明确划定规划中的生态保护红线，保留好现有各类生态用地的同时，适当开发宜林、宜耕的未利用地，增加林地后备资源。在规划实施过程中落实严格的土地用途管制，引导城乡各类用地结构和布局的优化配置，最大限度地提高土地生态系统服务价值。

（2）加强土地生态系统的科学管理

在进行土地资源利用与开发过程中遵循土地资源自身的适宜性和承载能力，同时土地生态作为一个综合的系统概念，还需要调节处理好不同土地生态系统及其单一系统内部各种不协调的生态关系，尽可能综合全面地提高土地生态系统的自我恢复和抗干扰能力，并且在不损害土地生态系统服务功能的基础上提升其产生的生态经济效益。为了避免各业以市场经济为导向只顾眼前利益而破坏生态系统，在进行投资项目经济评价的过程中考虑纳入土地生态环境影响价值，同时建立和完善生态补偿机制，并且将土地生态系统服务价值与生产总值（GDP）联系起来纳入到区域经济核算体系中，使这些都成为社会经济环境综合发展的重要考核点。对于高新技术项目和绿色生态产业，政府应优先考虑，并提供与土地、税收相关的政策倾斜。为了实现人与自然和谐共处的可持续发展目标还可以选择因地制宜，分区管理，中心城

第7章 城市蔓延的生态服务成本

区的水、土地等公共自然资源供需紧张,导致了交通拥挤、居住环境恶化的局面,政府部门需要调整将嘈杂拥挤的商业区搬离出生活办公区,同时降低工业用地数量,将污染严重、耗能较高的企业动迁至城外开发区,在城区内重点发展现代金融服务业。一方面,浑南区、沈北新区等远城区要重视林地生态系统服务价值的流失较快的现状,综合运用先进的经济、技术等方法调整和控制人们在土地资源上进行经济活动的行为;另一方面,合理开发和充分利用好丰富的林地资源,按照因地制宜原则充分发挥林地资源优势,对于林地资源寻求多角度、多方式经营,提高林地经济效益产出。

(3) 完善相关法律法规,重视生态文明建设

生态系统提供的绝大部分公共服务和产品没有通过市场价值体现出来,制定有效的制度体系来反映这部分价值能够使公众认识到生态系统服务及其功能的重要性。从立法角度对土地生态系统进行保护,法律明文规定的出现会使更多的人去关注生态文明建设,并且在日常生活中更加约束自身行为,如资源管理部门严格执行水资源保护的法律法规,通过颁发污染排放许可证,提高工业和生活用水效率,时刻警醒着减少对土地生态系统的破坏,对于保护土地生态系统也会有更深刻的认识。土地生态系统和人类日常生产生活生活密切相关,而人为因素恰恰是土壤质量下降和土地生态系统服务功能破坏等一系列环境问题的主要诱因,规范的土地开发利用行为是保障土地生态系统可持续发展的重要措施。同时政府部门还需要综合运用新闻、网络等各种新媒体宣传手段,加大土地保护相关法律法规及生态文明建设相关知识的宣讲传播力度,强调各类土地生态系统维持良性健康现状对于人类未来长久发展的重要性,充分调动起社会群体对于参加土地保护行动的积极性,使得土地生态环境保护的理念越来越深入人心。

(4) 建立土地生态保护的监测预警系统

土地管理部门主持的现实工作中土地利用结构在时间和空间上是不断变化的,土地利用变化信息不能及时得到更新,直接影响决策制定的时效性和准确性。随着信息化时代的到来,GIS、RS、GPS 等土地管理计算机软件逐渐普及,培养专业性人才实现信息化管理,在土地资源详查的基础上建立土地利用信息数据库和监测系统,土地管理部门及时掌握土地面积增减、权属变更等信息,还可以结合遥感图像研究土壤有机质消耗、水土流失和土壤肥力下降等问题。还需要加大对土地利用未来变化趋势的关注力度,跟踪评价其生态环境动态,相关职能部门将土地生态安全的监测和预警结果进行定期

汇总和公示，广大民众手握知情权的同时可以了解到目前所处的居住环境现状。土地生态保护的监测预警系统能够帮助土地管理部门进行宏观调控和管理，还能为防治土地荒漠化和水土流失等生物工程技术服务，有助于解决土地生态系统在运行过程中产生的污染危害及资源回收循环利用等治理问题，最大限度地降低生态系统服务价值量损失，对于维护土地生态安全具有重大意义，同时也为土地生态系统能够健康维持和发展提供科学依据。

7 本章小结

生态服务的价值显效较慢，失去时才能意识到其重要性。本章首先对国内外计算土地系统 ESV 的文献进行了梳理，重点阐述不同尺度下的土地 ESV 评估方法；其次，分析了研究区的土地利用时空变化，为进一步计算土地 ESV 做基础，研究区 10 年间建设用地增长量为 259.41 km^2，引得其他地类变化巨大；再次，构建研究区土地 ESV 当量表，计算研究区土地 ESV 的变化情况，通过研究结果可知，10 年间研究区土地 ESV 损失了 9.61 亿元；最后，将焦点集中在城市蔓延的成本上，通过计算城市建设用地扩张带来的其他地类 ESV 损失和建设用地新增 ESV 负担两部分，得出研究区 10 年间的城市蔓延的生态服务成本约为 15.6 亿元，但与巨大的土地财政收入相比，生态服务成本微乎其微，部分助长了地方政府的蔓延行为，需要引起警惕。

第8章 结论与讨论

本章由两部分内容组成,一部分是国内外城市在治理城市蔓延、控制城市蔓延成本时的一般做法,另一部分是经验借鉴的基础上,结合本章之前的研究内容所进行的讨论。总体上说,城市蔓延成本可以理解为在快速城市化的驱动下,城市建设用地扩张速度远超于城市公共服务设施的配置速度产生的公共服务缺口,城市建设用地大量代替非建设用地产生的生态服务价值损失。在城市蔓延的背景下,地方政府容易陷入"基础设施建设经费不足——用土地财政来弥补基础设施建设的财政缺口——新建区域出现更大的财政缺口"的死循环。因此针对城市蔓延成本的治理,一方面,要立足于城市内部挖潜,在新区规划时要充分考虑到城市蔓延的成本,降低不必要的生态环境损耗;另一方面,要适度将公共服务的重心外移,合理引导原有规划过度的公共服务资源向外扩散,增强其服务覆盖面。本书通过对城市蔓延及城市蔓延成本的系统解读,加上沈阳市的实证分析,得出以下结论。

1 研究的主要结论

1.1 完成的主要工作

①对国内外城市蔓延成本的概念、构成进行了综述;
②对城市蔓延成本的测算方法进行了综述;
③基于"规模有关"的理论和 POI 数据改进了城市蔓延的测算方法;
④利用 POI 数据对城市蔓延的公共服务成本进行了实证研究;
⑤利用土地 ESV 对城市蔓延的生态服务成本进行了实证研究。

1.2 得出的研究结论

①城市蔓延成本由经济成本、社会成本及环境成本等多方面组成,在测算时很难做到全方位测算,各种模型不能代表假定发展全部的财政影响,只

是模型所指。在实际测算时，可从公共服务成本和生态服务成本两个基本方向入手；

②城市蔓延成本的产生是由其具有负外部性造成，在城市不断蔓延的过程中，一方面，被消耗掉的农地、林地等土地 ESV 也随之消失，由此产生了城市蔓延的生态环境成本；另一方面，生活在城市蔓延区内的百姓由于公共设施和服务配套的滞后，享受不到和非城市蔓延区内同等优质的公共服务，表现为享有公共服务的公平性被部分"剥夺"，也正由于这种"亏欠"产生了城市蔓延的公共服务成本；

③基于 POI 的城市蔓延测算部分弥补了传统研究方法中高精度人口数据不足的弊端，通过该方法测得研究区的城市蔓延严重区面积高达 559.01 km^2，占比为 63.4%，涉及建筑单元面积 3365 hm^2，占比为 34.3%；

④为测算城市蔓延公共服务的部分成本，本书从城市蔓延的医疗服务成本角度出发，分别按照覆盖的土地面积和覆盖的建筑单元数量，依次测算得到城市蔓延医疗服务成本的高、中、低 3 个标准，发现城市蔓延区内最为缺乏的是二级医疗点的供给，而按照最低标准投入仍至少需要 136.7 亿元来弥补城市蔓延区内医疗服务的不足；

⑤为测算城市蔓延生态环境成本，本书从土地 ESV 的损耗角度出发，计算研究区内各类土地利用类型的变化情况，得到研究区土地转移矩阵。在构建研究区土地 ESV 当量表的基础上，计算得出 2007—2016 年的 10 年间，研究区因建设用地扩张所产生的生态服务成本为 15.6 亿元；

⑥在对城市蔓延的收入和成本进行比较后，发现城市蔓延的生态服务成为相对于土地财政收入来说微乎其微，但城市蔓延的公共服务成本则对城市的整体收入造成很大影响。地方政府在城市蔓延区投入的滞后及相对微弱的生态服务成本损失，使得城市蔓延能够大行其道。

2 城市蔓延成本治理的建议

2.1 国内外城市蔓延成本治理经验

国内外城市蔓延成本治理的经验，对于整个中国城市的蔓延治理来说有着一定的借鉴意义。无论是大方向上的精明增长理念还是细致入微的成本治理工具，都可以看出全球各地为了应对城市蔓延所做出的努力。随着我国社

第8章 结论与讨论

会经济社会的发展,我国大部分城市都进入了快速的城市空间扩张发展阶段。截至 2017 年,我国城市化率高达 58.52%,在城市建成区不断扩张的同时,人口增长率却远远赶不上建成区扩张速度。城市扩张在带来经济效益的同时,各种危害也逐渐显露出来,严重危害城市的可持续发展。为了应对城市蔓延产生的各种危害,国内部分开始针对城市蔓延提出一系列的政策,结合我国城市发展现状,通过在城市周边区域划分禁建区等措施来进一步阻止城市蔓延。北京市将城市区域划分为禁建区、限建区及适建区三大类,并以此作为城市建设发展的依据,从而引导北京市城市空间健康有序发展。

2.1.1 美国城市蔓延调控实践

1893 年,美国芝加哥举办了哥伦比亚世界博览会(the Word Columbian Exposition),此次世界博览会举办者最大的目的,就是通过城市美化建设,建立一个"梦幻城市"[262],开启了"城市美化运动",随着 19 世纪末"城市美化运动",欧美许多城市针对日益加速的郊区化倾向,为恢复城市中心的良好环境和吸引力而进行的城市"景观改造运动"。20 世纪 50 年代后,随着战后经济的发展、私人汽车的普及及交通干线的快速布局、郊区低税率的吸引力使得美国城市出现了快速的郊区化趋势。到 20 世纪 80 年代,经济的发展使得美国郊区化由居住主导转变为居住商业及办公主导,城市建成区增长速度远远高于城市化地区人口增长速度。郊区化的发展模式带来了土地低效利用的问题,同时给城市的资源环境和经济社会带来了一系列的负面影响。为了应对城市蔓延带来的危害,美国各州开始采取不同的政策来应对城市蔓延的负面效应。具体的实施措施主要包括:

①城市增长边界划定。城市增长边界旨在通过引导城市的合理增长,通过划定农业用地,城市用地和规划发展用地 3 种类型来指导城市时空发展紧凑,从而有效地控制城市蔓延,从而实现城市紧凑发展。1973 年,俄勒冈州建立土地保护和发展委员会(LCDC),为城市发展划定增长边界,禁止在超过城市增长边界新建居民点及布局交通干线,并且鼓励在城市增长边界范围内实现土地混合利用,从而促进城市紧凑发展。

②城市增长管理政策。19 世纪五六十年代,美国的纽约州瑞曼波市、科罗拉多州丹佛市郊区、加州旧金山郊区实施部分增长管理政策来积极应对城市蔓延。以马里兰州为例,其城市增长管理策略的实施主要是为了控制城市大规模开发带来的城市蔓延现象。具体实施的空间策略包括设立优先资助区,制订农村遗产规划及棕地再开发等。

③混合用地措施。早期美国通过分区管制进行城市蔓延的治理，通过设立生态开敞空地及林业和农业保护区，这种模式使城市空间更加破碎化发展，因此混合用地模式再次受到关注，借助公共交通或者步行导向的土地开发模式混合布置居住、商服及公共设施，从而减少城市用地的外延扩展。

④土地税收政策。美国实行的土地税收政策途径主要包括征收开发影响费、实行双轨税率、征收土地发展税、征收财产税及燃油费，税收政策能够显著影响土地的开发利用，通过制定特殊税种增加区域土地开发成本能够有效抑制城市蔓延。

2.1.2 欧洲城市蔓延调控实践

欧洲国家针对城市蔓延采取了大量政策措施，如英国提出的"绿环模式"。1935年，大伦敦地区计划委员会首先提出了伦敦周边城市绿化带的概念，1938年，英国颁布了《绿化带法》，开始使用法律形式保护伦敦周围的土地，通过国家购买城郊区域农用地的方式来保护城市和乡村免受城市蔓延的侵害。英国绿带建设的目的主要是阻止城市无序蔓延，避免相邻市镇成为一体、保护乡村免受蚕食及保护历史名镇的建筑和独特性和鼓励绿带边界内的废弃土地和其他城市土地再利用。英国绿带的实施获得了广泛的肯定和积极评价，被世界上许多国家和地区效仿。英国将绿带政策以立法的形式保证了绿带总量的净增长，通过严格控制开发建设有效地控制了城市无序蔓延。此外，绿带政策也在一定程度上促进了城市更新工作的进程。

2.1.3 日本城市蔓延调控实践

20世纪60年代末，日本城市蔓延主要关注点为地域尺度的单个城市，尤其是城郊地区零散的、无规划的城市开发所导致的问题。进入20世纪70年代以后，日本开始关注都市圈尺度的城市蔓延，都市圈过度增长引发的问题凸显（如交通拥挤、地价飞涨和通勤时间增长及犯罪率的上升等）从而掩盖了地方性的城市蔓延问题。日本城市规划者认为土地重整是抑制城市蔓延的重要手段，如合理开发地下空间，鼓励城区高层公共住宅建设，实行土地分区管制等都一定程度上控制了城市蔓延。20世纪七八十年代开始，为了解决人口不断减少、快速老龄化及高度依赖小汽车等诸多社会问题，许多规划者和研究者开始密切关注紧凑城市。2000年以来日本再开发城市中心区的方式，如鼓励私人开发者中心城区建设中高层公寓和办公大厦，并配套建设城市交通网络，实现了城市土地的集约化，一定程度上控制了城市蔓延。

第8章 结论与讨论

2.1.4 香港城市蔓延调控实践

香港特别行政区总面积约 1100 km²，人口超过 700 万，整个区域内地形主要以丘陵为主，因此能够开发利用的土地面积十分有限，因此为了缓解有限的土地资源造成的压力，香港政府一直在寻求多元化的发展模式来解决香港的城市发展与人口压力问题。其措施主要包括：

①高度密集及竖向发展的空间格局。由于能够用于开发的土地面积有限，因此这种发展局限性导致了香港昂贵的地价和房价，在这种背景下，高密度的集聚发展模式是香港唯一的选择，在密度最高的九龙观塘区，每 km² 人口数能高达 5 万以上，与国外传统的横向高密度空间格局的不同，香港的城市发展体现出较为明显的竖向发展格局，市内高楼林立，中心城区建筑容积率高达 7~10 左右，且建筑之间楼间距和层间距都较小，形态各具特色的高层建筑形成维多利亚港独特的天际线。

②土地的高度混合利用。除了高密度的城市发展空间格局，高度混合的土地利用空间格局是香港城市发展的另一个重要特征。各种职能空间的竖向叠加在香港各处可见：首层一般设置大型商业设施，上层为住宅或办公用地或其他文化设施。在这种高度融合的立体化空间布局中，各项城市功能达到紧密联系，各种经济活动高效地运行。

③发达的交通系统。香港集合了轻轨、地铁、巴士、轮渡等多种类型的交通工具，整个交通系统十分完善，从而大大减少了居民对于私人交通的需求。除了高度发达的公共交通系统，香港城市交通系统还呈现与其他城市功能高度复合的特点，在大型城市综合体内部充分利用交通系统的可达性特点，在用地有限的空间范围内融合多种城市功能与设施，形成地表、地上和地下三维层次的建筑空间并有效整合交通系统，极大地改善了居民的出行空间。

④多维扩展的城市公共空间。城市功能空间的立体化格局进一步促进了香港城市公共空间的多维度空间发展格局。伴随着高密度的人口和土地的混合利用，促进了香港城市公共空间的发展活力。具有"浮城"美誉的香港拥有着独特的步行天桥系统，高低不同的步行天桥形成了香港层叠化的街道空间，为出行的居民提供了一个安全稳定的全天候步行环境，较好地延续了街道的功能，同时天桥也成为各种商业、文化活动场所，有效地利用了高度出行的步行人流。

2.1.5 可借鉴的经验

城市蔓延带来了各种负面影响,如增加空气污染、侵占动植物栖息地、降低自然景观观赏性,破坏城市空间结构,增加交通成本、减少社会交互、增加犯罪率等,因此社会各界将重心由城市蔓延测算向城市蔓延调控研究转移,以美国为首的西方国家开始积极探索城市蔓延调控政策,以期控制城市蔓延带来的各种负面效应。在这种背景下,新城市主义运动和精明增长运动应运而生。1980年年初,美国兴起了"新城市主义"运动,该行动试图通过重新建立公共空间秩序、邻里单元和街道步行尺度来推动新型社区的建设,然而在实施过程中,由于该方案的设计原则没有很好地考虑到土地利用和公共管理等关键性问题,没有得到政府的广泛支持。19世纪80年代中后期,美国结合城市管理与区域增长管理政策,将原有的"新城市主义"运动演化为"精明增长"运动,精明增长运动的核心体现增长的效益和容纳城市增长的途径,精明增长政策对城市蔓延的控制、绿地的保护、开放空间的保护及城市中心区的复兴起到了一定的推动作用[19]。

国内对于城市蔓延的控制主要以耕地保护政策为中心展开,主要包括基本农田保护和土地利用规划等,研究重难点主要围绕政策对土地利用的调控效能评价[30]。多数评价主要借鉴各种数学模型进行定量和定性分析,之后对比定量分析结果与政策目标来判断政策的实施效果。与国外研究相比,国内的研究很难体现出土地利用结果的空间布局。

2.2 城市蔓延成本治理的建议

在东北地区整体经济有待振兴、人口流失的前提下,一方面,地方政府要充分考虑到新建学校、医院、公交等配套设施和服务的建设成本、运行成本及服务效率,从而减少城郊地区房地产开发造成城市盲目向外扩张的行为,转向促进土地的混合利用和紧凑发展,建立和完善公交系统,促进轨道交通;另一方面,要注重公共服务的重心外移,例如提早做好诸如大型医院等服务设施的外迁规划,促进新老城区公共服务密度的平衡,既能够使城市新建区域的人口吸引力增强,又能够满足设施机构自身发展需求、减轻老城区高密度人口带来的种种压力。新型城镇化背景下的城市发展应由过去片面注重城市规模扩大、空间扩张的做法,改变为以提升城市文化、创新和公共服务等核心竞争力为重心的高质量发展,真正使城市成为具有较高品质的宜居之所。

第8章 结论与讨论

①在城市发展规划编制中加入成本分析环节。当前由城市粗放扩张带来的高昂成本正逐渐显现，地方政府的高负债率、地区环境的巨大压力、无地可卖时的转型出路等，迫使我们做出需要更为细致的发展规划，而对于城市蔓延成本的细致分析有利于帮助决策者进行蔓延治理，使之成为城市可持续发展的一个工具或判断标准；

②重视城市蔓延问题的外部性，即综合成本。城市蔓延不仅是一个空间问题，其正变得越来越社会化，对社区、住房、就业和政治方面都有影响，成本控制的最终目的，并不是单纯的消除城市蔓延，而是要创造一种革新的城市增长方式，改房地产引领城市发展的弊端（入住率低、缺乏活力），而用教育、医疗、福利、娱乐等社会规划手段来创造更多吸引人群的条件、建设更有活力的社区；

③重新评估土地生态服务成本的价值。计算结果表明，当前的城市扩张的生态服务成本折算价值相对于土地财政收入来说微乎及微，这使得城市蔓延起来毫无顾忌。因此，对于土地 ESV 的重新评估，适当提高其当量价值，有助于决策者正确认识城市蔓延的生态服务成本，避免当其存在时价值难以显现，而当其消失时又追悔莫及；

④依托治理理论来推进城市精明增长。经验表明，精明增长是降低蔓延成本的有效手段，但国内推进精明增长仍困难重重，特别是在打造参与式规划中多部门的协调，着实考验地方政府的治理能力，且何谓精明，是城市发展的收益，还是公众的实惠，也需要地方政府做出决断。治理，特别是城市治理，凭借自身在协商合作方面的优势，可作为推动精明增长实施的一个选择。

简言之，关于建议：一是要将城市发展的成本分析纳入到规划中；二是要以社会规划来引导城市扩张；三是提升土地 ESV 当量以唤起重视；四是要以城市治理为基础推行精明增长策略。总之，城市蔓延是错误，但也是机遇；它有很多佐料，但放错了地方；它浪费了许多空间，但浪费的空间也是种资源；它徒有其表，但我们要让它物有所值。

2.3 进一步的研究方向

基于地理大数据提取 POI，通过公共服务密度来计算城市蔓延指数的方法，能够较好地反映国内城市蔓延的特征，在之后的研究中，将深入对比全国各大城市公共服务设施配置的密度差异，从而构建适合全国范围内基于公共服务设施密度的城市蔓延指数，为更好地测算和了解城市蔓延提供便捷、准确的方法。此外，本书的实证研究部分仅以沈阳市为例进行分析，尚缺乏更多的实证检验，相对于城市蔓延的生态服务成本，公共服务设施的成本（建设、运行）仅能够获取部分数据，尚不足以建立仿真度比较好的模型来模拟真实的城市蔓延情况，这些问题有待进一步研究解决。研究成果对国外城市蔓延成本的概念、构成、测算依据（理论/原则）、测算方法做了较为详细的研究，对城市蔓延的生态服务成本进行了实证研究。在研究的过程中发现，利用多源地理大数据，结合机器学习算法（深度学习）来划定城市蔓延区是一种值得探索的方向，并且可以将类似的方法应用于城市贫困区、城市创新区等城市内部功能结构的识别，这些是尚需要深入研究的问题，也是研究团队正在积极探索的方向。

参考文献

[1] 程玉鸿,卢婧.城市蔓延研究述评[J].城市发展研究,2016,23(4):45-50.

[2] GALSTER G, HANSON R, RATCLIFFE M R. Wrestling sprawl to the ground: defining and measuring an elusive concept [J]. Housing policy debate, 2001, 12 (4): 681-717.

[3] 布鲁格曼.城市蔓延简史[M].吕晓惠,许明修,孙晶,译.北京:中国电力出版社,2007.

[4] 尹国钧.城市大跃进[M].武汉:华中科技大学出版社,2010.

[5] JONES B D, KAUFMAN C. The distribution of urban public services: a preliminary model [J]. Administration & Society, 1974, 6 (3): 337-360.

[6] 方创琳,刘海燕.快速城市化进程中的区域剥夺行为与调控路径[J].地理学报,2007,62(8):849-860.

[7] TEITZ M B. Toward a theory of urban public facility location [J]. Papers in Regional Science, 1968, 21 (1): 35-51.

[8] 程顺祺,祁新华,金星星,等.国内外公共服务设施空间布局研究进展[J].热带地理,2016,36(1):122-131.

[9] 王丹,王士君.美国"新城市主义"与"精明增长"发展观解读[J].国际城市规划.2007,22(2):61-66.

[10] HARRIGAN L, VON HOFFMAN A. Forty years of fighting sprawl Montgomery County, Maryland, and growth control planning in the Metropolitan Region of Washington D. C. [R]. Joint Center for Housing Studies, Harvard University, 2002: 1-3.

[11] Smart Growth Online. Smart Growth Network [EB/OL]. (2011-07-15) [2014-08-06]. http://www.smartgrowth.org/network.php.

[12] BURCHELL R W, LISTOKIN D, GALLEY C C. Smart growth: more than a ghost of urban policy past, less than a bold new horizon [J]. Housing Policy Debate. 2000, 11 (4): 821-879.

[13] STEPHENSON K, SPEIR C, SHABMAN L, et al. The influence of residential development patterns on local government costs and revenues [R/OL]. http://www.researchgate.net/publication/23520768_THE_INFLUENCE_OF_RESIDENTIAL_DEVELOP-

MENT_PATTERNS_ON_LOCAL_GOVERNMENT_COSTS_AND_REVENUES, 2001.

[14] 丁成日. 城市增长边界的理论模型 [J]. 规划师, 2012, 28 (3): 5-11.

[15] 韦氏词典. Sprawl 词条 [EB/OL]. [2011-07-03]. http://www.merriam-webster.com/dictionary/sprawl.

[16] 辞海在线. 蔓延词条 [EB/OL]. [2011-07-03]. http://www.521yy.com/cihaizaixianchaci/cihai1.asp?kw=%C2%FB%D1%D3.

[17] 吉勒姆. 无边的城市: 论战城市蔓延 [M]. 叶齐茂, 倪晓晖. 译. 北京: 中国建筑工业出版社, 2007.

[18] PATERSON R, HANDY S, KOCKELMAN K, et al. Techniques for Mitigating Urban Sprawl [R]. Center for Transportation Research, 2003.

[19] BURCHELL R, SHAD N A, LISTOKIN D, et al. The costs of sprawl—revisited [R]. Transportation Research Board, 1998.

[20] BRUEGMANN R. Urban sprawl [J]. International encyclopedia of the social & behavioral sciences, 2001, (24): 16087-16092.

[21] VAN METRE P C, MAHLER B J, FURLONG E T. Urban sprawl leaves its PAH signature [J]. Environmental science & technology, 2000, 34 (19): 4064-4070.

[22] BRUECKNER J K, LARGEYB A G. Social interaction and urban sprawl [J]. Journal of urban economics, 2008, 64 (1): 18-34.

[23] FRUMKIN H. Urban sprawl and public health [J]. Public health reports, 2002, 117 (3): 201-217.

[24] HARVEY R O, CLARK W A V. The nature and economics of urban sprawl. [J]. Land economics, 1965, 41 (1): 1-9.

[25] PEISER R B. Does it pay to plan suburban growth? [J]. Journal of the American Planning Association, 1984, 50 (4): 419-433.

[26] EWING R. Characteristics, causes, and effects of sprawl: a literature review [J]. Environmental and urban studies, 1994, 21 (2): 1-15.

[27] DUTTON J A. New American urbanism: re-forming the suburban metropolis [M]. Milano: Skira Architecture Library, 2000.

[28] BURCHELL R W, Galley C. Projecting incidence and costs of sprawl in the United States [J]. Transportation research record, 2003, 1831 (1): 150-157.

[29] EWING R. Is Los Angeles-style sprawl desirable? [J]. Journal of the American Planning Association, 1997 (1): 107-126.

[30] BRUECKNER J K. Urban sprawl: diagnosis and remedies [J]. International regional science review, 2000, 23 (2): 160-171.

[31] REILLY W K. The USE OF LAnd [M]. New York: Crowell, 1973.

参考文献

[32] 丁成日,孟晓晨. 美国城市理性增长理念对中国快速城市化的启示 [J]. 城市发展研究, 2007, 14 (4): 120-126.

[33] YUE W Z, ZHANG L L, LIU Y. Measuring sprawl in large Chinese cities along the Yangtze River via combined single and multidimensional metrics [J]. Habitat international, 2016 (57): 43-52.

[34] 冯科,吴次芳,韩昊英. 国内外城市蔓延的研究进展及思考:定量测度、内在机理及调控策略 [J]. 城市规划学刊, 2009 (2): 38-43.

[35] 洪世键,张京祥. 城市蔓延机理与治理:基于经济和制度的分析 [M]. 南京:东南大学出版社, 2012.

[36] Sierra Club. Sierra club report on Sprawl [R/OL]. [2011-12-13]. http://www.sierraclub.org/sprawl.

[37] PENDAL R. Do land-use controls cause sprawl? [J]. Environment and planning, 1999, 26 (4): 555-571.

[38] KNAAP G, SONG Y, EWING R, et al. Seeing the elephant: multi-disciplinary measures of urban sprawl [R]. Lincoln institute of land policy working paper, 2005: 1-40.

[39] SUTTON P C. A scale-adjusted measure of "urban sprawl" using nighttime satellite imagery [J]. Remote Sensing of Environment, 2003, 86 (3): 353-369.

[40] MILLS E S. Studies in the structure of the urban economy [J]. Economic journal, 1972, 6 (2): 151.

[41] KAHN M E. The environmental impact of suburbanization [J]. Journal of policy analysis and management, 2000, 19 (4): 569-586.

[42] ANDERSON W P, KANAROGLOU P S, MILLER E J. Urban form, Energy and the environment: a review of issues, evidence and policy [J]. Urban studies, 1996, 33 (1): 7-36.

[43] 王家庭,卢星辰,马洪福,等. 快速城镇化时期我国城市蔓延的内涵界定及政策建议 [J]. 学习与实践, 2017 (8): 22-33.

[44] 张庭伟. 控制城市用地蔓延:一个全球的问题 [J]. 城市规划, 1999 (8): 44-48.

[45] 谷凯. 北美的城市蔓延与规划对策及其启示 [J]. 城市规划, 2002, 26 (12): 67-69.

[46] TRIANTAKONSTANTIS D, STATHAKIS D. Examining urban sprawl in Europe using spatial metrics [J]. Geocarto international, 2015, 30 (10): 1092-1112.

[47] PEISER R. Decomposing urban sprawl [J]. Town Planning Review, 2001, 72 (3): 275-298.

[48] GILLHAM O. The limitless city: a primer on the urban sprawl debate [M]. Island Press,

2002.

[49] EWING R, PENDALL, CHEN D. Measuring sprawl and its impact [R]. Smart growth America, 2002: 17.

[50] BELANCHE D, CASALó L V, ORúS C. City attachment and use of urban services: benefits for smart cities [J]. Cities, 2016, 50: 75 – 81.

[51] JACOBSON C R. Identification and quantification of the hydrological impacts of imperviousness in urban catchments: a review [J]. Journal of environmental management, 2011, 92 (6): 1438 – 1448.

[52] VAZ E, NIJKAMP P. Gravitational forces in the spatial impacts of urban sprawl: an investigation of the region of Veneto, Italy [J]. Habitat international, 2015, 45: 99 – 105.

[53] DISPERATI L, VIRDIS S G P. Assessment of land-use and land-cover changes from 1965 to 2014 in Tam Giang-Cau Hai Lagoon, central Vietnam [J]. Applied geography, 2015, 58: 48 – 64.

[54] 秦蒙, 刘修岩, 仝怡婷. 蔓延的城市空间是否加重了雾霾污染: 来自中国PM2.5数据的经验分析 [J]. 财贸经济, 2016 (11): 146 – 160.

[55] YAN Y, LIU X, WANG F, et al. Assessing the impacts of urban sprawl on net primary productivity using fusion of Landsat and MODIS data [J]. Science of the total environment, 2018, 613 – 614: 1417 – 1429.

[56] WISSEN HAYEK U, JAEGER J A G, SCHWICK C, et al. Measuring and assessing urban sprawl: what are the remaining options for future settlement development in Switzerland for 2030? [J]. Applied spatial analysis and policy, 2011, 4 (4): 249 – 279.

[57] 饶传坤, 韩卫敏. 我国城市蔓延研究进展与思考 [J]. 城市规划学刊, 2011 (5): 55 – 62.

[58] TRAVISI C M, CAMAGNI R, NIJKAMP P. Impacts of urban sprawl and commuting: a modelling study for Italy [J]. Journal of transport geography, 2010, 18 (3): 382 – 392.

[59] RABBANI G, SHAFAQI S, RAHNAMA M R. Urban sprawl modeling using statistical approach in Mashhad, northeastern Iran [J]. Modeling earth systems and environment, 2018, 4 (1): 141 – 149.

[60] 冯科. 城市用地蔓延的定量表达、机理分析及调控策略研究: 以杭州市为例 [D]. 杭州: 浙江大学, 2010.

[61] 姚士谋, 李广宇, 燕月, 等. 我国特大城市协调性发展的创新模式探究 [J]. 人文地理, 2012 (5): 48 – 53.

[62] 洪世键, 张京祥. 城市蔓延的界定及其测度问题探讨: 以长江三角洲为例 [J]. 城

市规划,2013,37(7):42-45.

[63] 李效顺,曲福田,张绍良,等.基于国际比较与策略选择的中国城市蔓延治理[J].农业工程学报,2011,27(10):1-10.

[64] 武康平.土地财政:一种"无奈"选择 更是一种"冲动"行为:基于地级城市面板数据分析[J].财政研究,2012(10):56-60.

[65] MCKINNEY M L. Urbanization, biodiversity, and conservation [J]. BioScience, 2002, 52: 883-890.

[66] 杜安尼,兹伯格,斯佩克.郊区国家:蔓延的兴起与美国梦的衰落[M].苏薇,左进,李求识,等译.武汉:华中科技大学出版社,2008.

[67] EWING R, SCHMID T, KILLINGSWORTH R, et al. Relationship between urban sprawl and physical activity, obesity, and morbidity [J]. American journal of health promotion, 2003, 18 (1): 47-57.

[68] SQUIRES G D. Urban sprawl: causes, consequences, & policy responses [M]. Washington D. C.: The Urban Institute Press, 2002: 85-90.

[69] 武力超,陈曦,顾凌骏.中国快速城市化进程中土地保护和粮食安全[J].农业经济问题,2013,(1):57-62.

[70] 沈悦.新农村建设中失地农民社会保障问题探要:昆山市失地农民社会保障问题调研及思考[J].中国农学通报,2013,29(14):86-91.

[71] 牛煜虹,张衔春,董晓莉.城市蔓延对我国地方公共财政支出影响的实证分析[J].城市发展研究,2013,20(3):67-72.

[72] 崔鹏.廉租房建设,还要堵多少漏洞[N].人民日报,2010-11-18(2).

[73] 顾朝林.南京城市行政区重构与城市管治研究[J].城市规划,2002,26(9):51-56.

[74] 苏建忠.广州城市蔓延机理与调控措施研究[D].广州:中山大学,2006.

[75] LOPEZ R, HYNES H P. Sprawl in the 1990s: measurement, distribution and trends [J]. Urban Affairs Review, 2003, 38 (3) 325-355.

[76] 蒋芳,刘盛和,袁弘.北京城市蔓延的测度与分析[J].地理学报,2007(6):649-658.

[77] JAT M K, GARG P K, KHARE D. Monitoring and modelling of urban sprawl using remote sensing and GIS techniques [J]. International Journal of Applied Earth Observation & Geoinformation, 2008, 10 (1): 26-43.

[78] 孙平军,封小平,孙弘,等.2000—2009年长春、吉林城市蔓延特征、效应与驱动力比较研究[J].地理科学进展,2013,32(03):381-388.

[79] 邓涛涛,王丹丹.中国高速铁路建设加剧了"城市蔓延"吗?:来自地级城市的经验证据[J].财经研究,2018,44(10):125-137.

[80] 单葆国, 邵玺, 余姗, 等. 中国城市蔓延阶段特征及驱动因素分析 [J]. 地球信息科学学报, 2018, 20 (3): 302-310.

[81] 王家庭. 城市私人交通和公共交通对城市蔓延的不同影响: 基于我国65个大中城市面板数据的实证检验 [J]. 经济地理, 2018, 38 (2): 74-81.

[82] 张琳琳, 岳文泽, 范蓓蕾. 中国大城市蔓延的测度研究: 以杭州市为例 [J]. 地理科学, 2014, 34 (4): 394-400.

[83] 刘和涛, 田玲玲, 田野, 等. 武汉市城市蔓延的空间特征与管治 [J]. 经济地理, 2015, 35 (4): 47-53.

[84] FULTON W B, PENDALL R, NGUYEN M T, et al. Who sprawls most? How growth patterns differ across the US [M]. Washington D. C.: Brookings Institution Center on Urban and Metropolitan Policy, 2001.

[85] KAHN M E. Does sprawl reduce the black/white housing consumption gap? [J]. Housing policy debate, 2001, 12 (1): 77-86.

[86] KOLANKIEWICZ L, BECK R. Weighing sprawl factors in large U. S. cities [R/OL]. NumbersUSA. com, 2001.

[87] 王家庭, 张俊韬. 我国城市蔓延测度: 基于35个大中城市面板数据的实证研究 [J]. 经济学家, 2010 (10): 56-63.

[88] TORRENS P M. A toolkit for measuring sprawl [J]. Applied spatial analysis and policy, 2008, 1 (1): 5-36.

[89] NAZARNIA N, SCHWICK C, JAEGER J A G. Accelerated urban sprawl in Montreal, Quebec City, and Zurich: investigating the differences using time series 1951—2011 [J]. Ecological indicators, 2016, 60: 1229-1251.

[90] CLUB S. Sprawl: the dark side of the American dream [R]. Sierra Club Sprawl Report, 1998.

[91] 刘卫东, 谭韧骠. 杭州城市蔓延评估体系及其治理对策 [J]. 地理学报, 2009, 64 (4): 417-425.

[92] OZTURK D. Urban growth simulation of Atakum (Samsun, Turkey) using cellular automata-Markov chain and multi-layer perceptron-Markov chain models [J]. Remote sensing, 2015, 7 (5): 5918-5950.

[93] OZTURK D. Assessment of urban sprawl using Shannon's entropy and fractal analysis: a case study of Atakum, Ilkadim and Canik (Samsun, Turkey) [J]. Journal of environmental engineering and landscape management, 2017, 25 (3): 264-276.

[94] GÓMEZ-ANTONIO M, HORTAS-RICO M, LI L. The causes of urban sprawl in Spanish urban areas: a spatial approach [J]. Spatial economic analysis, 2016, 11 (2): 219-247.

[95] TERZI F, BOLEN F. Urban sprawl measurement of Istanbul [J]. European planning studies, 2009, 17 (10): 1559-1570.

[96] 李一曼,修春亮,魏冶,等.长春城市蔓延时空特征及其形成机理分析[J].经济地理, 2012, 32 (5): 59-64.

[97] 王钊,杨山.多中心城市区域城市蔓延冷热点格局及演化:以苏锡常地区为例[J].经济地理, 2015, 35 (7): 59-65.

[98] 秦蒙,刘修岩.城市蔓延是否带来了我国城市生产效率的损失?:基于夜间灯光数据的实证研究[J].财经研究, 2015, 41 (7): 28-40.

[99] 刘洪银,王向.城市蔓延与服务业发展:基于城市面板数据的实证研究[J].财贸研究, 2015 (3): 1-11.

[100] 陈晓红,张文忠,张海峰.中国城市空间拓展与经济增长关系研究:以261个地级市为例[J].地理科学, 2016, 36 (8): 1141-1147.

[101] PEI T, SOBOLEVSKY S, RATTI C, et al. A new insight into land use classification based on aggregated mobile phone data [J]. International Journal of Geographical Information Science, 2014, 28 (9): 1988-2007.

[102] LANSLEY G, LONGLEY P A. The geography of Twitter topics in London [J]. Computers, Environment and Urban Systems, 2016, 58: 85-96.

[103] LIU X, HE J, YAO Y, et al. Classifying urban land use by integrating remote sensing and social media data [J]. International Journal of Geographical Information Science, 2017, 31 (8): 1675-1696.

[104] 池娇,焦利民,董婷,等.基于POI数据的城市功能区定量识别及其可视化[J].测绘地理信息, 2016, 41 (2): 68-73.

[105] 谷岩岩,焦利民,董婷,等.基于多源数据的城市功能区识别及相互作用分析[J].武汉大学学报:信息科学版, 2018, 43 (7): 1113-1121.

[106] 郭洁,吕永强,沈体雁.基于点模式分析的城市空间结构研究:以北京都市区为例[J].经济地理, 2015, 35 (8): 68-74.

[107] 陈蔚珊,柳林,梁育填.基于POI数据的广州零售商业中心热点识别与业态集聚特征分析[J].地理研究, 2016, 35 (4): 703-716.

[108] USA Today. A comprehensive look at sprawl in America [EB/OL]. [2011-12-13]. http://www.usatoday.com/news/sprawl/main.htm.

[109] O'SULLIVAN A. Urban economics [M]. New York: McGraw-Hill/Irwin, 2007.

[110] 张帆.中国城市蔓延的影响因素分析:基于35个大中城市面板数据的实证研究[J].湖北社会科学, 2012 (5): 69-72.

[111] 王佳.城市蔓延对城市全要素生产率的影响:基于地级市面板数据的分析[J].城市问题, 2018 (8): 48-58.

[112] 李强, 高楠. 城市蔓延的生态环境效应研究: 基于34个大中城市面板数据的分析 [J]. 中国人口科学, 2016 (6): 58-67.

[113] GLAESER E L, KAHN M E. Sprawl and urban growth [M]. Handbook of Regional & Urban Economics, 2004.

[114] 陈吉煜, 刘勇. 我国城市蔓延的成因与机理研究述评 [J]. 现代城市研究, 2018 (7): 31-36.

[115] 孙萍, 唐莹, MASON R J, 等. 国外城市蔓延控制及对我国的启示 [J]. 经济地理, 2011, 31 (5): 748-752.

[116] 赵燕菁. 城市化2.0与规划转型: 一个两阶段模型的解释 [J]. 城市规划, 2017, 41 (3): 84-93.

[117] 刘瑞超, 陈东景, 路兰. 土地财政对城市蔓延的影响 [J]. 城市问题, 2018 (5): 85-91.

[118] CHU H J, LIAU C J, LIN C H, et al. Integration of fuzzy cluster analysis and kernel density estimation for tracking typhoon trajectories in the Taiwan region [J]. Expert Systems with Applications, 2012, 39 (10): 9451-9457.

[119] XIE Z, YAN J. Kernel density estimation of traffic accidents in a network space [J]. Computers, Environment and Urban Systems, 2008, 32 (5): 396-406.

[120] 段亚明, 刘勇, 刘秀华, 等. 基于POI大数据的重庆主城区多中心识别 [J]. 自然资源学报, 2018, 33 (5): 788-800.

[121] DIAKOULAKI D, MAVROTAS G, PAPAYANNAKIS L. Determining objective weights in multiple criteria problems: the critic method [J]. Computers & operations research, 1995, 22 (7): 763-770.

[122] 孙宗耀, 翟秀娟, 孙希华, 等. 基于POI数据的生活设施空间布局及配套情况研究: 以济南市内五区为例 [J]. 地理信息世界, 2017, 24 (1): 65-70.

[123] 朱查松, 张京祥, 罗震东. 城市非建设用地规划主要内容探讨 [J]. 现代城市研究, 2010 (3): 32-35.

[124] 柳英华, 白光润. 城市娱乐休闲设施的空间结构特征: 以上海市为例 [J]. 人文地理, 2006 (5): 6-9.

[125] HEIDENREICH N B, SCHINDLER A, SPERLICH S. Bandwidth selection for kernel density estimation: a review of fully automatic selectors [J]. Advances in Statistical Analysis, 2013, 97 (4): 403-433.

[126] KING T L, THORNTON L E, BENTLEY R J, et al. The Use of Kernel Density Estimation to Examine Associations between Neighborhood Destination Intensity and Walking and Physical Activity [J]. PLOS ONE, 2015, 10 (9): e0137402.

[127] HOU J W, LIU J H, LI S Y, et al. The spatial distribution pattern analysis of city in-

frastructure cases of urban management [J]. Journal of geoscience and environment protection, 2018 (6): 21-42.

[128] 薛冰, 赵冰玉, 肖骁, 等. 基于POI大数据的资源型城市功能区识别方法与实证: 以辽宁省本溪市为例 [J]. 人文地理, 2020, 35 (4): 81-90.

[129] 尔德尼其其格, 阿拉腾图雅, 乌敦. 基于GIS和RS的呼和浩特市近百年城市空间扩展及其演变趋势 [J]. 干旱区资源与环境, 2013, 27 (1): 33-39.

[130] 梁鹤年. 政策规划与评估方法 [M]. 北京: 中国人民大学出版社, 2009.

[131] 杨永春, 杨晓娟. 1949—2005年中国河谷盆地型大城市空间扩展与土地利用结构转型: 以兰州市为例 [J]. 自然资源学报, 2009, 24 (1): 37-49.

[132] 王缉宪, 林辰辉. 高速铁路对城市空间演变的影响: 基于中国特征的分析思路 [J]. 国际城市规划, 2011, 26 (1): 16-23.

[133] 李明术. 近现代武汉水运对城市空间演变影响规律研究 (1861年—2009年) [D]. 武汉: 华中科技大学, 2011.

[134] 邬丽萍, 周建军. 基于集聚效应的城市地价分布与城市空间演变 [J]. 天津社会科学, 2009 (1): 92-95.

[135] 黄焕春, 运迎霞. 基于RS和GIS的天津市核心区城市空间扩展研究 [J]. 干旱区资源与环境, 2012, 26 (7): 165-171.

[136] 耿慧志, 陶松龄. 政策影响城市空间形态的综述分析和研究对策: 基于提升城市生活质量的思考 [J]. 国际城市规划, 2013, 28 (1): 11-14.

[137] 张庭伟. 1990年代中国城市空间结构的变化及其动力机制 [J]. 城市规划, 2001, 25 (7): 7-14.

[138] 何子张, 邵斌. 城市空间蔓延与空间政策分析: 以南京为例 [J]. 规划师, 2006, 22 (2): 73-76.

[139] TATEM A J, HAY S I. Measuring urbanization pattern and extent for malaria research: a review of remote sensing approaches [J]. Journal of urban health, 2004, 81 (3): 363-376.

[140] 柯长青, 欧阳晓莹. 基于元胞自动机模型的城市空间变化模拟研究进展 [J]. 南京大学学报 (自然科学版), 2006, 42 (1): 103-110.

[141] MOGAVERO DAVID. The true costs of urban sprawl are overwhelming [EB/OL]. http: //www. ibrarian. net//navon/paper/Commentary_by_David_Mogavero_THE_TRUE_COSTS_OF_UR. pdf? paperid=7259444, 2004.

[142] Council P. S. R. VISION 2020+20 update: Information paper on the cost of sprawl [R]. Puget Sound Regional Council, 2005: 2.

[143] National Academy of Sciences. Toward an understanding of metropolitan America [M]. San Francisco: Canfield Press, 1974.

[144] KRIEGER A. The costs: or have there been benefits, too?: of sprawl [J]. Harvard Design Magazine, 2003—2004 Fall-Winter: 1 – 7.

[145] POZDENA R J. Smart growth and its effects on housing markets: The new segregation [R]. Washington D. C.: The National Center for Public Policy Research, 2002.

[146] DOWNS A. Some realities about sprawl and urban decline [J]. Housing policy debate 1999, 10 (4): 955 – 974.

[147] AURAND A. Does sprawl induce affordable housing [J]. Growth and change, 2013, 44 (4): 631 – 649.

[148] CISCEL D H. The economics of urban sprawl inefficiency as a core feature of metropolitan growth [J]. Journal of economic issues, 2001, 35 (2): 405 – 413.

[149] GORDON P, RICHARDSON H W. Prove it: the costs and benefits of sprawl [J]. Brookings review, 1998 (10): 23 – 25.

[150] GILBERT M, LEBLANC B. Managing urban growth responsibly [J]. Government finance review, 2012 (2): 33 – 34.

[151] LITMAN T. Understanding smart growth savings: Evaluating economic savings and benefits of compact development, and how they are misrepresented by critics [R]. Victoria Transport Policy Institute, 2015.

[152] Real Estate Research Corporation. The costs of sprawl: executive summary [R]. Real Estate Research Corporation, 1974: 1.

[153] New urbanism. Sprawl costs [EB/OL]. [2014 – 06 – 13]. http: //www. newurbanism. org/sprawlcosts. html.

[154] Clarion Associates, Inc. The costs of sprawl in Pennsylvania-executive summary January 2000 [R]. Clarion Associates, Inc., 2000: 6 – 11.

[155] Planundrum. The high costs of suburban sprawl [EB/OL]. [2014 – 06 – 13]. http: //www. planundrum. com/leednd/sprawl/.

[156] Environmental Defence. The high costs of sprawl: why building more sustainable communities will save us time and money [R]. Environmental Defence, 2013: 15 – 28.

[157] European Environment Agency. Urban sprawl in Europe: the ignored challenge [R]. EEA, Copenhagen, 2006.

[158] TRUBKA R, NEWMAN P, BILSBOROUGH D. Assessing the costs of alternative development paths in Australian cities [R]. Parsons Brinckerhoff Australia, 2009.

[159] GRAY R J. Density-related public costs [R]. American Farmland Trust, 1986.

[160] FRANK J E. The costs of alternative development patterns: a review of the literature [M]. Washington D. C.: Urban Land Institute, 1989.

[161] IDA T, ONO H. Urban sprawl and local governmental cost in Japan [C]. The 6th Aus-

tralasian Public Choice Conference, Singapore Management University, 2013.

[162] Essiambre-Phillips-Desjardins Associates Ltd. Infrastructure costs associated with conventional and alternative development patterns [R]. Canada Mortgage and Housing Corporation, 1997: 2 - 3.

[163] WILLIAMSON T. Sprawl, justice and citizenship: the civic costs of the American way of life [M]. New York: Oxford University Press, 2010.

[164] MEHAFFY M, TACHIEVA G, QAMAR L, et al. The unbearable costs of sprawl [EB/OL]. [2012 - 12 - 23]. CityLab, http://www.citylab.com/work/2011/11/the-unbearable-cost-of-sprawl/423/.

[165] SMITH B. Cost of urban sprawl: MYM960m over next 18 years [EB/OL]. [2016 - 07 - 15]. The Chronicle Herald, http://thechronicleherald.ca/opinion/1128362-cost-of-urban-sprawl-960m-over-next-18-years.

[166] BADGER E. Quantifying the cost of sprawl [EB/OL]. [2016 - 01 - 20]. The Atlantic Citylab, http://www.citylab.com/housing/2013/05/quantifying-cost-sprawl/5664/, 2013.

[167] The U. S. Environmental Protection Agency. Cost of providing government services to alternative residential patterns [R]. Chesapeake Bay Program, 1993: 51 - 59.

[168] BURCHELL R W, LOWENSTEIN G, DOLPHIN W R, et al. The costs of sprawl: 2000 [R]. Transportation Research Board, 2002: 20 - 21.

[169] WINDSOR D. A critique of the costs of sprawl [J]. Journal of the American Planning Association, 1979, 45 (3): 279 - 292.

[170] COX W, UTT J. The costs of sprawl reconsidered: what the data really show [R]. The Heritage Foundation, 2004, 1770: 1 - 18.

[171] MURO M, PUENTES R. Investing in a better future: a review of the fiscal and competitive advantages of smarter growth development pattern [R]. The Brookings Institution, 2004: 24 - 27.

[172] KAHN M E. Green cities: urban growth and the environment [M]. Washington D. C.: Brookings Institution Press, 2006.

[173] Redman/Jonston Associates, Ltd. Who pays for sprawl? The economic, social, and environmental impacts of sprawl development [R]. EPA Report Collection, 1998.

[174] COYNE W. The fiscal cost of sprawl: how sprawl contributes to local governments' budget woes [R]. Environment Colorado Research and Policy Center, 2003: 16 - 18.

[175] CAIN N L. Sprawl cost us all: how your taxes fuel suburban sprawl [R]. Sierra Club, 2000: 18.

[176] SPEIR C, STEPHENSON K. Does sprawl cost us all? Isolating the effects of housing patterns on public water and sewer costs [J]. APA Journal, 2002, 68 (1): 56 - 70.

[177] RICHERT E D. Cost of sprawl [R]. Maine State Planning Office, 1997: 11.

[178] MCEVILLY C, SHIPLEY S, STEFFENS J, et al. The costs of sprawl in Delaware [R]. Sierra Club, 2000: 15-17.

[179] BORING J. Comparing the environmental and public cost impacts of compact and scattered development patterns in the upper Etowah region [R]. Environment and Design, 2003: 1-3.

[180] YOUNG D. Alternatives to Sprawl [R]. Lincoln Institute of Land Policy, 1995: 9.

[181] THOMPSON D. Suburban sprawl exposing hidden costs, identifying, innovations [R]. Sustainable Prosperity, 2013.

[182] RICHMAN E. Economic benefits of smart growth and costs of sprawl [R]. Pennsylvania Land Trust Association, 2012.

[183] FULTON W. In an austere era, sprawl is simply too costly [EB/OL]. (2012-10-19) [2015-07-28]. http://citiwire.net/columns/in-an-austere-era-sprawl-is-simply-too-costly/.

[184] FREILICH R H, PESHOFF B G. The ocial costs of sprawl [J]. The Urban Lawyer, 1997, 29 (2): 183-198.

[185] FREGOLENT L, TONIN S. The cost of sprawl: an Italian case study [C]. ERSA conference papers, 2011.

[186] ROSS B. Dead end suburban sprawl and the rebirth of American urbanism [M]. New York: Oxford University Press, 2014: Part 3.

[187] 王美今, 林建浩, 余壮雄. 中国地方政府财政竞争行为特征识别："兄弟竞争"与"父子争议"是否并存？[J]. 管理世界, 2010 (3): 22-31.

[188] 萧鸣政, 宫经理. 当前中国地方政府竞争行为分析 [J]. 中国行政管理, 2011 (2): 76-80.

[189] 李永乐, 刘玉山. "三维"政府竞争分析：土地依赖视角 [J]. 中国行政管理, 2015 (11): 82-87.

[190] 李长青, 禄雪焕, 逯建. 地方政府竞争压力对地区生产效率损失的影响 [J]. 中国软科学, 2018 (12): 87-94.

[191] 秦蒙, 刘修岩, 李松林. 中国的"城市蔓延之谜"：来自政府行为视角的空间面板数据分析 [J]. 经济学动态, 2016 (7): 21-33.

[192] BRETON A. Competitive Governments [M]. An Economic Theory of Politic Finance. Cambridge: Cambridge University Press, 1996.

[193] 周业安, 冯兴元, 赵坚毅. 地方政府竞争与市场秩序的重构 [J]. 中国社会科学, 2004 (1): 56-65.

[194] 乌梦达, 董建国, 徐海涛. 全国规划3500多新城容纳34亿人口, 谁来住? [EB/

OL]. (2016 - 7 - 14) [2016 - 12 - 23]. 新华社, http: //www. xinhuanet. com/city/2016-07/14/c_129143692_3. htm.

[195] WEI Y, ZHAO M. Urban spill over vs. local urban sprawl: entangling land-use regulations in the urban growth of China's megacities [J]. Land use policy, 2009, 26 (4): 1031 - 1045.

[196] 张飞, 曲福田. 土地市场秩序混乱与地方政府竞争 [J]. 社会科学, 2005 (5): 21 - 26.

[197] Parsons Brinckerhoff Quade & Douglas, Inc., ECO Northwest. The full social costs of alternative land use patterns: theory, data, methods and recommendations [R]. U. S. Department of Transportation, 1998: 17.

[198] Ridley & Associates, INC. Is density detrimental? [R]. Cape Cod Commission, Myth or Fact Series, 2010: 1.

[199] New Hampshire. Explore-estimate the cost of new development in your community [EB/OL]. [2017 - 12 - 07]. http: //costofsprawl. com/.

[200] KLUG S, HAYASHI Y. A microscopic view on social costs of residential urban sprawl: Literature review and calculation approach with regard to the sponsorship as a tool for fiscal and land use policy [C]. The 11th World Conference on Transport Research, 2007.

[201] EWING R, RICHARDSON H W, BARTHOLOMEW K, et al. Compactness vs. sprawl revisited-converging views [R]. CESIFO Working paper NO. 4571, Center for Economic Studies & Ifo Institute, 2014.

[202] KLUG S, HAYASHI Y. Social and public costs of residential urban sprawl [J]. Proceedings of the Eastern Asia Society for Transportation Studies, 2007, 6 (9): 58 - 74.

[203] CONRAD L M, SESKIN S N. The costs of alternative land use patterns [R]. Parsons Brinckerhoff Quade & Douglas, Inc., 1998: 4.

[204] 高军波, 周春山, 王义民, 等. 转型时期广州城市公共服务设施空间分析 [J]. 地理研究, 2011, 30 (3): 424 - 436.

[205] 周春山, 高军波. 转型期中国城市公共服务设施供给模式及其形成机制研究 [J]. 地理科学, 2011, 31 (3): 272 - 279.

[206] 刘倩, 李诚固, 申庆喜, 等. 长春市医疗设施空间格局与演变特征 [J]. 经济地理, 2017, 37 (7): 139 - 145.

[207] 张景奇. 1975—2011 年沈阳市城市空间演变与发展政策的相关性分析 [J]. 干旱区资源与环境, 2016, 30 (6): 43 - 48.

[208] 罗蕾, 罗静, 田玲玲, 等. 基于改进区位配置模型的农村就医空间优化布局研究: 以湖北省仙桃市为例 [J]. 地理科学, 2016, 36 (4): 530 - 539.

[209] 李寅波, 胡江玲, 王婧. 乌鲁木齐市综合医院空间布局研究 [J]. 干旱区资源与环境, 2017, 31 (6): 59-63.

[210] 李一花, 乔敏, 费炜. 县级政府医疗卫生支出外部性: 实证估计与策略识别 [J]. 财经论丛, 2018 (8): 11-21.

[211] 陶印华, 申悦. 医疗设施可达性空间差异及其影响因素: 基于上海市户籍与流动人口的对比 [J]. 地理科学进展, 2018, 37 (8): 1075-1085.

[212] 程敏, 连月娇. 基于改进潜能模型的城市医疗设施空间可达性: 以上海市杨浦区为例 [J]. 地理科学进展, 2018, 37 (2): 266-275.

[213] 柳泽, 杨宏宇, 熊维康, 等. 基于改进两步移动搜索法的县域医疗卫生服务空间可达性研究 [J]. 地理科学, 2017, 37 (5): 728-737.

[214] 邓丽, 邵景安, 郭跃, 等. 基于改进的两步移动搜索法的山区医疗服务空间可达性: 以重庆市石柱县为例 [J]. 地理科学进展, 2015, 34 (6): 716-725.

[215] 周晓芳, 产健. 基于无尺度网络的中国城市医疗网络分析 [J]. 地理科学, 2019, 39 (2): 195-203.

[216] 张永强, 刘泽军. 地理信息系统 (GIS) 在公共卫生中的应用 [J]. 中国公共卫生, 2005, 21 (5): 632-633.

[217] 马淇蔚, 李咏华, 邓婕. 城市医疗卫生服务设施的空间布局与功能评价: 以香港特别行政区为例 [J]. 规划师, 2016, 32 (5): 104-110.

[218] 薛冰, 肖骁, 李京忠, 等. 基于POI大数据的城市零售业空间热点分析: 以辽宁省沈阳市为例 [J]. 经济地理, 2018, 38 (5): 36-43.

[219] 浩飞龙, 王士君, 冯章献, 等. 基于POI数据的长春市商业空间格局及行业分布 [J]. 地理研究, 2018, 37 (2): 366-378.

[220] 刘静, 朱青. 城市公共服务设施布局的均衡性探究: 以北京市城六区医疗设施为例 [J]. 城市发展研究, 2016, 23 (5): 6-11.

[221] 车莲鸿. 引力可达性模型在上海市三级医院布局评价中的应用 [J]. 中国卫生统计, 2013, 30 (1): 9-11.

[222] 余珂, 刘云亚, 易晓峰, 等. 城市医疗卫生设施布局规划编制研究: 以广州市为例 [J]. 规划师, 2010, 26 (6): 35-39.

[223] 陈琪. 城市化进程下的基本公共服务设施配置均等化研究: 以武汉市医疗服务设施为例 [J]. 中山大学研究生学刊 (社会科学版), 2015 (2): 175-184.

[224] 朱俊民, 朱焱, 陈燕妮. 贵阳市社区卫生服务机构GIS空间布局分析 [J]. 中国公共卫生, 2015, 31 (12): 1650-1654.

[225] 王利, 殷钟秀. 基于GIS的大连市区医院布局评价研究 [J]. 辽宁师范大学学报 (自然科学版), 2018, 41 (1): 100-105.

[226] 罗力, 付晨, 吴凌放, 等. 医疗服务地理可及性及其可视化表达研究概述 [J].

中国卫生资源, 2016, 19 (4): 264-269.

[227] 市政府办公厅. 沈阳市人民政府关于印发沈阳区域卫生规划 (2015—2020 年) 的通知 (沈政发〔2015〕39 号) [EB/OL] [2015-09-08]. 沈阳市人民政府, http://www.shenyang.gov.cn/zwgk/system/2015/09/08/010125160.shtml.

[228] 崔国生, 孔繁学. 沈阳区域卫生资源配置现状及改革取向 [J]. 中国公共卫生, 1999, 15 (4): 364-365.

[229] DAILY G C. Nature's services: societal dependence on natural ecosystems [J]. Pacific Conservation Biology, 1997, 6 (2): 220-221.

[230] HASSAN R, SCHOLES R, ASH N. Ecosystems and human well-being: current state and trends [J]. Journal of bacteriology, 2005, 1 (5): 1387-1404.

[231] 张静. 国内土地生态系统服务价值研究述评 [J]. 陕西理工学院学报 (社会科学版), 2016, 34 (3): 84-88.

[232] 欧阳志云, 王如松. 生态系统服务功能、生态价值与可持续发展 [J]. 世界科技研究与发展, 2000 (5): 45-50.

[233] 王大尚, 郑华, 欧阳志云. 生态系统服务供给、消费与人类福祉的关系 [J]. 应用生态学报, 2013, 24 (6): 1747-1753.

[234] 谢高地, 张彩霞, 张雷明, 等. 基于单位面积价值当量因子的生态系统服务价值化方法改进 [J]. 自然资源学报, 2015 (8): 1243-1254.

[235] COSTANZA R, D'ARGE R, DE GROOT R. The value of the world's ecosystem services and natural capital [J]. Nature, 1997, 386: 253-259.

[236] COSTANZA R, GROOT R, SUTTON P, et al. Changes in the global value of ecosystem services [J]. Global environmental change, 2014, 26 (1): 152-158.

[237] 欧阳志云, 王效科, 苗鸿. 中国陆地生态系统服务功能及其生态经济价值的初步研究 [J]. 生态学报, 1999 (5): 19-25.

[238] 赵同谦, 欧阳志云, 王效科, 等. 中国陆地地表水生态系统服务功能及其生态经济价值评价 [J]. 自然资源学报, 2003, 1 (4): 443-452.

[239] 商慧敏, 郗敏, 等. 胶州湾滨海湿地生态系统服务价值变化 [J]. 生态学报, 2018, 38 (2): 421-431.

[240] 徐婷, 徐跃, 江波, 等. 贵州草海湿地生态系统服务价值评估 [J]. 生态学报, 2015, 35 (13): 60-68.

[241] 江波, 张路, 欧阳志云. 青海湖湿地生态系统服务价值评估 [J]. 应用生态学报, 2015, 26 (10): 3137-3144.

[242] 高雅, 林慧龙. 草地生态系统服务价值估算前瞻 [J]. 草业学报, 2014, 23 (3): 290-301.

[243] 赵姜, 龚晶, 孟鹤. 基于土地利用的北京市农业生态服务价值评估研究 [J]. 中

国农业资源与区划, 2015, 36 (5): 23-29.

[244] SRIKANTA S, SANDEEP B, SHAHID R, et al. Estimating global ecosystem service values and its response to land surface dynamics during 1995—2015 [J]. Journal of environmental management, 2018, 223: 115-131.

[245] SUTTON P C, COSTANZA R. Global estimates of market and non-market values derived from nighttime satellite imagery, land cover, and ecosystem service valuation [J]. Ecological economics, 2002, 41 (3): 509-527.

[246] ROSA D L. Why is the inclusion of the ecosystem services concept in urban planning so limited? A knowledge implementation and impact analysis of the Italian urban plans [J]. Socio-Ecological Practice Research, 2019, 1 (2): 83-91.

[247] MENDOZA-GONZÁLEZ G, MARTÍNEZ M L, LITHGOW D, et al. Land use change and its effects on the value of ecosystem services along the coast of the Gulf of Mexico [J]. Ecological economics, 2012, 82: 23-32.

[248] GASHAW T, TULU T, ARGAW M, et al. Estimating the impacts of land use/land cover changes on ecosystem service values: the case of the Andassa watershed in the Upper Blue Nile basin of Ethiopia [J]. Ecosystem services, 2018, 31: 219-228.

[249] PAUDYAL K, BARAL H, KEENAN R J. Assessing social values of ecosystem services in the Phewa Lake Watershed, Nepal [J]. Forest policy and economics, 2018, 90 (5): 67-81.

[250] CHAIKAEW P, HODGES A W, GRUNWALD S. Estimating the value of ecosystem services in a mixed-use watershed: a choice experiment approach [J]. Ecosystem services, 2017, 23: 228-237.

[251] 赵金龙, 王泺鑫, 韩海荣, 等. 森林生态系统服务功能价值评估研究进展与趋势 [J]. 生态学杂志, 2013, 32 (8): 2229-2237.

[252] 谢高地, 甄霖, 鲁春霞, 等. 一个基于专家知识的生态系统服务价值化方法 [J]. 自然资源学报, 2008, 23 (5): 911-919.

[253] 赵永华, 张玲玲, 王晓峰. 陕西省生态系统服务价值评估及时空差异 [J]. 应用生态学报, 2011, 22 (10): 2662-2672.

[254] 盛晓雯, 曹银贵, 周伟, 等. 京津冀地区土地利用变化对生态系统服务价值的影响 [J]. 中国农业资源与区划, 2018, 39 (6): 79-86.

[255] 彭文甫, 周介铭, 杨存建, 等. 基于土地利用变化的四川省生态系统服务价值研究 [J]. 长江流域资源与环境, 2014, 23 (7): 1053-1062.

[256] 陈青锋, 于化龙, 张杰, 等. 怀来县土地利用/覆被变化及生态系统服务价值时空演变 [J]. 水土保持研究, 2016, 23 (3): 137-143.

[257] 叶延琼, 章家恩, 陈丽丽, 等. 城市化背景下广佛都市圈农林生态系统服务价值

[J]. 应用生态学报, 2016, 27 (5): 1619-1627.

[258] 钟嫒, 赵敏娟. 城市土地利用变化对生态系统服务的影响: 以西安市为例 [J]. 水土保持研究, 2015, 22 (1): 274-279.

[259] 胡喜生, 洪伟, 吴承祯. 福州市土地生态系统服务功能价值的评估 [J]. 东北林业大学学报, 2011, 39 (12): 90-94.

[260] 胡喜生, 洪伟, 吴承祯, 等. 福州市土地生态系统服务时空分异特征 [J]. 中国环境科学, 2013, 33 (5): 881-888.

[261] 李哲, 张飞, KUNG H T, 等. 1998—2014年艾比湖湿地自然保护区生态系统服务价值及其时空变异 [J]. 生态学报, 2017, 37 (15): 4984-4997.

[262] 仇保兴. 19世纪以来西方城市规划理论演变的六次转折 [J]. 规划师, 2003, 19 (11): 5-10.

图 3.2 研究区位置

(审图号：沈阳市地图，辽 S（2021）263 号。底图无修改。)

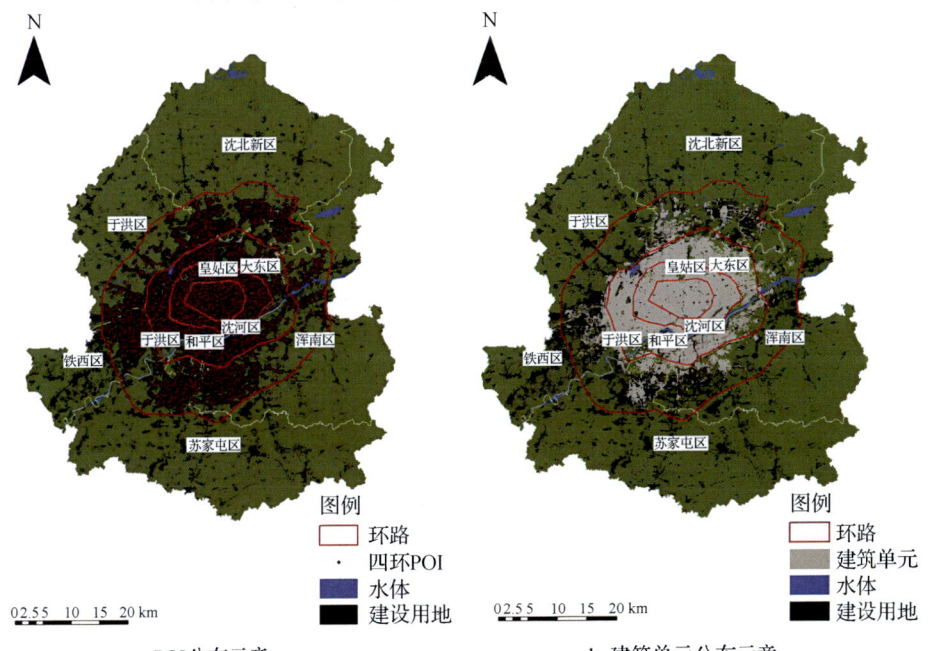

a POI分布示意　　　　　　　　　b 建筑单元分布示意

图 3.3 四环 POI 点与建筑单元分布图

资料来源：地理空间数据云、高德地图。

(审图号：沈阳市地图，辽 S（2021）263 号。在此地图上进行各区行政边界提取，底图无修改。)

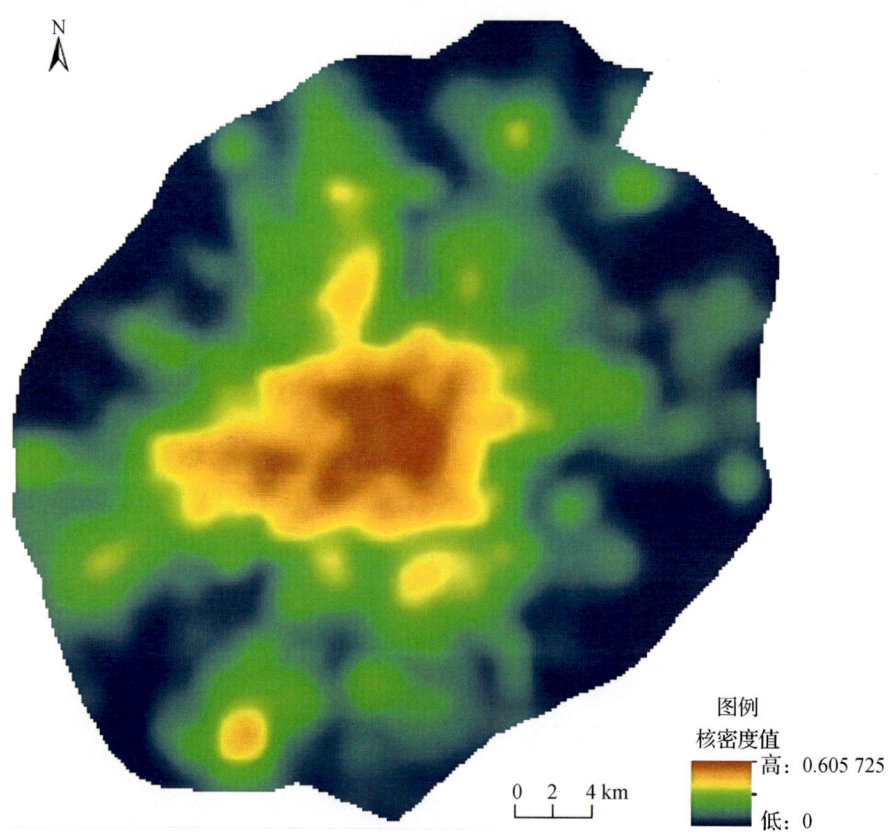

图 3.9 四环公共服务设施空间密度分布

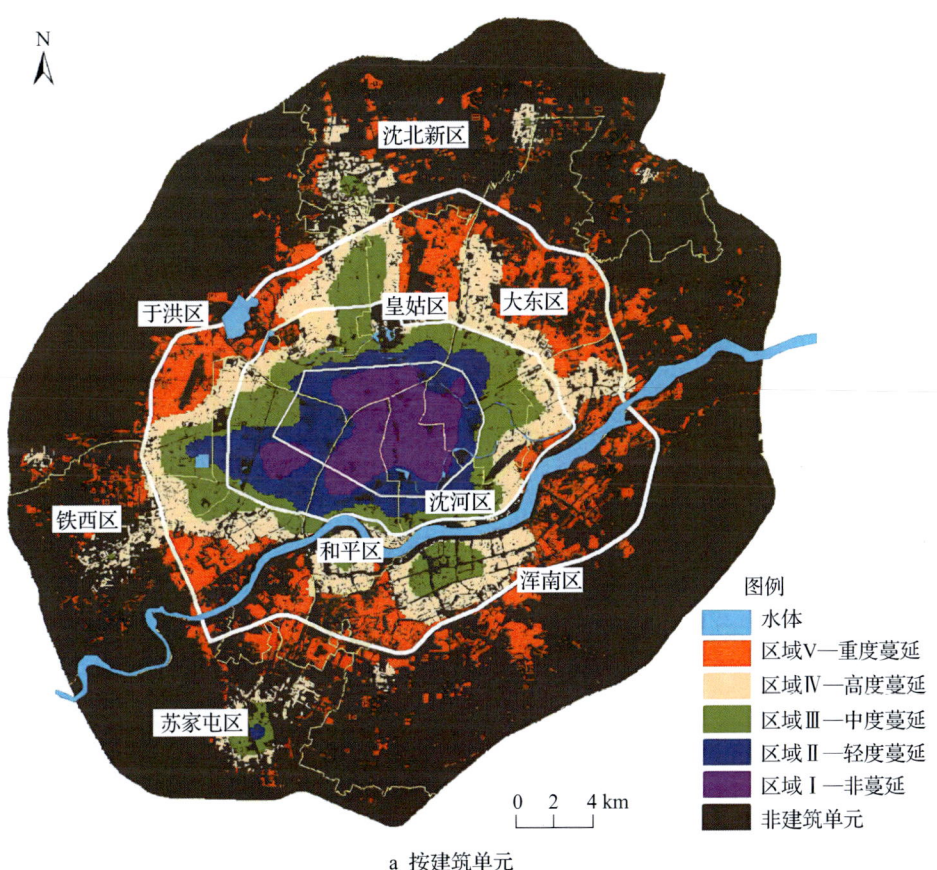

a 按建筑单元

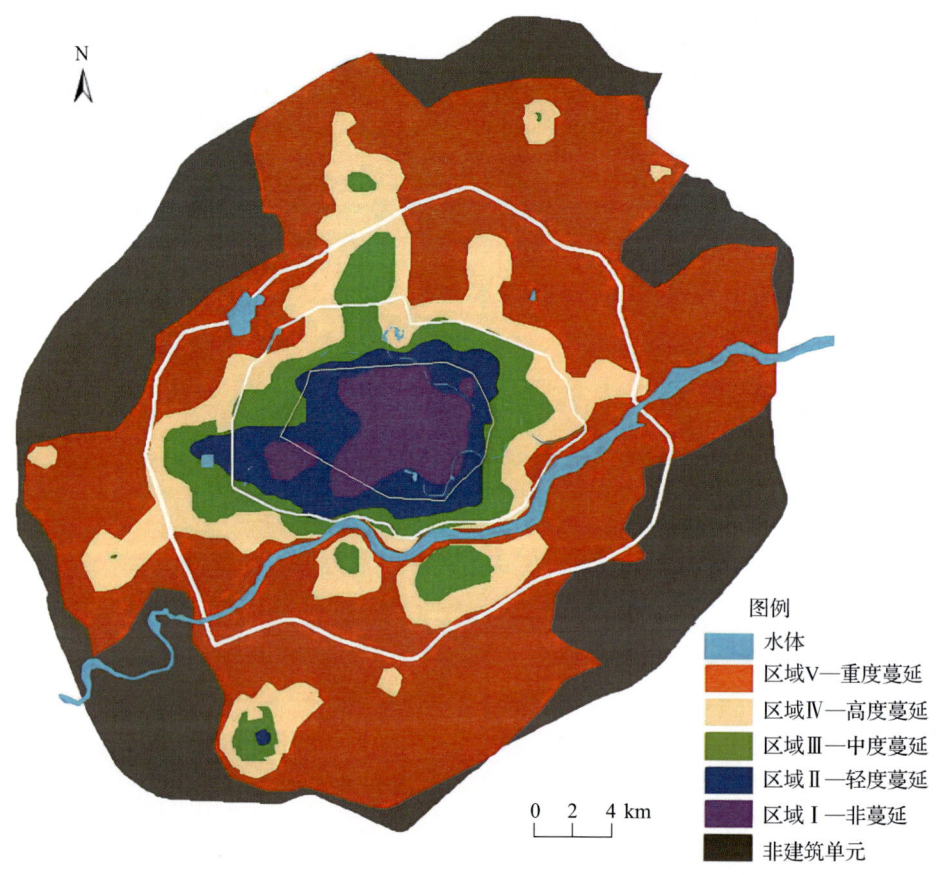

b 按覆盖土地

图 3.10 城市蔓延区范围

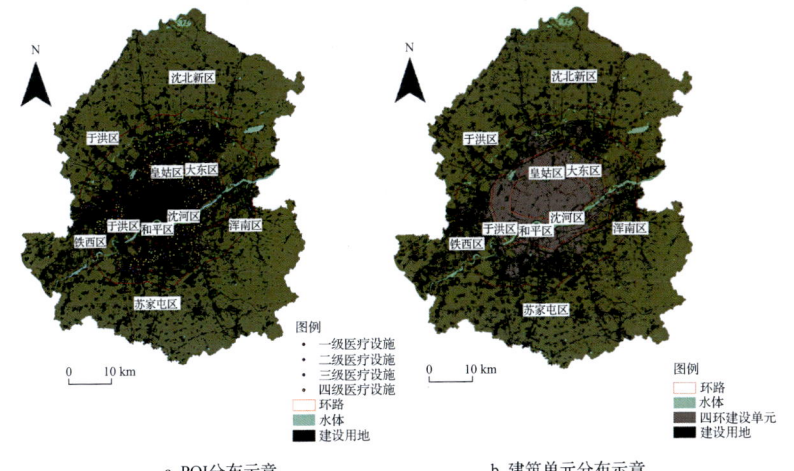

a POI分布示意　　　　　　b 建筑单元分布示意

图 6.2　沈阳市四环医疗 POI 与建筑单元分布

资料来源：地理空间数据云、高德地图。

（审图号：沈阳市地图，辽 S（2021）263 号。在此地图上进行各区行政边界提取，底图无修改。）

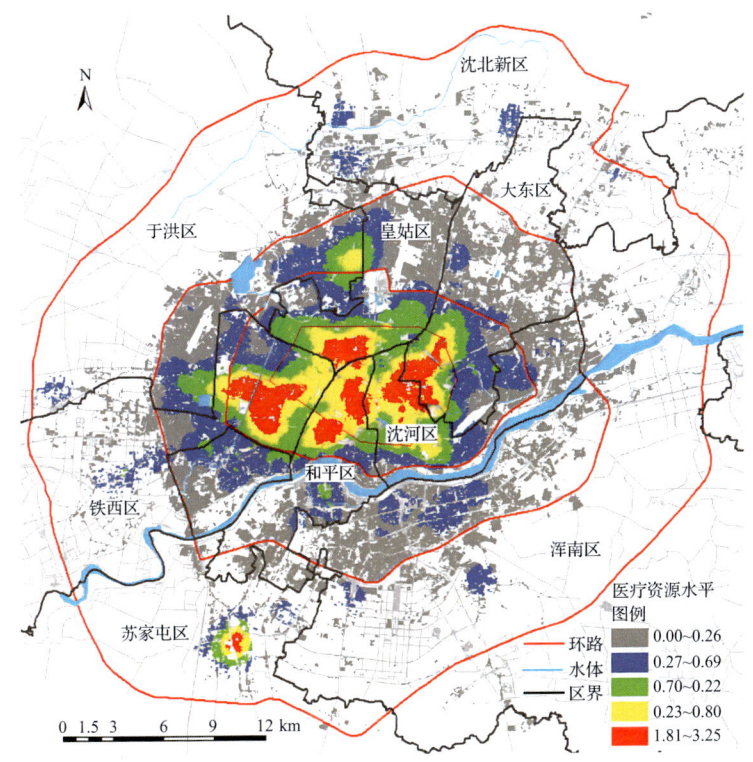

图 6.7　沈阳市城区医疗设施服务水平得分

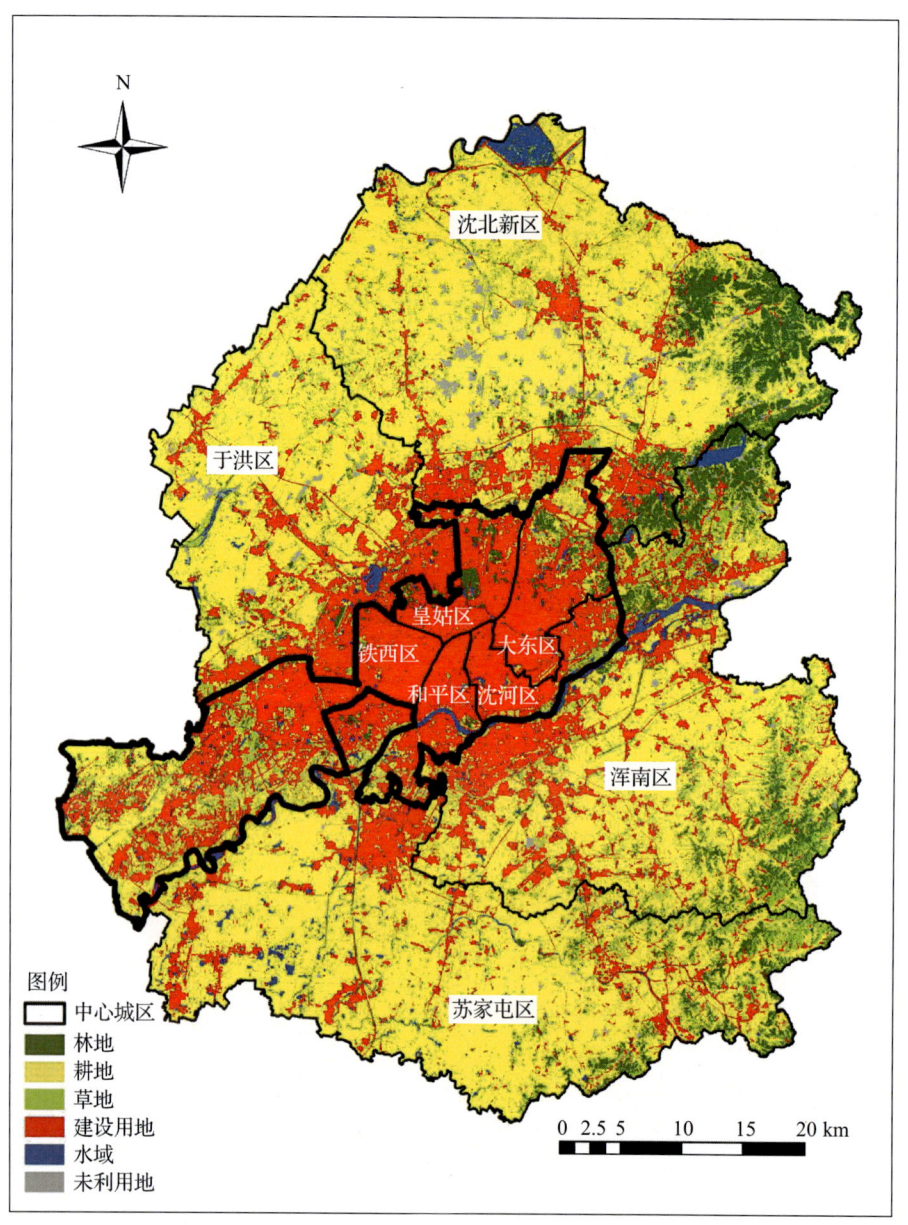

图 7.1　2007 年沈阳市辖区土地利用分类图

资料来源：作者绘。

（审图号：沈阳市地图，辽 S（2021）263 号。在此地图上进行各区行政边界提取，底图无修改。）

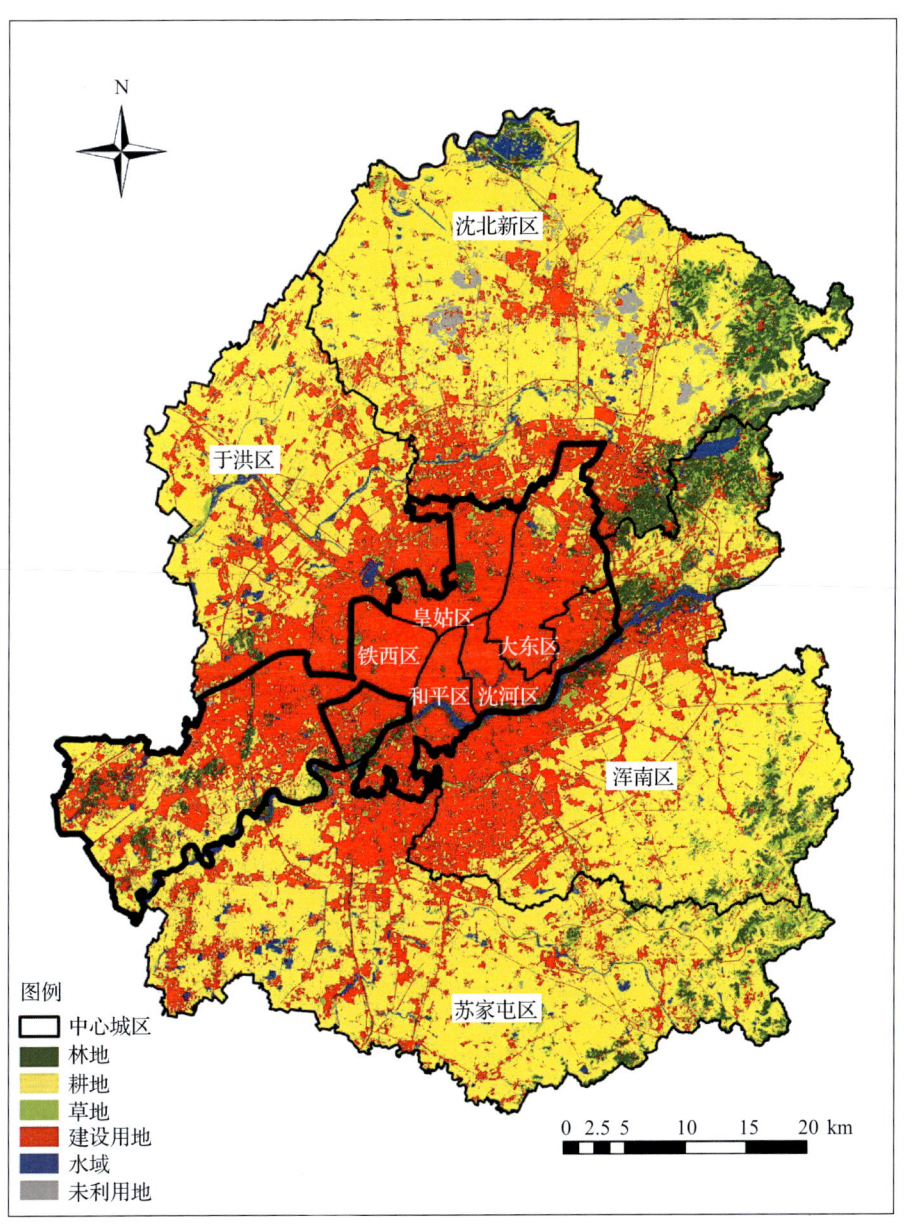

图 7.2 2016 年沈阳市辖区土地利用分类图

资料来源：作者绘。

（审图号：沈阳市地图，辽 S（2021）263 号。在此地图上进行各区行政边界提取，底图无修改。）